Deutsches Recht. Eine Einführung

Gilbert H. Gornig / Hans-Detlef Horn (Hrsg.)

Deutsches Recht. Eine Einführung

Insbesondere für internationale Studierende

Bearbeitet von Carolin Gornig / Constanze Horn

Bibliografische Information der Deutschen Nationalbibliothek
Die Deutsche Nationalbibliothek verzeichnet diese Publikation
in der Deutschen Nationalbibliografie; detaillierte bibliografische
Daten sind im Internet über http://dnb.d-nb.de abrufbar.

Umschlagabbildungen:
© psdesign1 / Fotolia.com.
© JiSign / Fotolia.com.

ISBN 978-3-631-67925-8 (Print)
E-ISBN 978-3-653-07122-1 (E-PDF)
E-ISBN 978-3-631-69530-2 (EPUB)
E-ISBN 978-3-631-69531-9 (MOBI)
DOI 10.3726/978-3-653-07122-1

© Peter Lang GmbH
Internationaler Verlag der Wissenschaften
Frankfurt am Main 2016
Alle Rechte vorbehalten.
PL Academic Research ist ein Imprint der Peter Lang GmbH.

Peter Lang – Frankfurt am Main · Bern · Bruxelles · New York ·
Oxford · Warszawa · Wien

Das Werk einschließlich aller seiner Teile ist urheberrechtlich
geschützt. Jede Verwertung außerhalb der engen Grenzen des
Urheberrechtsgesetzes ist ohne Zustimmung des Verlages
unzulässig und strafbar. Das gilt insbesondere für
Vervielfältigungen, Übersetzungen, Mikroverfilmungen und die
Einspeicherung und Verarbeitung in elektronischen Systemen.

Diese Publikation wurde begutachtet.

www.peterlang.com

Vorwort

Dieses Buch soll internationalen Studierenden des deutschen Rechts die Möglichkeit geben, einen Überblick über die deutsche Rechtsordnung zu erlangen. Die Sprache des deutschen Rechts ist natürlich deutsch. Das Studium des deutschen Rechts verlangt daher auch hinreichende Kenntnisse der deutschen Sprache. Das aber bedeutet für Studierende aus anderen Sprachräumen häufig eine zusätzliche Schwierigkeit. Um ihnen zu helfen, erscheint dieses Buch nicht nur in deutscher Sprache, sondern mit gleichem Inhalt auch in mehreren Fremdsprachen – zuerst in chinesischer und in russischer Übersetzung.

Die Lehre vom deutschen Recht ist traditionell in drei Rechtsgebiete unterteilt: Öffentliches Recht, Zivilrecht, Strafrecht. Jedes dieser drei Gebiete wird im Buch näher erläutert. Dabei ist Wert darauf gelegt, die oftmals komplexen Regelungen des deutschen Rechts auf möglichst gut verständliche Art und Weise zu erklären. Die vorgestellten Grundlagen sollten ausreichen, um die wesentlichen Inhalte des deutschen Rechts kennenzulernen und zu verstehen. Wichtig aber ist es, stets auch die angegebenen Rechtsnormen in den Gesetzeswerken nachzulesen.

Das Öffentliche Recht ist jenes Rechtsgebiet, das die Organisation des Staates und die Beziehungen zwischen Staat und Bürgern regelt. Im Zentrum steht hier das Staats- und Verfassungsrecht, das im Grundgesetz die Grundentscheidungen und Grundprinzipien der freiheitlichen demokratischen Grundordnung des deutschen Staatswesens bestimmt. Dieser Bereich ist recht ausführlich dargestellt, weil die Regelungen des Verfassungsrechts im Stufenbau der gesamten deutschen Rechtsordnung den höchsten Rang einnehmen und sich auf alle anderen rechtlichen Regelungen auswirken. Zu diesen Regelungen unterhalb der Verfassung gehört auch das Verwaltungsrecht, das den Aufbau des Staates und die Rechtsverhältnisse zwischen Staat und Bürger, wie z. B. im Polizeirecht, näher ausgestaltet. Zum Öffentlichen Recht zählt neben dem Völkerrecht auch das Europarecht, das auf spezifische und intensive Weise die Inhalte des deutschen Rechts beeinflusst. Die Grundzüge des Europarechts werden ebenfalls behandelt.

Das Zivilrecht regelt demgegenüber die Rechtsbeziehungen der (Privat-) Bürger untereinander. Hier steht das Bürgerliche Gesetzbuch im Mittelpunkt. Es enthält den Allgemeinen Teil, das Schuldrecht, das Sachenrecht, das Familienrecht und das Erbrecht. Hinzutreten weitere Teilgebiete, wie etwa das Arbeitsrecht und das Handels- und Gesellschaftsrecht. Aufgrund seiner thematischen Vielfalt und der Eigenarten seiner Teilgebiete ist dem Zivilrecht in diesem Buch breiter Raum gewidmet.

Das Strafrecht soll im Interesse der Allgemeinheit die Rechtsgüter des Einzelnen und die Werte des Gemeinschaftslebens mit den besonderen Mitteln der Strafe gegen Verletzungen schützen. Die Taten (Vergehen und Verbrechen), die in Deutschland mit Strafe bedroht sind, werden nicht nur, aber insbesondere im Strafgesetzbuch benannt. Es werden die wesentlichen Merkmale und Ausprägungen einer Straftat und einige wichtige Straftatbestände erläutert.

Wir hoffen, dass unser Überblick einen hilfreichen Einstieg in das deutsche Rechtssystem bietet, und wünschen den Leserinnen und Lesern in diesem Sinne eine erfolgreiche Beschäftigung mit diesem Buch. Vielleicht erweckt es sogar die Neugier, sich tiefer gehend mit dem Recht der Bundesrepublik Deutschland zu beschäftigen.

Die Idee und die erste Fassung des Buches sind während unseres gemeinsamen Studienaufenthaltes an der School of Law der University of Finance and Economics Nanjing/VR China entstanden.

Gießen / Frankfurt a.M., im März 2016

Carolin Gornig, Constanze Horn

Inhaltsverzeichnis

Abkürzungsverzeichnis 21

1. Teil: Öffentliches Recht 25
1. Abschnitt: Verfassungsrecht 25
A. Die Verfassung und ihre Grundsätze 25
    I. Der Begriff der Verfassung 25
    II. Grundgesetz 26
    III. Verfassungsgrundsätze 27
        1. Republik 27
        2. Demokratie 28
        3. Rechtsstaat 29
        4. Bundesstaat 31
        5. Sozialstaat 31
        6. Parteien 32
B. Staatsorganisationsrecht 33
    I. Verhältnis von Bund und Ländern 33
        1. Homogenitätsprinzip 34
        2. Gesetzgebungskompetenz 34
        3. Verwaltungskompetenz 35
        4. Rechtsprechungskompetenz 36
    II. Oberste Bundesorgane 36
        1. Bundestag 36
            a) Aufgaben des Bundestages 36
            b) Wahl des Bundestages 38
            aa) Wahlrecht 38
            bb) Wahlsystem 39
            c) Abgeordnete 39
        2. Bundesregierung mit Bundeskanzler 40
        3. Bundesrat 42

   4. Bundespräsident 43
   5. Bundesverfassungsgericht 44
  III. Gesetzgebungsverfahren des Bundes 45
C. Grundrechte 47
 I. Vorstaatlicher Grund der Grundrechte 47
 II. Rechtliche Wirkungen der Grundrechte 48
   1. Subjektiv-rechtliche Wirkungen 48
    a) Abwehrrechte 48
    b) Mitwirkungsrechte 49
    c) Teilhabe- oder Leistungsrechte 49
    d) Ansprüche auf Erfüllung staatlicher
      Schutzpflichten 49
   2. Objektiv-rechtliche Wirkungen 50
    a) Objektive Wertordnung 50
    b) Ausstrahlungswirkung und Schutzpflichten 50
    c) Institutsgarantien 51
 III. Grundrechtsbindung aller Staatsgewalt 51
 IV. Schutzbereich der Grundrechte 52
   1. Persönlicher Schutzbereich 52
    a) Individuen 52
    b) Juristische Personen 53
   2. Sachlicher Schutzbereich 54
 V. Eingriff in den Schutzbereich 54
 VI. Schranken der Grundrechte 55
   1. Vorbehalt des Gesetzes 55
   2. Grundrechtliche Gesetzesvorbehalte 55
   3. Verfassungsunmittelbare Schranken 56
 VII. Grenzen der Grundrechtsschranken 56
   1. Grundsatz der Verhältnismäßigkeit 57
   2. Grundsatz der praktischen Konkordanz 58
   3. Wesensgehaltsgarantie 58
 VIII. Besonderer Schutz der Grundrechte 58
 IX. Überblick über zentrale Grundrechte 59

1. Unantastbarkeit der Menschenwürde 59
2. Allgemeine Handlungsfreiheit und allgemeines Persönlichkeitsrecht, Rechte auf Leben, körperliche Unversehrtheit und Freiheit der Person 59
3. Gleichheitsgebot 61
4. Religionsfreiheit 61
5. Meinungsäußerungsfreiheit, Informations-, Presse-, Rundfunk- und Filmfreiheit 61
6. Versammlungsfreiheit 62
7. Berufsfreiheit 62
8. Eigentumsrecht 62

2. Abschnitt: Verwaltungsrecht 63
A. Allgemeines Verwaltungsrecht 63
   I. Gesetzmäßigkeit der Verwaltung 64
      1. Vorrang und Vorbehalt des Gesetzes 64
      2. Gebundene Verwaltung – Ermessensverwaltung 65
      3. Verhältnismäßigkeitsgebot 66
   II. Rechtsformen des Verwaltungshandelns 66
   III. Der Verwaltungsakt 67
      1. Definition 67
      2. Arten 67
      3. Wirksamkeit, Anfechtbarkeit, Bestandskraft, Vollstreckbarkeit 67
      4. Form, Bestimmtheit und Begründung 68
      5. Nebenbestimmungen 69
      6. Behördliche Aufhebung (Rücknahme, Widerruf) 69
B. Besonderes Verwaltungsrecht 70
   I. Allgemeines Polizei- und Ordnungsrecht 70
      1. Polizeiliche Aufgaben 70
      2. Allgemeine Aufgabe der Gefahrenabwehr 70
      3. Konkrete Maßnahmen der Gefahrenabwehr 71
      4. Störer und Nichtverantwortliche 72

		a) Störer 72
		b) Nichtstörer 73
	5.	Entschließungs- und Auswahlermessen 73
	6.	Verhältnismäßigkeit 74
	7.	Zwangsmittel 74
		a) Voraussetzungen 74
		b) Arten von Zwangsmitteln 75
	8.	Entschädigungsansprüche 76
	9.	Kosten- und Ersatzansprüche des Polizeiträgers 76
II.	Öffentliches Baurecht 76	
	1.	Bauplanungsrecht 77
	2.	Bauordnungsrecht 79
	3.	Raumplanungsrecht (Raumordnungsrecht) 79
III.	Kommunalrecht 80	
	1.	Rechtsfähigkeit der Gemeinden 80
	2.	Selbstverwaltungsrecht der Gemeinden 80
	3.	Demokratische Organisation der Gemeinden 81
	4.	Staatliche Aufsicht über die Gemeinden 82
IV.	Sozialrecht 83	
	1.	Ziel des Sozialrechts 83
	2.	Drei-Säulen-Modell 83

2. Teil: Zivilrecht 85
A. Allgemeiner Teil (Buch I BGB) 85
    I. Rechtsfähigkeit 85
    II. Geschäftsfähigkeit 86
    III. Rechtsgeschäft 86
    IV. Willenserklärung 87
        1. Bestandteile 87
        2. Wirksamwerden 87
    V. Anspruch 88
    VI. Vertrag 88

      1. Begriff 88
      2. Stellvertretung 89
      3. Anfechtung 91
      4. Verjährung 92
B. Schuldrecht (Buch II BGB) 92
  I. Schuldverhältnis 92
  II. Leistungsstörungen und Schadensersatz 93
      1. Schadensersatz statt der Leistung 93
          a) Nichtleistung und Schlechtleistung 93
          b) Schutzpflichtverletzung 93
          c) Unmöglichkeit 94
      2. Verzögerungsschaden 94
      3. Schadensersatz neben der Leistung 95
  III. Leistungsstörungen und Rücktritt 95
  IV. Einzelne vertragliche Schuldverhältnisse 96
      1. Kaufvertrag 96
      2. Mietvertrag 97
      3. Pachtvertrag 97
      4. Leihvertrag 98
      5. Dienstvertrag 98
      6. Werkvertrag 98
      7. Auftrag 99
  V. Gesetzliche Schuldverhältnisse 99
      1. Geschäftsführung ohne Auftrag 100
      2. Ungerechtfertigte Bereicherung 101
      3. Unerlaubte Handlungen 102
          a) Grundsätzliches 102
          b) Haftung für das Verhalten Dritter 104
          c) Haftung mehrerer Personen 104
          d) Sonderfälle 104
C. Sachenrecht (Buch III BGB) 105
  I. Grundsätze 105

II.	Besitz	107
	1. Besitzarten	107
	2. Rechte des Besitzers	108
III.	Eigentum	108
	1. Begriff	108
	2. Eigentumserwerb	109
	3. Ansprüche des Eigentümers	109
	4. Verbindung von Schuldrecht und Sachenrecht	110
	a) Eigentumserwerb mittels Kaufes	110
	b) Gutgläubiger Erwerb	110
	c) Kauf unter Eigentumsvorbehalt	111
	d) Sicherungsübereignung	112
IV.	Grunddienstbarkeit	112
V.	Nießbrauch	113
VI.	Hypothek	113
VII.	Grundschuld	114
VIII.	Pfandrecht	114
IX.	Erbbaurecht	115
D. Familienrecht (Buch IV BGB)		115
I.	Ehe	115
	1. Eheschließung	116
	2. Rechtswirkungen der Ehe	116
	a) Eheliche Haushaltsführung	116
	b) Eheliches Güterrecht	116
	aa) Zugewinngemeinschaft	117
	bb) Wahlgüterstände	117
	3. Beendigung der Ehe	118
	a) Aufhebung	118
	b) Scheidung	118
	aa) Scheitern der Ehe	118
	bb) Scheidungsfolgen	119
II.	Elterliche Sorge	120
III.	Verwandtschaft	120

- E. Erbrecht (Buch V BGB) ... 120
  - I. Erbfolge ... 121
  - II. Verfügung von Todes wegen ... 122
    - 1. Testament ... 122
    - 2. Gemeinschaftliches Testament ... 122
    - 3. Erbvertrag ... 123
  - III. Inhalte einer Verfügung von Todes wegen ... 123
    - 1. Abweichungen von der gesetzlichen Erbfolge ... 123
    - 2. Einzelzuwendungen ... 124
  - IV. Pflichtteilsregelung ... 124
  - V. Rechtslage der Erben ... 124
- F. Arbeitsrecht ... 125
  - I. Struktur ... 125
  - II. Individualarbeitsrecht ... 126
    - 1. Arbeiter und Angestellte ... 126
    - 2. Arbeitsverhältnis ... 126
    - 3. Staatliche Reglementierungen ... 127
  - III. Kollektives Arbeitsrecht ... 128
    - 1. Tarifparteien ... 128
    - 2. Arbeitskampf ... 129
    - 3. Mitbestimmung ... 130
- G. Handelsrecht ... 130
  - I. Sonderrecht der Kaufleute ... 130
  - II. Kaufmann ... 130
  - III. Handelsgeschäft ... 131
  - IV. Handelsfirma und Handelsregister ... 131
  - V. Kaufmännische Vollmacht ... 132
- H. Gesellschaftsrecht ... 132
  - I. Gesellschaftsformen ... 133
  - II. Personen- und Kapitalgesellschaften ... 133
    - 1. Differenzierung ... 133
    - 2. Personengesellschaft ... 134

		a)	Gesellschaft bürgerlichen Rechts.................................. 134
		aa)	Rechtsfähigkeit 134
		bb)	Geschäftsführung... 135
		cc)	Vertretung 135
		dd)	Vermögen 135
		ee)	Haftung... 135
		b)	Offene Handelsgesellschaft 136
		aa)	Rechtsfähigkeit 136
		bb)	Geschäftsführung... 136
		cc)	Vertretung 137
		dd)	Haftung... 137
		c)	Kommanditgesellschaft.. 137
		aa)	Haftung... 137
		bb)	GmbH & Co. KG.. 138
	3.	Kapitalgesellschaft... 138	
		a)	Gesellschaft mit beschränkter Haftung 138
		aa)	Gründung.. 138
		bb)	Rechtsfähigkeit 139
		cc)	Organe 139
		dd)	Geschäftsführung... 139
		ee)	Vertretung 139
		ff)	Haftung... 140
		b)	Aktiengesellschaft.. 140
		aa)	Gründung.. 140
		bb)	Organe 141
		cc)	Geschäftsführung und Vertretung 141
		dd)	Haftung... 142
III.	Verein 142		
	1.	Gründung... 142	
	2.	Rechtsfähigkeit... 142	
	3.	Organe 142	
	4.	Mitglieder.. 143	
	5.	Haftung.. 143	

IV.	Genossenschaft	143
	1. Gründung	143
	2. Rechtsfähigkeit	144
	3. Organe	144
	4. Geschäftsführung und Vertretung	144
	5. Haftung	145

3. Teil: Strafrecht 147

A. Allgemeiner Teil 147
    I.   Prinzipien des Strafrechts 147
    II. Wesen der Straftat 148
        1. Tatbestand 149
            a)   Objektiver Tatbestand 149
            aa) Tatbestandsvoraussetzungen 149
            bb) Kausalität 149
            (1)   Äquivalenztheorie 149
            (2)   Objektive Zurechnung 150
            b)   Subjektiver Tatbestand 150
            aa) Elemente des Vorsatzes 150
            bb) Tatumstandsirrtümer 151
            (1)   Aberratio ictus (Fehlgehen des Schlages) 151
            (2)   Error in persona (Irrtum über die Person) ... 151
        2. Rechtswidrigkeit 152
            a)   Notwehr 152
            b)   Rechtfertigender Notstand 153
            c)   Einwilligung 153
        3. Schuld 154
            a)   Schuldunfähigkeit 154
            b)   Entschuldigungsgründe 154
            aa) Überschreitung der Notwehr 154
            bb) Entschuldigender Notstand 155
            cc) Übergesetzlicher Notstand 155

| | | c) | Irrtümer | 156 |

- c) Irrtümer 156
  - aa) Verbotsirrtum 156
  - bb) Irrtum über Rechtfertigungsgründe 156
    - (1) Erlaubnisirrtum 156
    - (2) Erlaubnistatbestandsirrtum 156
- III. Unterlassen 157
  - 1. Echte Unterlassungsdelikte 157
  - 2. Unechte Unterlassungsdelikte 157
- IV. Fahrlässigkeit 158
- V. Versuch 159
  - 1. Nichtvollendung der Straftat 159
  - 2. Rücktritt 160
- VI. Täterschaft und Teilnahme 161
  - 1. Täterschaft 161
    - a) Mittelbare Täterschaft 161
    - b) Mittäterschaft 162
  - 2. Teilnahme 162
    - a) Anstiftung 162
    - b) Beihilfe 162
- VII. Rechtsfolgen der Straftat 162
- B. Besonderer Teil 164
  - I. Delikte gegen das Leben und die körperliche Unversehrtheit 164
    - 1. Tötungsdelikte 164
    - 2. Körperverletzungsdelikte 164
  - II. Vermögensdelikte 165
    - 1. Diebstahl 165
    - 2. Unterschlagung 166
    - 3. Raub und raubähnliche Delikte 166
    - 4. Betrug 167
    - 5. Hehlerei 167
  - III. Straftaten gegen Sachwerte 168
  - IV. Ehrverletzungsdelikte 168

V.	Urkundendelikte	169
VI.	Aussagedelikte	169
VII.	Straftaten gegen die öffentliche Ordnung	169

4. Teil: Gerichtsverfahrensrecht 171

- A. Justizgarantien 171
- B. Verfassungsprozessrecht 172
  - I. Zuständigkeit des Bundesverfassungsgerichts 172
  - II. Verfahrensarten 173
  - III. Die Verfassungsbeschwerde 174
    1. Die Urteilsverfassungsbeschwerde 174
    2. Die Rechtssatzverfassungsbeschwerde 175
    3. Gegenwärtige und unmittelbare Selbstbetroffenheit 175
    4. Annahmeverfahren 175
- C. Verwaltungsprozessrecht 176
  - I. Die Zuständigkeit der Verwaltungsgerichte 176
  - II. Beteiligte des Verwaltungsprozesses 177
  - III. Verfahren 177
    1. Klagearten und Urteile 177
    2. Verfahrensgrundsätze 178
    3. Gang des Verfahrens 179
  - IV. Kosten des Verwaltungsprozesses 180
  - V. Vollstreckung 180
- D. Zivilprozessrecht 180
  - I. Zuständigkeit der Zivilgerichte 180
  - II. Wichtigste Beteiligte des Zivilprozesses 181
  - III. Verfahren 181
    1. Verfahrensgrundsätze 181
    2. Gang des Verfahrens 183
    3. Beweismittel 185
  - IV. Mahnverfahren 185
  - V. Kosten des Zivilprozesses 186

	VI.	Zwangsvollstreckung 186
E.	Strafprozessrecht 187	
	I.	Erkenntnisverfahren 187
		1. Zuständigkeit 187
		2. Wichtigste Beteiligte des Strafverfahrens 188
		3. Verfahren 189
		a) Prinzipien des Strafprozesses 189
		b) Gang des Verfahrens 190
		aa) Ermittlungsverfahren 190
		bb) Zwischenverfahren 191
		cc) Hauptverfahren 192
		4. Beweismittel 192
		5. Kosten des Strafprozesses 193
	II.	Strafvollstreckung 193
		1. Ziele der Strafe 193
		2. Ziele der Maßregeln der Besserung und Sicherung 194
		3. Ziel des Strafvollzugs 194

5. Teil: Europarecht 195

A. Europäische Integration 195
    I. Ideen zur Entwicklung einer Integration 195
        1. Föderalistische Methode 195
        2. Funktionelle Methode 196
    II. Geschichte der Integration 196
    III. Verfassungsrechtliche Grundlage 198
B. Institutionelles Unionsrecht 199
    I. Rechts- und Geschäftsfähigkeit 199
    II. Kompetenzen 199
        1. Kompetenzbereiche 199
            a) Ausschließliche Zuständigkeit 199
            b) Geteilte Zuständigkeit 200
            c) Gemeinsame Außen- und Sicherheitspolitik 200

		d)	Maßnahmen zur Unterstützung, Koordinierung oder Ergänzung der Maßnahmen der Mitgliedstaaten 200

       2. Grundsätze zur Wahrnehmung der Kompetenzen 200
  III. Organe der Union 201
       1. Europäischer Rat 201
       2. Der Rat 201
       3. Kommission 202
       4. Europäisches Parlament 203
       5. Europäischer Gerichtshof 204
       6. Weitere Organe 205
  IV. Rechtsquellen 205
       1. Primärrecht 206
       2. Sekundärrecht 206
          a) Allgemein 206
          b) Rechtsakte 206
          c) Rechtssetzung 207
       3. Völkerrechtliche Verträge 208
       4. Vorrang des Unionsrechts 208
  V. Rechtsschutz 210
C. Materielles Unionsrecht 211
  I. Werte der Union 211
  II. Nichtdiskriminierung und Unionsbürgerschaft 211
  III. Grundfreiheiten 212
       1. Ziel 212
       2. Funktion 213
          a) Grenzüberschreitende Sachverhalte 213
          b) Diskriminierungs- und Beschränkungsverbote 213
          aa) Offene Diskriminierung 213
          bb) Versteckte Diskriminierung 213
          cc) Beschränkungsverbot 214
       3. Freier Warenverkehr 214
       4. Personenfreizügigkeit 216

              a) Arbeitnehmerfreizügigkeit 216
              b) Niederlassungsfreiheit 217
          5. Dienstleistungsfreiheit 217
          6. Kapitalverkehrsfreiheit und Zahlungsverkehrsfreiheit 218
          7. Weitere Rechtfertigungsgründe für Einschränkungen 218
    IV. Rechtsangleichung 219
    V. Grundrechte 220
    VI. Politiken 220
          1. Landwirtschaft 220
          2. Wettbewerbsordnung 221
              a) Allgemein 221
              b) Kartell- und Missbrauchsverbot 221
              aa) Kartellverbot 221
              bb) Missbrauchsverbot 222
              cc) Fusionskontrolle 222
              dd) Staatliche Beihilfen 223
          3. Handelspolitik 223
          4. Umweltpolitik 223
D. Raum der Freiheit, der Sicherheit und des Rechts 224
    I. Allgemein 224
    II. Grenzkontrollen und Asyl 224
    III. Justizielle und polizeiliche Zusammenarbeit 225
E. Auswärtiges Handeln 226
    I. Allgemein 226
    II. Gemeinsame Außen- und Sicherheitspolitik 226
    III. Gemeinsame Sicherheits- und Verteidigungspolitik 227
F. Wegfall der Personenkontrollen 227

Literaturhinweise 229

Abkürzungsverzeichnis

a. F.	alte Fassung
Abs.	Absatz
AEUV	Vertrag über die Arbeitsweise der Europäischen Union
AG	Aktiengesellschaft
AKP-Staaten	Staaten Afrikas, der Karibik und des Pazifiks
AktG	Aktiengesetz
Art.	Artikel
AufenthG	Aufenthaltsgesetz
BauGB	Baugesetzbuch
Bd.	Band
BetrVerfG	Betriebsverfassungsgesetz
BGB	Bürgerliches Gesetzbuch
BGBl.	Bundesgesetzblatt
BVerfG	Bundesverfassungsgericht
BVerfGG	Bundesverfassungsgerichtsgesetz
BWG	Bundeswahlgesetz
bzw.	beziehungsweise
d. h.	das heißt
EFTA	Europäische Freihandelszone
EFZG	Entgeltfortzahlungsgesetz
EG	Europäische Gemeinschaft
EGBGB	Einführungsgesetz BGB
EGKS	Europäische Gemeinschaft für Kohle und Stahl
EMRK	Europäische Menschenrechtskonvention
ErbbauRG	Erbbaurechtsgesetz
etc.	et cetera
EU	Europäische Union
EuGH	Europäischer Gerichtshof
EURATOM	Europäische Atomgemeinschaft
EUV	Vertrag über die Europäische Union

EWG	Europäische Wirtschaftsgemeinschaft
f.(f).	(fort)folgende
GASP	Gemeinsame Außen- und Sicherheitspolitik
GATT	General Agreement on Tariffs and Trade
GbR	Gesellschaft des bürgerlichen Rechts
GenG	Genossenschaftsgesetz
GG	Grundgesetz
ggf.	gegebenenfalls
GmbH	Gesellschaft mit beschränkter Haftung
GmbHG	GmbH-Gesetz
GO BT	Geschäftsordnung des Bundestages
GVG	Gerichtsverfassungsgesetz
HGB	Handelsgesetzbuch
HS	Halbsatz
i. V. m.	in Verbindung mit
JGG	Jugendgerichtsgesetz
KG	Kommanditgesellschaft
KSchG	Kündigungsschutzgesetz
Nr.	Nummer
OHG	Offene Handelsgesellschaft
OWiG	Ordnungswidrigkeitengesetz
PartG	Partnerschaftsgesellschaft
PJZS	Polizeiliche und justizielle Zusammenarbeit in Strafsachen
ROG	Raumordnungsgesetz
s. o.	siehe oben
s. u.	siehe unten
S.	Satz / Seite
s.	siehe
sog.	so genannt(e)
StGB	Strafgesetzbuch
StPO	Strafprozessordnung
StVO	Straßenverkehrsordnung
u. a.	unter anderem
Uabs.	Unterabsatz
usw.	und so weiter

VereinsG	Vereinsgesetz
VersG	Versammlungsgesetz
vgl.	vergleiche
VwGO	Verwaltungsgerichtsordnung
VwVfG	Verwaltungsverfahrensgesetz
VwVG	Verwaltungsvollstreckungsgesetz
WTO	World Trade Organisation
z. B.	beispielsweise
ZPO	Zivilprozessordnung

1. Teil: Öffentliches Recht

Das Öffentliche Recht umfasst alle diejenigen Rechtsnormen, die die Organisation des Staates sowie das Verhältnis zwischen den Bürgern und dem Staat regeln. Die wichtigsten Grundlagen sind in der Verfassung enthalten (s. u. 1. Abschnitt). Die Verfassung, in Deutschland: das Grundgesetz, ist das höchstrangige Gesetz und geht allen anderen Gesetzen des Öffentlichen Rechts, des Zivilrechts und des Strafrechts vor. Unterhalb der Verfassung ist das Öffentliche Recht in den Gesetzen des Verwaltungsrechts geregelt (s. u. 2. Abschnitt). Zum Öffentlichen Recht gehört auch das Recht der Europäischen Union. Dabei handelt es sich um supranationales Recht, das in Deutschland in gleicher Weise und mit gleichem Inhalt wie in allen anderen Mitgliedstaaten gilt und dem daher alles nationale Recht entsprechen muss (zum Europarecht s. u. 5. Teil).

1. Abschnitt: Verfassungsrecht
A. Die Verfassung und ihre Grundsätze
I. Der Begriff der Verfassung

Die Verfassung ist die rechtliche Grundordnung des Staates. Ein Staat ist gegeben, wenn eine Menge von Menschen (Volk) auf einem bestimmten Territorium (Gebiet) unter einer souveränen Herrschaftsgewalt (Gewaltmonopol) zusammenlebt (Drei-Elemente-Lehre des Staates). Die Verfassung regelt die Grundlagen dieses staatlichen Zusammenlebens.

Jeder Staat hat eine Verfassung, aber nicht jeder Staat ist ein Verfassungsstaat. Ein Verfassungsstaat besteht unter zwei Voraussetzungen; sie betreffen die Herkunft und den Inhalt seiner Verfassung: Erstens, die Verfassung entstammt dem Willen des Volkes, das den Staat bildet, d. h. Träger der verfassunggebenden Gewalt (pouvoir constituant) ist das Volk (Volkssouveränität). Zweitens, die Verfassung regelt die Organisation des Staatsapparates, indem sie die Staatsgewalt (Legislative, Exekutive, Judikative) auf verschiedene Organe verteilt (Gewaltenteilung), und sie sichert die Würde und Freiheit der Bürger, indem sie ihnen individuelle Rechte (Grundrechte) gegen Unterdrückung und übermäßige Freiheitsbeschränkungen gewährleistet. So bestimmte schon Art. 16 der Französischen Menschenrechtserklärung von 1789: „Eine Gesellschaft, in der die Rechte der Bürger nicht gesichert sind und die Gewalt nicht aufgeteilt ist, hat keine Verfassung".

4   Die Bundesrepublik Deutschland ist ein Verfassungsstaat. Seine Grundordnung ist im Grundgesetz festgeschrieben. Das Grundgesetz trat am 23. Mai 1949 in Kraft.

II. Grundgesetz

5 Das Grundgesetz war ursprünglich lediglich als Übergangslösung gedacht und erhielt deshalb nicht den Namen „Verfassung". Der Wirkungsbereich des Grundgesetzes erstreckte sich nämlich zur Zeit seines Inkrafttretens noch nicht auf das gesamte deutsche Staatsgebiet:

6   Nach der bedingungslosen Kapitulation Deutschlands im Zweiten Weltkrieg, am 8. Mai 1945, wurde das Land in vier Besatzungszonen aufgeteilt, die jeweils von einer der großen Siegermächte kontrolliert wurden. Während im Westen des Landes Frankreich, Großbritannien und die USA mit dem Ziel, Deutschland als Einheit zu erhalten, eng zusammenarbeiteten, schottete sich die sowjetische Besatzungszone im Osten immer mehr ab. Dies lag vor allem an den völlig unterschiedlichen Vorstellungen darüber, welches politische System im Nachkriegs-Deutschland eingeführt werden sollte. Die Westmächte wollten die Einführung des kapitalistischen und demokratischen Systems, während die Sowjetunion die östliche Besatzungszone nach leninistisch-kommunistischen Maßstäben aufbauen wollte. Anfang 1948 schlossen sich die drei westlichen Zonen endgültig zusammen. Zunächst bezog sich der Zusammenschluss nur auf die Wirtschaft. Jedoch wurde schon im Sommer 1948 den Deutschen aufgegeben, eine rechtsstaatliche demokratische Verfassung für „Westdeutschland", also die Besatzungszonen der Westmächte, auszuarbeiten und so der Bundesrepublik Deutschland eine neue Grundordnung zu geben. Der östliche Teil des ehemaligen Deutschen Reichs blieb damit isoliert. Teile der deutschen Ostgebiete gerieten nach dem Potsdamer Abkommen von 1945 unter polnische und sowjetische Verwaltung, während auf dem Gebiet der sowjetischen Besatzungszone mit der sozialistischen Verfassung von 1946 die Deutsche Demokratische Republik (DDR) errichtet wurde. Seitdem war Deutschland geteilt.

Jedoch wollten die Deutschen diese Trennung nicht als endgültig akzeptieren und hofften auf eine Wiedervereinigung. In der Bundesrepublik kam man deshalb 1949 zu dem Entschluss, keine „Verfassung" für Deutschland zu verabschieden, die den Eindruck hätte erwecken können, man hätte die Teilung endgültig akzeptiert. Man beschloss stattdessen, die grundlegenden Strukturen, Grundsätze und Werte, die in einer modernen Verfassung nach westlichem Vorbild enthalten sind, im „Grundgesetz der Bundesrepublik" zu formulieren. So sollte deutlich gemacht werden, dass eine wirkliche „Verfassung für Deutschland" erst im Falle einer Wiedervereinigung möglich sei. Die Ausarbeitung des Grundgesetzes geschah schließlich unter Führung und Kontrolle der Alliierten durch den Parlamentarischen Rat, der sich aus deutschen, in den Bundesländern gewählten Politikern zusammensetzte. Faktisch war und ist das Grundgesetz aber natürlich eine Verfassung, doch die terminologische Unterscheidung war emotional und politisch von großer Bedeutung.

Nachdem es 1989/1990 nach der friedlichen Revolution der Deutschen in der DDR tatsächlich gelang, Deutschland wieder zu vereinigen, wurde keine neue Verfassung für ganz Deutschland ausgearbeitet, sondern die ehemalige DDR trat aus freiem Entschluss ihrer Volksvertretung dem Staat und dem Grundgesetz der Bundesrepublik bei. Das Grundgesetz gilt somit heute im gesamten wiedervereinigten Deutschland. Nur die anderen ehemals deutschen Ostgebiete kehrten nicht nach Deutschland zurück.

III. Verfassungsgrundsätze

Das Grundgesetz (GG) bestimmt zunächst die verfassungsrechtlichen Grundentscheidungen und Grundprinzipien. Diese Grundsätze bilden zusammen die freiheitliche demokratische Grundordnung der Bundesrepublik Deutschland. Sie formen den deutschen Staat zu einem Verfassungsstaat westlicher Prägung.

1. Republik

Deutschland ist eine Republik. Das Prinzip ist im Namen enthalten: „Bundesrepublik" (Art. 20 I GG). Republik bedeutet zweierlei: Erstens, es gibt keinen Monarchen (Kaiser, König, Fürst), der den Staat als Oberhaupt besitzt („l'etat c'est moi") und innerhalb einer Dynastie weiter vererbt.

Zweitens, der Staat gehört allein dem Volk. Der Staat ist Gemeinwesen, d. h. die Sache des Volkes („res publica res populi"). Daraus folgt: Alle staatliche Gewalt zur Regelung des Zusammenlebens der Menschen (öffentliche Angelegenheiten) hat immer nur den Sinn und Zweck, dem Wohl der Allgemeinheit und der Freiheit der Menschen zu dienen.

2. Demokratie

11 Ein weiterer Verfassungsgrundsatz ist die Demokratie (Art. 20 I, II GG). In einer Demokratie geht alle Staatsgewalt vom Volke aus. Das heißt, das Volk ist nicht nur Träger der verfassunggebenden Gewalt (s. o. I.), sondern auch der Träger der durch die Verfassung geregelten Gewalt (pouvoir constitué) der Legislative, Exekutive und Judikative. Jedes Gesetz, jedes Regierungs- und Verwaltungshandeln und jedes Gerichtsurteil muss (inhaltlich und personell) auf den Willen des Gesamtvolkes zurückführbar sein („demokratische Legitimation").

12 Damit wendet sich die Demokratie gegen jede Staatsform, in der ein Einzelner (Monokratie), eine Gruppe (Aristokratie), eine religiöse Organisation oder eine politische Partei Träger der staatlichen Herrschaft ist. Die Übertragung der Staatsgewalt in die Hände des Volkes bedeutet auch, den Pluralismus der politischen Meinungen und Interessen im Volk zu akzeptieren. Herrschaft des Volkes ist daher das Gegenteil zur Herrschaft einer Ideologie, einer Religion oder auch nur einer Wahrheit. Der demokratische Staat ist der Staat der „offenen Gesellschaft", in der alle Bürger das Recht haben, an der politischen Willensbildung teilzunehmen und diese nach dem Prinzip „Mehrheit entscheidet" zu formen.

13 In der Regel entscheiden die Bürger allerdings nicht selbst über jedes staatliche Handeln, etwa durch Abstimmungen. Vielmehr äußert das Volk seinen Willen unmittelbar – und in regelmäßigen Abständen immer wieder neu – durch die Wahl seiner Volksvertreter im Parlament, dem sog. Bundestag (Art. 38 I GG). Das Parlament erlässt die Gesetze, an die Exekutive und Judikative gebunden sind, und wählt den Chef der Regierung (Bundeskanzler) und gemeinsam mit dem Bundesrat die Richter des Bundesverfassungsgerichts. Der Bundeskanzler oder die Bundeskanzlerin bestimmt sodann die weiteren Mitglieder der Regierung (Minister), die zugleich die Chefs der obersten Verwaltungsbehörden sind. Dieses System nennt man

repräsentative Demokratie, weil das Volk durch seine Vertreter die Staatsgewalt ausübt.

3. Rechtsstaat

Die Bundesrepublik Deutschland ist ein Rechtsstaat. Das wird durch viele einzelne Regelungen des Grundgesetzes gesichert. Im Vordergrund steht hierbei die Gewaltenteilung, die eine strikte Trennung von Exekutive (Regierung und Verwaltung), Legislative (Gesetzgebung) und Judikative (Gerichtsbarkeit) vorschreibt (Art. 20 II 2 GG). Dadurch soll ein Missbrauch staatlicher Macht verhindert werden, der immer dann zu befürchten ist, wenn Gesetzgebung, Vollziehung der Gesetze und Kontrolle der Einhaltung der Gesetze in einer Person oder einem Organ vereint sind. Die drei Gewalten sind voneinander organisatorisch getrennt, wirken aber mit ihrer jeweiligen Funktion zusammen und kontrollieren sich dabei gegenseitig (Gewaltenverschränkung). Dieses System von „checks and balances" sorgt für eine rationale Erledigung der staatlichen Aufgaben und dient dem Schutz des Einzelnen vor staatlicher Willkür. 14

Diesem Schutz dienen auch einige weitere Grundsätze des Rechtsstaats. Hier ist insbesondere der Grundsatz der Gesetzmäßigkeit der Verwaltung zu nennen (Art. 20 III GG). Alle Exekutivgewalt (Behörden, Polizei, Körperschaften, Anstalten etc.) ist an die für jedermann geltenden Gesetze gebunden, darf also nicht gegen die Gesetze verstoßen (Vorrang des Gesetzes). Zudem bedarf ein Exekutivhandeln, das mit einer Beschränkung von Freiheit oder Eigentum des Bürgers verbunden ist, notwendig einer vorherigen gesetzlichen Ermächtigung (Vorbehalt des Gesetzes). Alle staatlichen Handlungen, auch die Gesetze, sind außerdem an die Verfassung, besonders an die Grundrechte, gebunden, müssen also verfassungsmäßig und dürfen nicht verfassungswidrig sein (Art. 1 III, 20 III GG). 15

Daraus ergibt sich das Bild der Normenhierarchie oder des Stufenbaus der Rechtsordnung: Die Verfassung enthält die höchstrangigen Normen, die allen anderen Akten des Staates juristisch vorgehen (Vorrang der Verfassung); die verfassungsmäßigen Gesetze stehen über der Exekutive und Judikative. Jeder Verwaltungsakt und jedes Gerichtsurteil muss also gesetzmäßig *und* verfassungsmäßig, insgesamt rechtmäßig sein. Es gilt demnach immer das Primat des Rechts. 16

17 Die Geltung des Primats des Rechts will dabei nicht bloß formal oder bürokratisch die Bindung an das Recht sichern. Der Rechtsstaat der Bundesrepublik Deutschland ist nicht nur ein formeller, sondern auch ein materieller Rechtsstaat. Denn der Vorrang der Verfassung bedeutet inhaltlich vor allem die Bindung allen staatlichen Handelns an die Wertentscheidungen für Demokratie (Art. 20 II GG) und Freiheit (Art. 1 III, 2 I GG). Jedes Gesetz und jede Gesetzesanwendung müssen nach dem Prinzip Demokratie ursprünglich aus dem freien Willen des Volkes bzw. seiner Volksvertreter herleitbar sein, und jedes Gesetz und jede Gesetzesanwendung darf nach dem Prinzip Freiheit nicht über die Grenzen hinaus gehen, die die Grundrechte jedes Einzelnen der demokratischen Staatsgewalt setzen. Andernfalls ist das Gesetz oder die Gesetzesanwendung verfassungswidrig.

18 Über diese Rechtmäßigkeit allen staatlichen Handelns wachen die Gerichte (Art. 92 GG). Sie entscheiden letztverbindlich auch über zivilrechtliche Streitigkeiten zwischen den Bürgern und verhängen bei Straftaten die staatliche (Geld- oder Freiheits-)Strafe. Die Richter müssen sachlich und persönlich unabhängig sein (Art. 97 GG) und dürfen nur nach dem Gesetz urteilen; ihre Zuständigkeit muss für jeden Einzelfall im Voraus nach abstrakten Kriterien festgelegt sein, so dass die Exekutive keinen Einfluss auf die Auswahl der Richter und das Ergebnis ihrer Entscheidung nehmen kann (Art. 101 I GG).

19 Der Zugang zu den Gerichten steht jedem offen, der im Fall von rechtlichen Streitigkeiten seine (subjektiven) Rechte oder Ansprüche gegen den Staat oder gegen Dritte durchsetzen will (allgemeine rechtsstaatliche Justizgewährgarantie und Art. 19 IV GG). Vor Gericht muss jedermann Gelegenheit haben, sich zu seiner Sache zu äußern (Art. 103 I GG).

20 Die besondere Aufgabe, in letzter Kompetenz darüber zu wachen, dass sich jedes staatliche Handeln (Parlamentsgesetze, Regierungsakte, Gerichtsurteile) innerhalb der Grenzen der Verfassung des Grundgesetzes hält, obliegt dem Bundesverfassungsgericht (Hüter der Verfassung). Dazu hat das Bundesverfassungsgericht zahlreiche Zuständigkeiten (Art. 93 GG). Vor allem kann es verfassungswidrige Gesetze für ungültig (nichtig) erklären, und zwar entweder auf Antrag der parlamentarischen Minderheit (Opposition) oder auf Antrag eines Bürgers, wenn das Gesetz unmittelbar gegen eines seiner Grundrechte verstößt. Aber auch verfassungsrechtliche Streitigkeiten zwischen Staatsorganen oder zwischen Bund und Ländern werden allein vom Bundesverfassungsgericht entschieden. In dieser besonderen

Rechtsprechungskompetenz des Bundesverfassungsgerichts bestätigt sich der Vorrang der Verfassung als höchste Norm.

Das in Deutschland geltende Recht ist allerdings nicht nur das deutsche Recht. Weitere Rechtsquellen sind das Völkerrecht und das Europarecht. Das Grundgesetz verpflichtet den Staat der Bundesrepublik Deutschland zu internationaler Zusammenarbeit und „offener Staatlichkeit" nach außen. So sind die allgemeinen Regeln des Völkerrechts Bestandteil des deutschen Rechts mit Vorrang vor den Gesetzen, manche (ius cogens) sogar mit Vorrang vor der Verfassung (Art. 25 GG), und insbesondere aus der Mitwirkung an der europäischen Integration (Art. 23 GG) folgt, dass in Deutschland mittlerweile in großem Umfang Rechtsnormen aus der Europäischen Union unmittelbar und vorrangig von den Behörden und Gerichten anzuwenden sind. 21

4. Bundesstaat

Die Bundesrepublik ist ein Bundesstaat (Art. 20 I GG). Sie besteht aus 16 Gliedstaaten, die mit eigener Hoheitsmacht ausgestattet sind und ebenfalls (innerhalb des Bundes) Staatsqualität haben. Die Staatsgewalt liegt daher nicht ausschließlich und einheitlich bei Organen, die für das ganze Staatsgebiet zuständig sind, sondern sie ist zwischen dem Zentralstaat (Bund) und den Gliedstaaten (Bundesländer) aufgeteilt. Dies kommt in der Wahrnehmung eigener Kompetenzen der Länder in der Gesetzgebung, der Verwaltung und der Rechtsprechung zum Ausdruck (Art. 30, 70 ff., 83 ff., 92 GG). Die Bundesländer verfügen demnach auch über eigene Verfassungsordnungen (z. B. Verfassung des Landes Hessen, Verfassung des Freistaats Bayern), die ihr staatliches Leben ähnlich wie das Grundgesetz nach den Grundsätzen der Republik, der Demokratie, der Rechts- und Sozialstaatlichkeit regeln (Art. 28 I 1 GG). Indem die Hoheitsmacht auf diese Weise nicht nur zwischen Judikative, Exekutive und Legislative, sondern auch zwischen Bund und Ländern aufgeteilt ist, wird der mäßigende Effekt der Gewaltenteilung verstärkt (sog. vertikale Gewaltenteilung). 22

5. Sozialstaat

Ein weiterer wichtiger Verfassungsgrundsatz ist das Sozialstaatsprinzip (Art. 20 I GG). Danach ist es Aufgabe des Staates, für eine ausreichende 23

Daseinsvorsorge seiner Bürger und für einen gerechten sozialen Ausgleich zu sorgen. Er muss dazu eine soziale Ordnung schaffen. Allerdings kommt dem Staat bei der Umsetzung des sozialen Prinzips ein erheblicher Gestaltungsspielraum zu, weil die Verfassung hier nur die Aufgabe festlegt, nicht aber konkrete Inhalte vorschreibt. Die Regierung ist aber verpflichtet, stets danach zu streben, wirtschaftliche Not und Benachteiligungen von Bevölkerungsschichten zu beseitigen.

6. Parteien

24 Politische Parteien sind Vereinigungen von Bürgern, die ernsthaft und auf Dauer an der politischen Willensbildung des Volkes mitwirken und die Vertretung des Volkes in den Parlamenten (des Bundes und der Länder) bestimmen wollen. Für eine freiheitliche repräsentative Demokratie sind sie unverzichtbar. Ihre Funktion besteht darin, den freien Wettbewerb des geistigen Kampfes um die Macht im Staat zu organisieren. Sie bündeln die vielfältigen politischen Meinungen und Wünsche der Menschen zu mehreren programmatischen Richtungen (Mehrparteiensystem), beeinflussen damit laufend die öffentliche Meinung und unterbreiten schließlich dem Wähler die Vorschläge für die Wahl der Volksvertreter in den Parlamenten. Die Parteien bilden so das politische Bindeglied zwischen Volk und Staat und erfüllen den Zweck von Demokratie und freien Wahlen.

25 Wegen dieser wichtigen Funktion sind die Parteien verfassungsrechtlich besonders geschützt (Art. 21 GG). Zunächst ist die Unabhängigkeit der Parteien vom Staat garantiert. Sie sind bezüglich ihrer Gründung, ihres Programmes und ihrer Mitwirkung an der politischen Willensbildung frei. Verloren geht diese Freiheit nur, wenn eine Partei sich mit ihrem Programm gegen das Grundgesetz selbst (die freiheitliche demokratische Grundordnung) wendet. In diesem Fall kann die Partei durch das Bundesverfassungsgericht verboten werden. Eng verbunden mit ihrer Freiheit ist die Chancengleichheit aller Parteien. Das betrifft vor allem die Möglichkeit, tatsächlich am politischen Wettbewerb mitwirken zu können, und die finanzielle Unterstützung der Parteien durch den Staat. Die Finanzierung durch den Staat, die eigentlich dem Unabhängigkeitsprinzip entgegensteht, ist durch die wichtige Aufgabe gerechtfertigt, die die Parteien für den Staat erfüllen. Ferner müssen öffentliche Gebäude, wie Versammlungsräume und

ähnliches, allen Parteien gleichermaßen zur Verfügung gestellt werden. Das Prinzip der Gleichbehandlung gilt auch für die Vergabe von Sendezeiten in Hörfunk und Fernsehen.

Die in Deutschland wichtigsten, seit vielen Jahren im Bundestag vertretenen Parteien sind: Die *Christlich Demokratische Union* (CDU) und in Bayern die *Christlich Soziale Union* (CSU), deren politische Leitlinie die christlichen Werte sind; beide Parteien bilden im Bundestag eine Fraktionsgemeinschaft. Die *Sozialdemokratische Partei Deutschlands* (SPD) war ursprünglich eine Arbeiterpartei und setzt sich heute besonders für soziale Gerechtigkeit ein. Neben diesen beiden größten Parteien setzt sich die *Freie Demokratische* (FDP) vor allem für die Freiheit der Bürger und der Wirtschaft ein. Seit 2013 ist die FDP allerdings nicht mehr im Deutschen Bundestag vertreten. Die Partei *Bündnis 90-Die Grünen* vertritt insbesondere das Interesse am Schutz der Umwelt und dem schonenden Umgang mit natürlichen Ressourcen. Darüber hinaus gibt es seit einigen Jahren auch die kleine Partei *Die Linke*; sie ist aus der ehemaligen kommunistischen Staatspartei der früheren DDR (der Sozialistischen Einheitspartei Deutschlands – SED) hervorgegangen. 26

B. Staatsorganisationsrecht

I. Verhältnis von Bund und Ländern

Deutschland besteht seit der Wiedervereinigung aus 16 Bundesländern: Baden-Württemberg, Bayern, Berlin, Brandenburg, Bremen, Hamburg, Hessen, Mecklenburg-Vorpommern, Niedersachsen, Nordrhein-Westfalen, Rheinland-Pfalz, Saarland, Sachsen, Sachsen-Anhalt, Schleswig-Holstein und Thüringen. Die Länder bilden zusammen, als Bundesstaat, den deutschen Staat. In dieser föderalen Staatsstruktur stehen die Länder und der Bund prinzipiell nebeneinander, das heißt neben dem Bund als Staat haben auch die Länder Staatsqualität. Die Eigenstaatlichkeit der Länder bedeutet, dass jedes Land über eine eigene Staatsgewalt verfügt und seine rechtliche Grundordnung (Staatsorganisation, Staatsgrundsätze, Bürgerrechte) selbstständig in einer eigenen Verfassung festlegen kann. Weil aber die Länder im Bundesstaat Deutschland zusammengeschlossen sind, folgt daraus: Erstens, auch die Staatsgewalt der Länder (z. B. von Bayern oder von Hessen) ist deutsche Staatsgewalt. Zweitens muss die Kompetenz zur Ausübung der 27

Staatsgewalt zwischen Bund und Ländern verteilt werden. Und drittens muss dafür gesorgt werden, dass sich die Rechtsordnungen der Länder im Rahmen der Rechtsordnung des Bundes halten.

1. Homogenitätsprinzip

28 Art. 28 I der Bundesverfassung, also des Grundgesetzes, zwingt die Länder dazu, ihre verfassungsmäßige Ordnung so zu gestalten, dass sie den Grundsätzen der Republik, der Demokratie, der Rechts- und Sozialstaatlichkeit im Sinne des Grundgesetzes entsprechen. Das nennt man das bundesstaatliche Homogenitätsprinzip. Homogenität meint nicht Uniformität (völlige Übereinstimmung), aber doch eine gewisse Übereinstimmung oder Ähnlichkeit. Ein Bundesstaat könnte nicht funktionieren, wenn in den Ländern ganz andere staatliche Rechtsgrundsätze gelten würden.

29 Das Funktionieren des Bundesstaats wird zudem dadurch gesichert, dass bestimmte Normen des Grundgesetzes unmittelbar auch in den Ländern gelten, insbesondere: Die Grundrechte des Grundgesetzes gelten auch gegenüber der Staatsgewalt der Länder (Art. 1 III i. V. m. Art. 142 GG). Zudem geht das Bundesrecht dem Landesrecht vor; das bedeutet, dass eine landesrechtliche Regelung (Landesverfassung, Landesgesetz, Landesrechtsverordnung) nichtig ist, wenn sie irgendeiner Regelung des Bundes (Bundesverfassung, Bundesgesetz, Bundesrechtsverordnung) widerspricht (Art. 31 GG).

2. Gesetzgebungskompetenz

30 Die Verteilung der Kompetenzen zur Ausübung der Staatsgewalt zwischen Bund und Ländern bestimmt das Grundgesetz zuerst für den Bereich der Gesetzgebung. Danach haben die Länder das Recht zur Gesetzgebung, soweit das Grundgesetz nicht dem Bund Gesetzgebungsbefugnisse verleiht (Art. 30, 70 GG). Die Sachgebiete, in denen der Bund Gesetze erlassen darf, sind in einem Katalog ausdrücklich geregelt. Es ist zwischen ausschließlicher Gesetzgebungskompetenz des Bundes und konkurrierender Gesetzgebungskompetenz des Bundes zu unterscheiden.

31 Der Bereich der *ausschließlichen Gesetzgebungskompetenz* umfasst hauptsächlich Sachgebiete, für die eine einheitliche Regelung für ganz Deutschland notwendig ist, z. B. auswärtige Angelegenheiten, Staatsangehörigkeit,

Passwesen, Währungswesen und Luftverkehr (Art. 71 I, 73 I GG). In diesen Angelegenheiten können die Länder niemals Gesetze erlassen. Im Bereich der *konkurrierenden Gesetzgebungskompetenz* (Art. 72 I, 74 I GG), wie etwa auf den Gebieten des bürgerlichen Rechts, des Strafrechts, der Gerichtsverfassung, des gerichtlichen Verfahrens, des Rechts der Wirtschaft und des Arbeitsrechts, fällt den Ländern die Kompetenz zur Gesetzgebung grundsätzlich (Ausnahmen: Art. 72 III GG) nur dann zu, wenn und solange der Bund noch keine eigene Regelung getroffen hat; eine Regelung des Bundes in diesen Bereichen setzt aber in der Regel voraus, dass sie zur Herstellung gleichwertiger Lebensverhältnisse im Bundesgebiet erforderlich ist (Art. 72 II GG).

3. *Verwaltungskompetenz*

Die Verteilung der Verwaltungskompetenz zwischen Bund und Ländern, also die Zuständigkeit zum Vollzug (oder Ausführung) der Gesetze, ist anders geregelt; sie folgt nicht der Gesetzgebungskompetenz. Die Länder führen nicht nur ihre eigenen Gesetze aus, sondern grundsätzlich auch die Bundesgesetze, und zwar als eigene Angelegenheit (*landeseigene Verwaltung*, Art. 83 GG). Sie regeln dann die Einrichtung der dazu erforderlichen Behörden und das Verwaltungsverfahren (Art. 84 I GG). Die Bundesregierung übt hier lediglich die Aufsicht darüber aus, dass die Länder die Bundesgesetze dem geltenden Recht gemäß ausführen (Art. 84 III GG). 32

Es kommt auch vor, dass die Länder Bundesgesetze im Auftrage des Bundes ausführen (*Bundesauftragsverwaltung*, Art. 85 GG). Die Fälle sind im Grundgesetz ausdrücklich geregelt. Auch dann bleibt zwar die Einrichtung der Verwaltungsbehörden ebenso wie die Regelung des Verwaltungsverfahrens grundsätzlich Angelegenheit der Länder. Aber erstens kann der Bund hier die Behörden und das Verfahren für den Gesetzesvollzug auch selbst festlegen (Art. 85 I GG). Und zweitens ist hier die Aufsicht des Bundes über die Länder intensiver als bei der landeseigenen Verwaltung. Die Landesbehörden unterstehen den Weisungen der zuständigen obersten Bundesbehörden, und die Bundesaufsicht erstreckt sich nicht nur auf die Rechtmäßigkeit, sondern auch auf die Zweckmäßigkeit des Gesetzesvollzugs. 33

Nur in wenigen Bereichen, die wiederum im Grundgesetz ausdrücklich benannt sind, nimmt der Bund die Ausführung der Bundesgesetze selbst wahr (*bundeseigene Verwaltung*, Art. 86 GG), so z. B. Auswärtiger Dienst, 34

Bundesfinanzverwaltung, Bundespolizei, Nachrichtendienste, Verfassungsschutz, Art. 87 I GG.

4. Rechtsprechungskompetenz

35 Schließlich ist auch die judikative Staatsgewalt zwischen Bund und Ländern aufgeteilt (Art. 92 GG). Es gibt die Bundesgerichte und die obersten Gerichtshöfe des Bundes (Art. 96, 95 GG), zudem das Bundesverfassungsgericht (Art. 93, 94 GG). Alle anderen Gerichte befinden sich auf der Ebene der Länder. In vielen Fällen folgt daraus ein dreistufiger Aufbau der Gerichtsbarkeit in Deutschland: die erste und die zweite Instanz sind Landesgerichte, die dritte Instanz wird durch die obersten Gerichtshöfe des Bundes ausgeübt.

II. Oberste Bundesorgane

36 Die wichtigsten Handlungsorgane im Staatsaufbau der Bundesrepublik Deutschland sind die obersten Bundesorgane. Man spricht auch von Staatsorganen oder Verfassungsorganen des Bundes. Es sind dies der Bundestag, die Bundesregierung, der Bundesrat, der Bundespräsident und das Bundesverfassungsgericht.

1. Bundestag

37 Der Bundestag ist das Parlament der Bundesrepublik. Er besteht aus Abgeordneten des deutschen Volkes, die nach Art. 38 I GG gewählt werden, und steht im Zentrum des parlamentarischen Regierungssystems.

a) Aufgaben des Bundestages

38 Hauptaufgabe des Bundestages ist die Vertretung des Volkes und die Vermittlung des Volkswillens in alle Organe und Handlungen der Staatsgewalt. Er erlässt die Gesetze des Bundes und entscheidet damit über alle wichtigen und wesentlichen Angelegenheiten des Staates (Art. 76 ff. GG). Die Gesetzentwürfe stammen meistens von der Regierung, die darüber beschließt, welche politischen Aufgaben erledigt und welche Gesetze dafür erlassen oder geändert werden müssen. Ähnlich ist es im Bereich der außenpolitischen Beziehungen des Bundes: Die Bundesregierung verhandelt die völkerrechtlichen Verträge, der Bundestag muss aber dem Vertrag durch

Gesetz zustimmen, damit der Vertrag vom Bundespräsidenten verbindlich unterzeichnet und ratifiziert werden kann (Art. 59 GG).

Der Bundestag wirkt zudem ganz wesentlich an der Besetzung der anderen Staatsorgane mit. Vor allem wählt er den Bundeskanzler oder die Bundeskanzlerin (Art. 63 GG), der oder die über die Mitglieder (Minister) der Regierung bestimmt (Art. 64 GG). Für diese Wahl bedarf es der Mehrheit der Mitglieder des Bundestages. In der Regel schließt sich dazu die größte Fraktion – so heißt die Gruppe von Abgeordneten, die einer Partei angehört – mit einer kleineren Fraktion zusammen, um den Kandidaten der größeren Fraktion durchzusetzen. Im Gegenzug werden Vertreter der kleineren Fraktion oder ihrer Partei an der Regierung beteiligt. Diese sog. Koalition bleibt im Regelfall während der gesamten Wahlperiode bestehen, um auch bei künftigen Entscheidungen im Bundestag der von ihr getragenen Regierung eine Mehrheit zu gewährleisten.

Ferner wählt der Bundestag (neben dem Bundesrat) die Hälfte der Richter des Bundesverfassungsgerichts (Art. 94 I GG). Auch an der Wahl der Richter an den obersten Gerichtshöfen des Bundes wirkt der Bundestag mit, indem er die parlamentarischen Mitglieder des Richterwahlausschusses wählt. Dieser Ausschuss besteht aus den für das jeweilige Sachgebiet zuständigen Ministern der Länder und einer gleichen Anzahl von Mitgliedern des Bundestags; gemeinsam mit dem zuständigen Bundesminister entscheidet er über die Berufung der Richter der obersten Gerichtshöfe (Art. 95 II GG). Auch bei der Wahl des Bundespräsidenten durch die Bundesversammlung stellt der Bundestag mit allen Abgeordneten die Hälfte der Wahlberechtigten (Art. 54 III GG). Der Bundestag als unmittelbar vom Volk gewähltes Organ verleiht somit diesen anderen Organen durch die Wahl mittelbar demokratische Legitimität.

Eine weitere wichtige Funktion, die der Bundestag wahrnimmt, ist die Kontrolle der Regierungstätigkeit. Da die Regierung die politischen Geschäfte des Staates führt, soll das Volk durch den Bundestag die Möglichkeit haben, Einfluss auf die Regierung auszuüben. Daher ist es nicht nur die Sache des Bundestages, die Gesetze zu erlassen, sondern er muss auch die Regierung daran hindern, für das Volk wichtige Entscheidungen ohne Gesetz zu treffen. Der Bundestag kann ferner Anfragen an die Bundesregierung richten oder Mitglieder der Bundesregierung vorladen, um über eine aktuelle Thematik Auskunft zu erlangen (Art. 43 I GG). Außerdem kann der Bundestag – und zwar schon mit einem Viertel seiner Mitglieder, also der parlamentarischen Opposition – Untersuchungsausschüsse einberufen, um die Aufklärung eines politisch umstrittenen Vorfalls oder Skandals zu erreichen (Art. 44 GG). Seinen größten Einfluss aber übt der Bundestag durch das Budgetrecht aus, durch das er über den Staatshaushalt bestimmt (Art. 110 II GG). Zudem muss der Bundestag bei völkerrechtlichen Verträgen mit anderen Staaten (Art. 59 II GG) und Einsätzen der Bundeswehr im Ausland zustimmen.

b) Wahl des Bundestages
aa) Wahlrecht

42 Die Wahl, durch die das deutsche Volk seine Repräsentanten im Bundestag bestimmt, muss allgemein, unmittelbar, frei, gleich und geheim sein (Art. 38 I GG). Durch diese fünf Wahlgrundsätze sollen Wahlgerechtigkeit und der effektive Einfluss der abgegebenen Stimmen gesichert werden.

43 Der Grundsatz der *Allgemeinheit* besagt, dass die Wahlen jedem deutschen Staatsbürger zugänglich sein müssen, egal welchen Geschlechts, welcher Rasse oder welcher politischen Überzeugung er ist. Begrenzt wird dieser Grundsatz nur durch die Voraussetzung, dass der Wähler mindestens achtzehn Jahre alt ist. Mit Vollendung des achtzehnten Lebensjahres ist man in Deutschland volljährig. Volljährigkeit ist auch für das passive Wahlrecht erforderlich, also für das Recht, als Abgeordneter in den Bundestag gewählt zu werden.

44 Die *Unmittelbarkeit* der Wahl verlangt, dass das Volk seine parlamentarischen Vertreter direkt wählt. Das Gegenteil wäre die Wahl von Wahlmännern, die dann selbstständig die Volksvertreter wählen (wie in den USA).

45 Wahlen in Deutschland müssen außerdem *frei* sein, sodass jeder sich seine eigene politische Meinung bilden darf und dieser entsprechend seine Wahl trifft. Des Weiteren folgt aus der Freiheit der Wahl auch, dass keine Wahlpflicht besteht. Die Teilnahme an den Wahlen steht den Bürgern frei.

46 Durch den *Gleichheitsgrundsatz* wird vor allem gewährleistet, dass jede Stimme gleich, d. h. mit dem Faktor eins zählt (Zählwertgleichheit), unabhängig davon, wer sie abgibt. Im System der Verhältniswahl, wie es in Deutschland gilt (s. u. bb.), kommt hinzu, dass jede Stimme auch in gleicher Weise, d. h. mit gleichem Gewicht, die Verteilung der Abgeordnetenmandate nach dem Ergebnis der Wahl bestimmt (Erfolgswertgleichheit). Anders

ist es im Mehrheitswahlsystem, in dem die Stimmen der unterlegenen Minderheit für die Mandatszuteilung keine Rolle spielen.

Um eine unabhängige, wirklich freie Wahl zu garantieren, ist letztlich die *geheime* Stimmabgabe unerlässlich. Nur so kann äußerer Druck verhindert werden. 47

bb) Wahlsystem

Anders als diese Wahlgrundsätze ist das Wahlsystem nicht im Grundgesetz vorgeschrieben. In Deutschland herrscht nach dem Bundeswahlgesetz (BWG) eine personalisierte Verhältniswahl. Verhältniswahl heißt, dass die Abgeordnetensitze im Bundestag zwischen den Parteien in dem Verhältnis aufgeteilt werden, in dem auf sie bei der Wahl Stimmen entfallen waren. Der Bundestag hat grundsätzlich 598 Sitze bzw. Mandate. Die Partei oder die Koalition, die bei der Wahl mehr als die Hälfte der abgegebenen Stimmen errungen hat, erhält in entsprechender Höhe auch die Mehrheit der Bundestagsmandate. Damit der Wähler aber nicht nur Einfluss auf die Verteilung der Sitze zwischen den Parteien hat, sondern auch auf die Zuteilung der Sitze auf konkrete Personen, kann er bei der Wahl zwei Stimmen abgeben (vgl. § 4 BWG): 48

Mit der *Erststimme* wählt er in seinem Wahlkreis (räumlich abgegrenztes Gebiet) einen der Wahlkreiskandidaten. In jedem Wahlkreis steht immer auch eine Person zur Wahl, nicht nur eine Partei. Diejenige Person, die in einem Wahlkreis die meisten Stimmen erhält, zieht in den Bundestag ein (sog. Direktmandat). Mit der *Zweitstimme* wählt der Bürger im Wahlkreis die Partei, die er im Bundestag vertreten haben möchte. Nach der Summe der Wählerstimmen, die in allen Wahlkreisen auf eine Partei abgegeben werden, errechnet sich die Zahl der Sitze, die diese Partei im Bundestag erhält. Diese gewonnenen Sitze erhalten dann folgende Personen: zuerst alle direkt gewählten Kandidaten der Partei und dann, soweit noch Sitze verbleiben, die Personen, die die Partei nach einer internen Wahl zuvor auf einer Liste benannt hatte (sog. Listenmandat). Im Detail ist dieses Wahlsystem allerdings viel komplizierter (vgl. §§ 5, 6 BWG). 49

c) Abgeordnete

Die Stellung der Bundestagsabgeordneten wird durch die Verfassung des Grundgesetzes besonders geschützt. Der Abgeordnete soll seine Aufgabe 50 als Volksvertreter gewissenhaft und verantwortungsbewusst zum Wohle des Volkes wahrnehmen können. Deshalb ist er gemäß Art. 38 I 2 GG bei parlamentarischen Abstimmungen nur seinem Gewissen unterworfen. Er ist also weder an Weisungen gebunden noch von seiner Partei abhängig (*freies Mandat*, im Gegensatz zum imperativen Mandat in einer Rätedemokratie).

51 Außerdem genießt der Abgeordnete den Schutz der Indemnität und der Immunität. Die *Indemnität* garantiert ihm, dass er für Handlungen und Äußerungen im Rahmen seiner Abgeordnetentätigkeit nicht im Nachhinein strafrechtlich belangt werden kann. Nur so kann das freie Mandat seine volle Wirkung entfalten (Art. 46 I GG). Die *Immunität* besagt, dass ein Abgeordneter während seiner Abgeordnetentätigkeit auch nicht für Straftaten belangt werden darf, die er außerhalb seiner Tätigkeit als Abgeordneter begeht. Dieser Schutz kann allerdings durch den Bundestag aufgehoben werden und gilt nicht, wenn der Abgeordnete unmittelbar bei oder nach der Tat entdeckt und verhaftet wird (Art. 46 II GG).

52 Zu den weiteren Rechten des Abgeordneten zählen: Das Rede- und Antragsrecht im Bundestag; er kann sich mit anderen Abgeordneten derselben Partei zu einer Fraktion zusammenschließen (oder auch aus einer Fraktion austreten); er hat Anspruch auf Bezahlung (sog. Diäten) und eine Aufwandsentschädigung.

2. Bundesregierung mit Bundeskanzler

53 Die Bundesregierung (Kabinett) gehört zur Exekutive. Ihre Aufgabe ist die Staatsleitung (Gubernative). Von ihr gehen die Impulse der Innen- und Außenpolitik aus; sie trifft die politischen Entscheidungen, sofern es nicht eines parlamentarischen Gesetzes bedarf. Das Kabinett besteht aus dem Bundeskanzler und den Bundesministern (Art. 62 GG). Die Bundesminister vertreten in der Bundesregierung ihren Geschäftsbereich (Fachressort); für diesen Geschäftsbereich sind sie – im Rahmen der Richtlinienkompetenz des Bundeskanzlers – selbst verantwortlich (Art. 65 GG). Die Bundesminister sind zugleich Teil der staatlichen Verwaltung (Administrative). Jeder Bundesminister ist Chef des Ministeriums als oberster Bundesbehörde. Die wichtigsten Ministerien sind das Finanzministerium, das Außenministerium, das Verteidigungsministerium, das Innenministerium, das Wirtschaftsministerium, das Justizministerium, das Arbeitsministerium und das Gesundheitsministerium.

Die Minister werden nicht gewählt, sondern auf Vorschlag des Bundeskanzlers vom Bundespräsidenten eingesetzt (Art. 64 I GG). Bei der Auswahl der Personen für ein Ministeramt berücksichtigt der Bundeskanzler die Wünsche derjenigen, die ihn gewählt haben. Auch ein Bundestagsabgeordneter kann zum Minister berufen werden. Die dadurch entstehende Verflechtung zwischen Regierung und Parlament gehört zu den Besonderheiten des sog. parlamentarischen Regierungssystems der Bundesrepublik Deutschland. 54

Der Kanzler wird vom Bundestag mit der Mehrheit seiner Mitglieder (qualifizierte Mehrheit, sog. Kanzlermehrheit) gewählt (Art. 63 GG). Da in der Regel nicht eine Partei bzw. Fraktion allein die parlamentarische Mehrheit hat, müssen sich meistens zwei Fraktionen auf einen Bundeskanzler einigen; dies geschieht in einem Koalitionsvertrag, in dem auch die Politikziele der neuen Regierung verabredet sind. Formal wird der Bundeskanzler vom Bundespräsidenten vorgeschlagen und nach der Wahl von diesem ernannt. Die Amtsdauer des Kanzlers entspricht einer Wahlperiode des Bundestages (4 Jahre, Art. 39, 69 II GG). Der Bundestag kann aber dem Bundeskanzler das Misstrauen aussprechen, wenn er mit der Mehrheit seiner Mitglieder einen Nachfolger wählt (*konstruktives Misstrauensvotum*, Art. 67 GG). Außerdem kann der Bundespräsident auf Vorschlag des Bundeskanzlers den Bundestag auflösen, wenn ein Antrag des Bundeskanzlers, ihm das Vertrauen auszusprechen, nicht die Zustimmung der Mehrheit der Mitglieder des Bundestages findet (*Vertrauensfrage*, Art. 68 I GG). 55

Der Bundeskanzler leitet die Regierung. Er hat die politische Richtlinienkompetenz (Art. 65 S. 1 GG). Das bedeutet, dass er die Richtung der Politik für alle Ministerien vorgeben kann (Kanzlerprinzip). Allerdings müssen diese Richtlinien in der Praxis im Sinne der Mehrheit des Parlaments, also der Koalitionsfraktionen sein, da die Regierung sonst nicht handlungsfähig wäre. Im Gegenzug zu dieser weitreichenden Kompetenz trägt der Kanzler für jegliches Regierungshandeln die Verantwortung vor dem Bundestag (Art. 65 S. 1 GG). 56

Der erste Bundeskanzler, Konrad Adenauer, war von 1949 bis 1963 im Amt und von 1951 bis 1955 zugleich Bundesminister des Auswärtigen. Er erreichte die Westintegration der Bundesrepublik Deutschland nach dem Zweiten Weltkrieg. Am 15. Oktober 1963, mit 87 Jahren, übergab Adenauer sein Amt als Bundeskanzler seinem Nachfolger Ludwig Erhard, der ebenfalls der CDU angehörte und als „Vater des Wirtschaftswunders" 57 bezeichnet wird. Nach dessen Rücktritt am 1. Dezember 1966 wurde Kurt Georg Kiesinger sein Nachfolger. Nach zwei Jahren wurde Kiesinger abgelöst und 1969 Willy Brandt als erster Kandidat der SPD zum Kanzler gewählt. Für seine Politik der Versöhnung mit dem Osten wurde Brandt mit dem Friedensnobelpreis ausgezeichnet. Nach seinem Rücktritt wurde der SPD-Politiker Helmut Schmidt Bundeskanzler. Er war von 1974 bis 1982 Kanzler und setzte den Nato-Doppelbeschluss durch. Er wurde durch ein konstruktives Misstrauensvotum, mit dem Helmut Kohl zum Kanzler gewählt wurde, gestürzt. Helmut Kohl, der seitdem fünf Mal zum deutschen Bundeskanzler gewählt wurde, ist der Kanzler der deutschen Wiedervereinigung und der Vertiefung der europäischen Integration. Nach den Wahlen 1998 endete seine Amtszeit. Sein Nachfolger wurde Gerhard Schröder, dem dritten Kanzler der SPD. Seine Politik verordnete Deutschland eine tiefgreifende Sozial- und Wirtschaftsreform („Agenda 2010"). Seit 2005 ist die CDU-Politikerin Angela Merkel die erste weibliche Bundeskanzlerin. Mit ihr wurde Deutschland zur politischen Führungsnation (in) der Europäischen Union.

3. Bundesrat

58 Die Gesetzgebung des Bundes ist, wie schon gesagt, auf bestimmte Sachbereiche (Zuständigkeitskatalog der Art. 73, 74 GG) beschränkt. Obwohl diese Bereiche ausnahmsweise nicht von den Ländern geregelt werden dürfen, sollen die Länder von der Gesetzgebung des Bundes nicht gänzlich ausgeschlossen werden. Denn die rechtlichen Konsequenzen der Bundesgesetzgebung wirken sich maßgeblich in den Ländern aus. Deshalb werden die Bundesländer durch den Bundesrat an der Gesetzgebung des Bundes beteiligt. Der Bundesrat ist also ein Organ des Bundes, setzt sich aber aus den Mitgliedern der Regierungen der Länder zusammen. Gemäß Art. 51 II GG hat jedes Land dort mindestens drei Stimmen, abhängig von der Größe der Bundesländer können es auch vier, fünf oder sechs Stimmen sein. Allerdings kann jedes Land seine Stimmen nur einheitlich abgeben, die einzelnen Vertreter eines Landes sind daher nicht unabhängig in ihrer Entscheidung.

59 Bei der Mitwirkung des Bundesrates an der Gesetzgebung wird zwischen zwei Arten der Gesetzgebung unterschieden. Bei einigen Gesetzen muss der Bundesrat ausdrücklich zustimmen. Diese *Zustimmungsgesetze*

betreffen thematisch die besonderen Interessen der Länder. In welchen Bereichen dies der Fall ist, ist im Grundgesetz abschließend festgelegt (z. B. Steuern für die Länder, Art. 105 III GG). Bei allen übrigen Gesetzen, den sog. *Einspruchsgesetzen*, hat der Bundesrat lediglich ein Einspruchsrecht (Art. 77 III GG). Hier kann sich der Bundestag letztlich über den Bundesrat hinwegsetzen, wenn die Verhandlungen zwischen beiden scheitern (Art. 77 IV GG).

Neben der Beteiligung an der Gesetzgebung hat der Bundesrat außerdem die Befugnis, die Hälfte der Richter des Bundesverfassungsgerichts zu wählen (Art. 94 I GG). 60

4. Bundespräsident

Der Bundespräsident ist das deutsche Staatsoberhaupt. Er soll als Repräsentant des Staates über der täglichen Politik stehen. Er hat daher keine politische Gestaltungsmacht (politische Anordnungen seinerseits sind nur nach Gegenzeichnung durch ein Regierungsmitglied gültig, Art. 58 GG). Demnach ist er auch nicht für die politischen Geschäfte verantwortlich. Sein Amt soll unabhängig von den politischen Auseinandersetzungen im Regierungsalltag dem Volk das Bewusstsein von der Einheit des Staates vermitteln. 61

Seine Funktion als Repräsentant des Staates zeigt sich insbesondere in seiner Aufgabe gegenüber der Völkergemeinschaft. Formal schließt er die Verträge mit anderen Staaten (Art. 59 I GG), außerdem empfängt er Botschafter und Gesandte anderer Länder. Auch innerstaatlich hat er einige wichtige formale Befugnisse. Er ernennt und entlässt z. B. die Minister, die Beamten oder die Richter des Bundes (durch Übergabe einer Urkunde). 62

Ferner kann der Bundespräsident den Bundestag auflösen, wenn dort keine Mehrheit zur Wahl oder Unterstützung eines Bundeskanzlers hergestellt werden kann (Art. 63 IV, 68 GG). Zudem muss jedes Gesetz von ihm ausgefertigt werden, damit es in Kraft treten kann (Art. 82 I GG); dabei hat er in einem beschränkten Umfang auch die Befugnis, das Gesetz daraufhin zu prüfen, ob es „nach den Vorschriften dieses Grundgesetzes zustande gekommen" ist (s. u. III.). Schließlich steht ihm gemäß Art. 60 II GG unter bestimmten Voraussetzungen das Recht zur Begnadigung von Menschen zu, die durch ein Bundesgericht verurteilt worden sind. 63

64   Die Wahl des Bundespräsidenten erfolgt durch die Bundesversammlung (Art. 54 I GG). Die Bundesversammlung besteht zur einen Hälfte aus den Mitgliedern des Bundestages und zur anderen Hälfte aus Personen, die von den Länderparlamenten gewählt werden (Art. 54 III GG). Diese müssen nicht selbst Landtagsabgeordnete oder sonst politisch Aktive sein; häufig werden deshalb neben altgedienten Parteimitgliedern auch Personen des öffentlichen Lebens ausgesucht.

65   Der Bundespräsident wird auf fünf Jahre gewählt und kann nur einmal wiedergewählt werden (Art. 54 II GG). Während seiner Amtszeit darf er kein anderes politisches Amt bekleiden (z. B. Bundestagsabgeordneter) und darf auch keinem anderen Beruf nachgehen (Art. 55 GG). Nur so können seine Unabhängigkeit und seine Stellung gegenüber Politik und Gesellschaft erhalten werden. Er genießt wie die Abgeordneten des Bundestages Indemnität und Immunität (Art. 60 IV GG).

66   Deutsche Bundespräsidenten waren Theodor Heuss (zwei Amtszeiten von 1949 bis 1959), Heinrich Lübke (zwei Amtszeiten von 1959 bis 1969), Gustav Heinemann (1969 bis 1974), Walter Scheel (1974 bis 1979), Karl Carstens (1979 bis 1984), Richard von Weizsäcker (zwei Amtszeiten von 1984 bis 1994), Roman Herzog (1994 bis 1999), Johannes Rau (1999 bis 2004), Horst Köhler (zwei Amtszeiten 2004 bis 2010 wegen Rücktritts), Christian Wulff (Amtszeit von 2010 bis 2012 wegen Rücktritts). Seit 2012 ist Joachim Gauck Bundespräsident.

5. Bundesverfassungsgericht

67   Das Bundesverfassungsgericht ist ein von allen anderen Staatsorganen unabhängiger und selbstständiger Gerichtshof des Bundes (§ 1 I BVerfGG). Das Bundesverfassungsgericht ist jedoch kein Gericht wie jedes andere. Die anderen Gerichte (sog. Fachgerichte) in Deutschland bilden in der Regel eine Hierarchie von drei Instanzen, das heißt der in einem Rechtsstreit vor einem niedrigeren Gericht Unterlegene oder Verurteilte kann grundsätzlich das nächst höhere Gericht anrufen. Das Bundesverfassungsgericht ist jedoch nicht Teil dieses fachgerichtlichen Instanzenzuges, es ist keine Superrevisionsinstanz. Aufgabe des Bundesverfassungsgerichts ist es allein, letztverbindlich darüber zu wachen, dass die anderen Staatsorgane nicht gegen die Verfassung verstoßen. Im Gegensatz zu allen übrigen Gerichten

befasst es sich deshalb nicht mit der zivil-, straf-, oder verwaltungsrechtlichen Beurteilung konkreter Sachverhalte. Es kann nur angerufen werden, wenn es eine Frage „spezifischen Verfassungsrechts" zu klären gibt. Die Möglichkeiten dazu sind enumerativ (abschließend) in Art. 93 GG und dem folgend im Bundesverfassungsgerichtsgesetz (§ 13 BVerfGG) aufgelistet. In dieser Funktion ist das Bundesverfassungsgericht deshalb zugleich ein Verfassungsorgan (§ 1 I BVerfGG).

Das Bundesverfassungsgericht besteht aus zwei Senaten mit je acht Richtern, die je zur Hälfte vom Bundestag und Bundesrat mit 2/3-Mehrheiten für eine Amtszeit von zwölf Jahren – ohne Möglichkeit der Wiederwahl – gewählt werden (§§ 4 ff. BVerfGG). Die Richter müssen das 40. Lebensjahr vollendet haben und Volljuristen nach dem Deutschen Richtergesetz sein; sie dürfen nicht gleichzeitig dem Bundestag, dem Bundesrat, der Bundesregierung oder einem entsprechenden Organ eines Landes angehören (§ 3 BVerfGG). 68

Zu den einzelnen Arten der verfassungsrechtlichen Streitigkeiten, für die das Bundesverfassungsgericht exklusiv zuständig ist, s. u. 4. Teil B. 69

III. Gesetzgebungsverfahren des Bundes

Das Grundgesetz regelt ziemlich ausführlich das Verfahren, in dem die Gesetze des Bundes beschlossen werden (Art. 76 ff. GG). Wird dieses Verfahren nicht ordnungsgemäß durchgeführt, dann ist das beschlossene Gesetz schon deshalb (formell) verfassungswidrig, ohne dass es auf seinen Inhalt (materiell) ankommt. Auch muss der Bund überhaupt die Kompetenz zum Erlass des Gesetzes haben (Art. 70 ff. GG); das Verfahren, in dem Landesgesetze beschlossen werden, ist in der jeweiligen Landesverfassung geregelt. 70

Das Gesetzgebungsverfahren des Bundes beginnt mit der Erstellung und der Einreichung eines Gesetzentwurfs (Gesetzesvorlage, Gesetzesinitiative) beim *Bundestag* (Art. 76 I GG). Dieser Gesetzentwurf kommt meistens von der Bundesregierung. Es gibt aber auch Gesetzentwürfe des Bundesrates oder des Bundestages selbst. Nach Möglichkeiten zu frühzeitigen Stellungnahmen (Art. 76 II, III GG) wird die Gesetzesvorlage dann in einer ersten Lesung an die sachlich zuständigen Ausschüsse des Bundestages verwiesen. In den Ausschüssen wird der Gesetzentwurf dann weiter beraten. Über die Empfehlungen und Änderungsvorschläge der Ausschüsse diskutiert der 71

45

Bundestag anschließend in einer zweiten Lesung. In der Regel wird dann in einer dritten Lesung über das Gesetz abgestimmt. Diese Details sind in der Geschäftsordnung des Bundestages (GO BT) geregelt.

72 Das vom Bundestag beschlossene Gesetz wird sodann dem *Bundesrat* zur Abstimmung zugeleitet (Art. 77 I GG). Der Bundesrat kann nun je nachdem, um welche Art von Gesetz es sich handelt (Zustimmungsgesetz oder Einspruchsgesetz), darüber entscheiden, ob er dem Gesetz zustimmt oder nicht oder ob er gegen das Gesetz Einspruch erhebt oder nicht (Art. 77 IIa, III GG). Wird ein Zustimmungsgesetz vom Bundesrat zunächst abgelehnt oder will der Bundesrat von seinem Einspruchsrecht Gebrauch machen, wird in der Regel ein Vermittlungsausschuss, bestehend aus Mitgliedern von Bundestag und Bundesrat, einberufen (Art. 77 II GG).

73 Der *Vermittlungsausschuss* soll einen Änderungsvorschlag ausarbeiten, um unter Berücksichtigung der beiderseitigen Interessen doch noch eine Einigung herbeizuführen. Über diese Empfehlung wird anschließend sowohl vom Bundestag als auch vom Bundesrat erneut abgestimmt. Stimmen beide zu, ist das Gesetz zustande gekommen. Kann keine Einigung erzielt werden, können Zustimmungsgesetze nicht ergehen. Einspruchsgesetze hingegen können auch ohne Einwilligung des Bundesrates zustande kommen. Denn der Bundestag kann den Einspruch des Bundesrates gegen das Gesetz mit qualifiziertem Mehrheitsbeschluss überwinden (Art. 77 IV GG).

74 Ist ein Gesetz schließlich derart zustande gekommen (Art. 78 GG), wird es vom *Bundespräsidenten* ausgefertigt, d. h. unterschrieben (Art. 82 I GG). Weil der Bundespräsident keine eigenen, politisch wirksamen Anordnungen erlassen kann, muss die Ausfertigung vorher von einem Mitglied der Regierung, dem Bundeskanzler oder dem zuständigen Minister durch Gegenzeichnung bestätigt werden. Der Bundespräsident darf die Ausfertigung nicht aus politischen Gründen verweigern. Anders ist es, wenn das Gesetz seiner Ansicht nach verfassungswidrig ist. Nach überwiegender Meinung hat der Bundespräsident eine eigene (beschränkte) Prüfungskompetenz, ob das Gesetz in der Weise, wie es zustande gekommen ist (Gesetzgebungskompetenz und Gesetzgebungsverfahren), formell verfassungskonform ist und ob das Gesetz mit seinem Inhalt, also materiell, nicht evident, d. h. relativ leicht erkennbar, gegen die Verfassung verstößt. Der Fall, dass der Bundespräsident nach einer solchen Prüfung ein Gesetz des Bundestages nicht ausfertigt, ist selten, kommt aber vor; dann entsteht große politische

Aufregung, weil der Bundestag natürlich von der Verfassungsmäßigkeit „seines" Gesetzes überzeugt ist und die verfassungsrechtliche Kontrolle von Gesetzen eigentlich Aufgabe des Bundesverfassungsgerichts ist.

Zuletzt wird das Gesetz im Bundesgesetzblatt verkündet (Art. 82 I GG). 75 Ist ein Tag des Inkrafttretens nicht im Gesetz selbst festgelegt, tritt es 14 Tage nach seiner Veröffentlichung in Kraft (Art. 82 II GG).

C. Grundrechte

I. Vorstaatlicher Grund der Grundrechte

Eine Erkenntnis, die alle Menschen auf natürliche Weise gemeinsam haben, 76 besteht darin, dass man Gutes tun soll und Böses meiden soll. Jeder weiß, dass die Ermordung von Andersdenkenden, Andersgläubigen, Völkern oder Kranken nicht Recht sein kann. Folter, physische und psychische Verletzungen sind verabscheuungswürdig. Dass solche Handlungen trotzdem auf der Welt vorkommen und auch manchmal gerechtfertigt werden, ändert daran nichts. Sie widersprechen der Natur und der Vernunft des Menschen. Aus diesen Grundgedanken entwickelt sich im 17./18. Jahrhundert die Vorstellung von der Gültigkeit eines Natur- und Vernunftrechts, das der unfehlbare Maßstab für eine „gute" Ordnung des sozialen Zusammenlebens der Menschen ist und daher jedem positiv gesetzten Recht eines Staates vorgegeben ist.

Im Mittelpunkt dieses Vernunftnaturrechts stehen die Würde und die 77 Freiheit jedes Menschen. Jeder Mensch ist ein Subjekt, das von Natur aus das Recht darauf hat, niemals wie ein bloßes Objekt behandelt zu werden, und das Recht darauf, keine Begrenzungen seiner Freiheit hinnehmen zu müssen, die weitergehen als es die gleiche Freiheit jedes anderen und das Zusammenleben aller in allgemeiner Freiheit erfordert. Jede „gute" staatliche Rechtsordnung findet in diesen vorstaatlichen Menschenrechten ihr Maß und ihre Grenze. Dem entspricht das Grundgesetz sogleich in seinem ersten Artikel: Art. 1 I GG erkennt die Würde des Menschen als unverletzlich an; das ist das zentrale und oberste Prinzip der freiheitlichen Staatsverfassung. Und „darum" bekennt sich das deutsche Volk in Art. 1 II GG auch zu den natürlichen Menschenrechten als Grundlage jeder staatlichen Gemeinschaft (und des Friedens und der Gerechtigkeit in der Welt).

Viele dieser vorstaatlichen Menschenrechte sind heute in internationa- 78 len Menschenrechtspakten enthalten, die die Staaten auf völkerrechtlicher

Ebene, also im Verhältnis zueinander, dazu verpflichten, in ihrem Hoheitsbereich die Menschenrechte zu achten und zu schützen (z. B. Allgemeine Erklärung der Menschenrechte von 1948; Europäische Konvention zum Schutze der Menschenrechte und Grundfreiheiten von 1950). Schon daran wird deutlich, dass der Staat mit seinem Rechts- und Gewaltmonopol nicht nur Gegner, sondern auch Garant von Würde und Freiheit der Menschen ist. Ohne die Macht des Rechts und die Kraft der Rechtsdurchsetzung ist niemand vor der nötigenden Willkür eines anderen sicher. Das staatliche Recht schafft erst die Sicherheit der Freiheit, ohne die es keine echte Freiheit geben kann.

79 Die freiheitliche Staatsverfassung begnügt sich daher nicht mit der zwischenstaatlichen Bindung an die Menschenrechte, sondern bestimmt auch innerstaatlich die positivrechtliche Geltung der Menschenwürdegarantie und entsprechender Grundrechte. An diese Rechte ist alle staatliche Gewalt gebunden. Das ist der Inhalt von Art. 1 III GG. Menschenwürde und Grundrechte werden so zu innerstaatlich justiziablen, d. h. gerichtlich einklagbaren Rechten. Auf diese Weise „gewährleistet" („garantiert", „verbürgt") der Verfassungsstaat die Rechte des Einzelnen.

II. Rechtliche Wirkungen der Grundrechte

80 Grundrechte enthalten also wesentliche Individualrechte, die gegenüber dem Staat als beständig und einklagbar garantiert werden. Jedermann kann unter bestimmten Voraussetzungen beim Bundesverfassungsgericht Verfassungsbeschwerde (Art. 93 I Nr. 4a GG, §§ 13 Nr. 8a, 90 ff. BVerfGG) erheben, wenn er der Auffassung ist, dass der Staat ihn in einem seiner Grundrechte verletzt hat. Das ist die wichtigste Funktion der Grundrechte: Sie geben dem Einzelnen *subjektive Rechte*. Daneben folgen aus den Grundrechten auch rein *objektive Rechtswirkungen*. Insbesondere sind sie bei der Auslegung und Anwendung aller Gesetze und Normen unterhalb der Verfassung zu beachten.

1. Subjektiv-rechtliche Wirkungen

a) Abwehrrechte

81 Die grundlegende Funktion der Grundrechte besteht darin, vor der Machtentfaltung des Staates zu schützen. Grundrechte sind „in erster Linie"

Abwehrrechte gegen den Staat. Ein Einzelner kann somit die Unterlassung und Beseitigung staatlicher Maßnahmen verlangen, wenn diese in seine Grundrechte eingreifen, ohne nach den Regeln des Verfassungsrechts durch einen Grund von höherem Gewicht gerechtfertigt zu sein.

b) Mitwirkungsrechte

Die Grundrechte geben auch Mitwirkungsrechte. Jedermann betätigt seine Freiheit auch im und für den Staat, gestaltet ihn mit und nimmt an ihm teil (z. B. aktives und passives Wahlrecht, Art. 38 I 1, II GG). 82

c) Teilhabe- oder Leistungsrechte

Sodann können Grundrechte auch Teilhaberechte an staatlichen Leistungen sein. Ein solches Recht auf Teilhabe besteht vor allem in den Bereichen, in denen der Staat durch seine Einrichtungen und Leistungen die Möglichkeiten zur Verwirklichung der Grundrechte schafft, z. B. in den Bereichen der Schul- und Hochschulausbildung, der Daseinsvorsorge (z. B. Wasserversorgung) und der Sozialfürsorge (z. B. Arbeitslosenhilfe). Genau betrachtet handelt es sich um Ansprüche des Individuums auf gleichberechtigten, d. h. diskriminierungsfreien Zugang zu den der Allgemeinheit dienenden Einrichtungen des Staates, abgeleitet aus dem jeweils betroffenen Freiheitsrecht (z. B. freie Wahl der Ausbildung, Art. 12 I GG) in Verbindung mit dem Gleichheitsgrundsatz (Art. 3 I GG) und dem Sozialstaatsprinzip (Art. 20 I GG) (*derivative Teilhabeansprüche*). 83

Allerdings sind die Mittel des Staates begrenzt, sodass die Teilhaberechte unter dem *Vorbehalt des Möglichen*, d. h. der vorhandenen Kapazität und der Finanzierbarkeit stehen. Schon gar nicht folgen aus den Teilhaberechten originäre Leistungsansprüche jedes Einzelnen darauf, dass der Staat ihm beispielsweise eine Wohnung, einen Ausbildungs- oder einen Arbeitsplatz bereitstellt. Lediglich auf die Sicherung des Existenzminimums hat jedermann einen originären Anspruch; das folgt aus der Verpflichtung des Staates zum Schutz der Menschenwürde (Art. 1 I GG). 84

d) Ansprüche auf Erfüllung staatlicher Schutzpflichten

Schließlich können die Grundrechte dem Einzelnen auch den Anspruch darauf verleihen, dass der Staat aktiv zum Schutz seiner Grundrechte tätig wird, wenn sie (z. B. Leben, Freiheit, Eigentum) durch Übergriffe Dritter 85 gefährdet werden. Gegenüber privaten Dritten gelten die Grundrechte zwar nicht; niemand kann sich gegenüber einem anderen Menschen unmittelbar auf seine Grundrechte berufen; sie gelten unmittelbar nur im Verhältnis des Einzelnen zum Staat. Doch weil der Staat nach Art. 1 III GG an die Grundrechte gebunden ist, muss er sich auch schützend und fördernd vor die Grundrechte stellen, wenn sie durch Dritte bedroht oder beeinträchtigt werden.

86 Diese staatliche Schutzpflicht ist zunächst nur eine objektive Rechtspflicht, die aus der Gewährleistung der Grundrechte folgt. Unter Umständen kann aber der Entscheidungsspielraum des Staates, wie und auf welche Weise er diese Schutzpflicht erfüllt, so verengt sein, dass der Einzelne einen grundrechtlichen Anspruch auf ein konkretes Handeln hat, wenn der Staat zum Schutz seiner Grundrechte bislang gar nicht oder nur unzureichend tätig geworden ist.

2. Objektiv-rechtliche Wirkungen

a) Objektive Wertordnung

87 Die Grundrechte enthalten nicht nur subjektive Rechte. Aus ihnen folgen auch objektive Rechtswirkungen. Das heißt, die Grundrechte haben auch dann rechtliche Bedeutung, wenn es nicht in einem konkreten Fall um den Schutz der Würde, des Lebens, der Freiheit oder des Eigentums eines Einzelnen geht. Vielmehr formen sie in ihrer Gesamtheit auch eine objektive Wertordnung oder eine Summe von verfassungsrechtlichen Wertentscheidungen, die von aller staatlichen Gewalt (Gesetzgebung, Vollziehung, Rechtsprechung) immer zu beachten ist. Aus den Grundrechten folgt also ganz allgemein auch die objektive Pflicht des Staates, die gesamte Rechtswirklichkeit im Einklang mit den normativen Entscheidungen der Grundrechte für den Schutz von Würde, Leben, Freiheit und Eigentum der Menschen zu halten und zu gestalten.

b) Ausstrahlungswirkung und Schutzpflichten

88 Diese objektiv-rechtliche Wirkung hat zur Folge, dass die Grundrechte auf alle Gesetze und andere Rechtsnormen unterhalb der Verfassung ausstrahlen. Kein Gesetz darf so ausgelegt werden, dass es in Widerspruch zu den Grundrechten steht. Jedes Gesetz muss vielmehr soweit wie möglich so ausgelegt

und angewendet werden, dass das Ergebnis im Einzelfall mit den Grundrechten vereinbar ist (grundrechtskonforme Auslegung und Anwendung des Rechts). Die Grenze dieser Ausstrahlungswirkung liegt also dort, wo das Gesetz gegen die Grundrechte verstößt und daher verfassungswidrig ist.

Eine weitere Folge der objektiven Dimension der Grundrechte ist die so 89 genannte grundrechtliche Schutzpflicht. Das heißt, die Grundrechte verpflichten den Staat auch dazu, sich schützend vor die Grundrechte zu stellen, also mit seiner Rechtsordnung dafür zu sorgen, dass die Schutzgüter der Grundrechte (Würde, Leben, Freiheit, Eigentum) nicht durch andere, durch private Dritte, verletzt werden. Unter Umständen kann ein Einzelner sogar einen subjektiven Anspruch darauf haben, dass der Staat konkret zu seinem Schutz tätig wird (s. o. 1.d.).

c) Institutsgarantien

Schließlich beinhalten manche Grundrechte zugleich bestimmte Instituts- 90 garantien und institutionelle Garantien. Grundrechtliche Institutsgarantien benennen Einrichtungen des privaten Lebens, die als solche verfassungsrechtlich besonders geschützt werden, etwa die freie Presse (Art. 5 I GG), die Ehe (Art. 6 I GG), die Privatschulfreiheit (Art. 7 IV GG), das Eigentums- und Erbrecht (Art. 14 I GG). Institutionelle Garantien schützen demgegenüber bestimmte Einrichtungen des öffentlichen Rechts, z. B. das Berufsbeamtentum (Art. 33 V GG) oder die kommunale Selbstverwaltung (Art. 28 II GG). Die Bedeutung dieser Garantien für den Gesetzgeber liegt darin, dass er diese Einrichtungen näher regeln und ausgestalten kann, aber nicht völlig beseitigen oder in seinem Wesensgehalt beeinträchtigen darf. So muss es also immer die Ehe, Eigentum oder selbstständige Gemeinden als Rechtsinstitute geben.

III. Grundrechtsbindung aller Staatsgewalt

Art. 1 III GG bindet die Organe der Gesetzgebung, der Regierung und 91 Verwaltung und der Rechtsprechung an die Grundrechte als unmittelbar geltendes Recht. An die Grundrechte gebunden sind auch alle staatlichen Unternehmen, also Wirtschaftsunternehmen, die der Staat selbst betreibt oder an denen er mehrheitlich beteiligt ist (z. B. Energie-, Bau-, Logistik-, Flugunternehmen).

92 Dagegen gelten die Grundrechte grundsätzlich nicht zwischen Privaten. Obwohl sich die Grundrechte nicht unmittelbar im Privatrecht auswirken, prägen sie es aber mittelbar. Infolge ihrer Ausstrahlungswirkung (s. o. II.2.b.) dürfen vor allem bürgerlich-rechtliche Vorschriften nicht im Widerspruch zu den Grundrechten angewendet werden. Unbestimmte Rechtsbegriffe, wie beispielsweise der Grundsatz von Treu und Glauben (§ 242 BGB) oder das Verbot der Sittenwidrigkeit (§§ 138, 826 BGB), müssen stets unter Berücksichtigung der Grundrechte ausgelegt werden. Es darf also bei der Entscheidung einer bürgerlich-rechtlichen Streitigkeit kein Grundrecht vom Gericht völlig übersehen oder in seiner Bedeutung falsch gedeutet werden.

93 Zu beachten ist, dass die Grundrechte des Grundgesetzes nur die deutsche Staatsgewalt binden. Gegen Hoheitsakte der Europäischen Union, wie z. B. eine Verordnung des Rates oder eine Entscheidung der Kommission (s. u. 5. Teil, B.IV.), haben die deutschen Grundrechte nur eine Art Reservefunktion, weil (und solange) die europäische Hoheitsgewalt an eigenständige Grundrechte des Europarechts (vgl. Europäische Grundrechte-Charta) gebunden ist. Umgekehrt bedeutet das allerdings auch, dass die deutsche Staatsgewalt (Gesetzgeber, vollziehende Gewalt, Gerichte) auch die europäischen Grundrechte zu beachten hat, wenn sie europäisches Recht umsetzt oder anwendet.

IV. Schutzbereich der Grundrechte

94 Unter dem Schutzbereich der Grundrechte versteht man den Tatbestand, dessen Schutz die Grundrechtsnorm gewährleistet. Der Tatbestand besteht aus der Person (Grundrechtsträger; persönlicher Schutzbereich), die durch das Grundrecht geschützt bzw. berechtigt wird, und dem Schutzgut (Handlung, Zustand; sachlicher Schutzbereich), das gewährleistet wird.

1. Persönlicher Schutzbereich

a) Individuen

95 Die Grundrechte gelten zunächst für alle natürlichen Personen. Im Näheren stehen die Grundrechte nach dem Grundgesetz der Bundesrepublik Deutschland sodann entweder jedermann (jedem Menschen) oder den Deutschen zu. *Jedermann-Grundrechte* sind z. B. die Menschenwürde (Art. 1 I GG), die allgemeine Handlungsfreiheit (freie Entfaltung der Persönlichkeit,

Art. 2 I GG), das Recht auf Leben (Art. 2 II 1 GG), die Religions- und die Meinungsfreiheit (Art. 4 I, Art. 5 I GG) oder der Schutz des Eigentums (Art. 14 I GG). *Deutschen- oder Bürgerrechte* sind z. B. das demokratische Wahlrecht (Art. 38 I i. V. m. Art. 20 II GG) oder – im Bereich des Freiheitsschutzes – die Versammlungsfreiheit (Art. 8 I GG). Der Begriff des Deutschen bestimmt sich nach Art. 116 I GG. Danach ist Deutscher, wer in der Regel die deutsche Staatsangehörigkeit besitzt.

Für Ausländer, die aus Mitgliedstaaten der Europäischen Union kommen, gilt aber im Bereich der Freiheitsrechte im Ergebnis ein ebenso weitgehender Grundrechtsschutz. Denn das allgemeine Diskriminierungsverbot des europäischen Unionsrechts (Art. 18 AEUV) fordert eine Gleichstellung von EU-Bürgern mit den Deutschen. 96

Die sonstigen Ausländer, welche nicht einem der EU-Mitgliedstaaten angehören, können sich nur auf die Grundrechte berufen, die jedermann zustehen, sowie auf Art. 16a GG, der sich speziell an Ausländer richtet (Asylrecht). Allerdings werden den Ausländern häufig durch die einfachen Gesetze die gleichen Rechte eingeräumt wie Deutschen, so z. B. die Versammlungsfreiheit durch § 1 I VersG. 97

Der Grundrechtsschutz beginnt in Deutschland bereits bei einem noch nicht geborenen Menschen durch Art. 2 II GG sowie Art. 1 I GG (Beispiel: Abtreibung) und endet auch nicht immer mit dem Tod, sondern kann postmortal fortdauern (Beispiel: Rufschädigung). 98

b) Juristische Personen

Gemäß Art. 19 III GG können die Grundrechte auch für juristische Personen des Privatrechts gelten. Voraussetzung ist, dass sie dem Wesen nach auf juristische Personen anwendbar sind. Eine juristische Person ist eine Gesamtheit von Personen und Sachen, die von der Rechtsordnung in ihrer Gesamtheit als Rechtsperson, d. h. als möglicher Träger von Rechten und Rechtspflichten, anerkannt ist, wie eine Aktiengesellschaft (AG) oder eine Gesellschaft mit beschränkter Haftung (GmbH). Zum Beispiel kann Art. 5 I GG im Gegensatz zu Art. 1 I GG dem Wesen nach auf ein Wirtschaftsunternehmen angewandt werden, da dieses zwar keine Menschenwürde besitzt, aber sehr wohl durch einen Pressesprecher seine Meinung öffentlich äußern kann. Anderes Beispiel: Art. 12 I GG schützt nicht nur die individuelle Freiheit der Wahl und Ausübung eines Berufs, sondern auch 99 die Gewerbefreiheit von Wirtschaftsunternehmen. Eine solche Ausdehnung des Grundrechtsschutzes von natürlichen Personen auf juristische Personen kommt sowohl für inländische als auch – wegen des europarechtlichen Diskriminierungsverbots (Art. 18 AEUV) – für juristische Personen aus dem EU-Ausland in Betracht.

100 Hingegen gelten die Grundrechte grundsätzlich nicht für juristische Personen des öffentlichen Rechts, also für den Staat oder staatliche Körperschaften und Anstalten. Der Staat ist Grundrechtsverpflichteter (Art. 1 III GG), nicht Grundrechtsberechtigter. Eine Ausnahme gilt nur dann, wenn die Verletzung eines Justizgrundrechts in Frage steht, wie Art. 101 und 103 GG, oder wenn und soweit einer juristischen Person des öffentlichen Rechts ein besonderer, staatsferner Bereich eingeräumt ist, in dem sie die Aufgabe hat, die Ausübung bestimmter individueller Freiheiten zu organisieren (öffentlich-rechtliche Hochschulen und Universitäten im Hinblick auf Art. 5 III und Art. 12 I GG; öffentlich-rechtliche Rundfunkanstalten im Hinblick auf Art. 5 I GG; Kirchen als öffentlich-rechtlich verfasste Körperschaften und Religionsgemeinschaften gemäß Art. 140 GG i. V. m. Art. 137 V GG im Hinblick auf Art. 4 GG).

2. Sachlicher Schutzbereich

101 Der sachliche Schutzbereich umschreibt den vom Grundrecht geschützten Lebensbereich. Geschützt ist dabei regelmäßig nicht nur das Handeln, die sog. *positive Freiheit*, sondern auch das Unterlassen, die sog. *negative Freiheit*. Beispielsweise schützt Art. 5 I GG denjenigen, der eine Meinung äußern will, aber auch denjenigen, der keine Meinung verbreiten will.

V. Eingriff in den Schutzbereich

102 Ein Grundrecht entfaltet seine Abwehrkraft, wenn der durch das Grundrecht geschützte Freiheitsbereich durch einen Akt der öffentlichen Gewalt beeinträchtigt oder verkürzt wird. Das nennt man einen Eingriff in das Grundrecht.

103 Ein Eingriff kann durch einen Verwaltungsakt, ein Gerichtsurteil oder durch ein Gesetz erfolgen. Der moderne Eingriffsbegriff wertet als Eingriff jedes staatliche Handeln, das dem Einzelnen ein Verhalten, das in den Schutzbereich eines Grundrechts fällt, ganz oder teilweise unmöglich macht. Wenn also z. B. der Staat verbietet, dass jemand seinen Glauben auslebt,

verkürzt er den grundrechtlich geschützten Bereich der Religionsfreiheit (Art. 4 I, II GG).

Beachte: Ein Eingriff bedeutet aber noch nicht, dass das Grundrecht verletzt oder gegen das Grundrecht verstoßen wurde. Die Rechtsfolge eines Grundrechtseingriffs ist vielmehr, dass das Grundrecht und die ganze Verfassung bestimmte Voraussetzungen verlangen, unter denen der Eingriff gerechtfertigt, d. h. zulässig ist. Nur wenn diese Voraussetzungen im Einzelfall nicht erfüllt sind, liegt ein Grundrechtsverstoß vor. Immer dann also, wenn der Staat in ein Grundrecht eingegriffen hat, kommt es darauf an, ob dieser Eingriff verfassungsrechtlich gerechtfertigt ist.

VI. Schranken der Grundrechte

1. Vorbehalt des Gesetzes

Keine Freiheit ist grenzenlos. Jede Freiheit hat ihre Grenze in der Freiheit des anderen, der die gleiche Freiheit hat. Daher ist auch kein Grundrecht grenzenlos gewährleistet. Jedes Grundrecht muss Beschränkungen (Eingriffe) hinnehmen, die zum Schutz der Grundrechte anderer oder zur Wahrung des Wohls der Allgemeinheit erforderlich sind.

Diesen Ausgleich darf im demokratischen Rechtsstaat nur der Gesetzgeber schaffen. Im Bereich der Grundrechte gilt der *Vorbehalt des Gesetzes*. Allein der Gesetzgeber ist dazu berufen, durch das für alle geltende Gesetz die Bedingungen und Grenzen der grundrechtlichen Freiheit jedes Einzelnen festzulegen. Demnach dürfen Grundrechtseingriffe nur durch ein Gesetz oder aufgrund eines Gesetzes (durch Verwaltung oder Gerichte) erfolgen. Das Grundgesetz unterscheidet verschiedene Arten solcher Gesetzesvorbehalte. Bei vielen Grundrechten sind sie schon im Wortlaut der Norm formuliert: Es wird zwischen einfachem und qualifiziertem Gesetzesvorbehalt unterschieden.

2. Grundrechtliche Gesetzesvorbehalte

Ein *einfacher Gesetzesvorbehalt* ist bei den Grundrechten gegeben, bei denen ausdrücklich eine Einschränkung durch ein Gesetz selbst oder aufgrund eines Gesetzes erlaubt wird. Nach Art. 8 II GG darf z. B. die Versammlungsfreiheit unter freiem Himmel „durch Gesetz oder aufgrund eines Gesetzes" eingeschränkt werden.

108 Bei einem *qualifizierten Gesetzesvorbehalt* muss das Gesetz, das den Grundrechtseingriff rechtfertigen soll, bestimmte, ausdrücklich benannte Anforderungen erfüllen. Zum Beispiel dürfen gemäß Art. 6 III GG Kinder gegen den Willen ihrer Erziehungsberechtigten nur aufgrund eines Gesetzes von der Familie getrennt werden, wenn die Erziehungsberechtigten versagen oder wenn die Kinder aus anderen Gründen zu verwahrlosen drohen. Oder: Das Recht auf Freizügigkeit im ganzen Bundesgebiet darf der Gesetzgeber nur für die Fälle beschränken, die im Art. 11 II GG aufgeführt sind.

3. Verfassungsunmittelbare Schranken

109 Schließlich gibt es auch Grundrechte, die nicht ausdrücklich unter einem Gesetzesvorbehalt stehen, z. B. Art. 4 I, II; Art. 5 III 1 GG. Das bedeutet aber nicht, dass diese Grundrechte nicht beschränkbar, also grenzenlos wären. Auch sie unterliegen Schranken, aber nur besonders qualifizierten Schranken. Ein Eingriff ist hier nur gerechtfertigt, wenn er zum Schutze von Grundrechten Dritter oder anderen mit Verfassungsrang ausgestatteten Rechtsgütern erfolgt. Es stehen dann entweder zwei Grundrechte verschiedener Grundrechtsträger miteinander im Konflikt, oder ein Grundrecht mit einem anderen Recht, das auch Verfassungsrang hat (kollidierendes Verfassungsrecht). Derart kann z. B. die Kunstfreiheit des einen (Art. 5 III 1 GG) mit dem Schutz der Persönlichkeit (Art. 2 I GG) oder des Eigentums (Art. 14 I GG) eines anderen kollidieren. Oder: Eine religiös motivierte Handlung (Art. 4 I, II GG), wie z. B. das Schächten (Töten eines Tieres nach jüdischem oder islamischem Ritus), kann einem objektiven Verfassungswert, hier dem Tierschutz (Art. 20a GG), widersprechen. In solchen Fällen bedarf es einer sorgfältigen Abwägung (praktische Konkordanz). In jedem Fall aber bedarf es auch hier einer Entscheidung des Gesetzgebers: Auch ein solcher Grundrechtseingriff steht also unter dem *allgemeinen Vorbehalt des Gesetzes*; das folgt aus dem rechtsstaatlichen und demokratischen Verfassungsprinzip.

VII. Grenzen der Grundrechtsschranken

110 Grundrechtliche Freiheiten dürfen aber niemals so weit eingeschränkt werden, dass von der Freiheit nichts mehr übrig bleibt. Sonst wären die Grundrechte nichts wert. Vielmehr ist es die Aufgabe des Staates, die Grundrechte so weit wie möglich zu gewährleisten, also die Schranken so eng wie möglich

zu halten. Aus diesem Grunde müssen die Schranken, die den Grundrechten gesetzt werden, ihrerseits wieder durch Schranken begrenzt werden. Diese Schranken nennt man auch Schrankenschranken.

1. Grundsatz der Verhältnismäßigkeit

Die bedeutsamste Schrankenschranke ist der Grundsatz der Verhältnismäßigkeit, durch den dem Gedanken der materiellen Gerechtigkeit Rechnung getragen werden soll. Danach darf der Staat ein Grundrecht niemals übermäßig, also mehr als notwendig beschränken (Übermaßverbot). Das gilt sowohl für das Gesetz, das die Grundrechtsbeschränkung allgemein regelt, als auch für die Gesetzesanwendung, die die Grundrechtsbeschränkung im Einzelfall vornimmt. 111

Zur Klärung der Verhältnismäßigkeit muss zunächst festgestellt werden, welchem Zweck die Einschränkung des Grundrechts dienen soll. Der Grundrechtseingriff muss dann zur Erreichung dieses Zwecks (1) geeignet, (2) erforderlich und (3) verhältnismäßig im engeren Sinne bzw. angemessen sein. *Geeignet* heißt, dass es nicht völlig ausgeschlossen sein darf, mit dem Mittel des Eingriffs das angestrebte Ziel zu erreichen. *Erforderlich* heißt, dass keine weniger belastenden Eingriffe denkbar sein dürfen, die zur Erreichung des Ziels genauso geeignet sind. Schließlich muss die Verwendung des *Mittels zur Erreichung des Zwecks in einem angemessenen Verhältnis* stehen. 112

Ein Beispiel: Es ist verhältnismäßig, wenn ein Gesetz anordnet, dass ein Kind trotz Art. 6 II GG der Mutter wegzunehmen und in ein Kinderheim oder zu Pflegeeltern zu geben sei, wenn es von ihr regelmäßig geschlagen wurde. Den legitimen Zweck stellt hier das Wohl des Kindes dar. Die Wegnahme des Kindes ist geeignet, um dem Wohl des Kindes gerecht zu werden. Des Weiteren gibt es kein milderes Mittel, das ebenso geeignet ist, um das Kind vor weiteren Schlägen zu schützen. Darüber hinaus ist die Wegnahme des Kindes trotz des Elternrechts nach Art. 6 II GG angemessen, da bei gravierender Kindeswohlgefährdung (aber nur dann!) der Schutz des Kindes Vorrang hat. 113

Der Grundsatz der Verhältnismäßigkeit ist in der Verfassung des Grundgesetzes nirgends ausdrücklich niedergeschrieben, folgt aber aus dem allgemeinen Rechtsstaatsprinzip (der Rechtsstaat ist ein „Staat des Maßes") 114 und aus den Grundrechten selbst (weil der Staat die Grundrechte zwar beschränken darf, aber auch an sie gebunden ist; Art. 1 III GG).

2. Grundsatz der praktischen Konkordanz

115 Der Grundsatz der praktischen Konkordanz kommt bei kollidierendem Verfassungsrecht zur Anwendung (s. o. VI.3.). Kollidierende Grundrechte oder Verfassungspositionen sind durch die Abwägung so in Einklang zu bringen, dass beide sich bestmöglich entfalten können. Die Effizienz beider Positionen soll möglichst erhalten bleiben, weshalb der geschützte Bereich des einen nur so weit begrenzt werden darf, wie es unbedingt notwendig ist, um dem Schutzbereich des anderen gerecht zu werden.

3. Wesensgehaltsgarantie

116 Die letzte, unüberwindbare Grenze einer Grundrechtsbeeinträchtigung bietet die sog. Wesensgehaltsgarantie. „In keinem Fall darf ein Grundrecht in seinem Wesensgehalt angetastet werden" (Art. 19 II GG). Dadurch soll die vollständige Aushöhlung eines Grundrechts durch den Gesetzgeber verhindert werden. Dabei kommt es grundsätzlich auf das Grundrecht des im Einzelfall Betroffenen an, nicht auf dessen Bewahrung im Übrigen, also für die Allgemeinheit.

VIII. Besonderer Schutz der Grundrechte

117 Nach dem Wortlaut des Art. 79 III GG, der *Ewigkeitsklausel,* ist weitergehend sogar eine Änderung des Grundgesetzes (durch Verfassungsgesetz, Art. 79 II GG) unzulässig, durch welche die in Art. 1 GG (und 20 GG) als unerlässlich niedergelegten Grundsätze berührt würden.

118 Außerdem müssen grundrechtseinschränkende Gesetze gemäß Art. 19 I 1 GG *(Verbot des Einzelfallgesetzes)* allgemein gelten, also unabhängig vom Einzelfall für jedermann und für jeden Fall. So soll einer Willkür des Gesetzgebers vorgebeugt werden.

119 Für bestimmte Grundrechtseinschränkungen gilt das *Zitiergebot* (Art. 19 I 2 GG), das heißt, das grundrechtsbeschränkende Gesetz muss das betroffene Grundrecht genau nennen. Diese Regelung soll Rechtsklarheit schaffen, und der Gesetzgeber soll dadurch selbst noch einmal gewarnt werden, dass er mit einer neuen gesetzlichen Regelung ein Grundrecht einschränkt.

IX. Überblick über zentrale Grundrechte

Eine umfassende Darstellung aller Grundrechte in der Bundesrepublik Deutschland würde zu umfangreich sein. Deshalb soll sich die folgende Darstellung auf einige wichtige Grundrechte beschränken. 120

1. Unantastbarkeit der Menschenwürde

Die Garantie der Unantastbarkeit der Menschenwürde (Art. 1 I GG) steht an erster Stelle der Verfassung des Grundgesetzes. Die Garantie ist das oberste Konstitutionsprinzip. Der Mensch hat um seiner selbst willen einen Anspruch auf Selbstbestimmung und darauf, als Mensch geachtet zu werden. Die Würde des Menschen ist der Grund für seine Freiheit, die ihm mit den Menschen- und den Grundrechten gewährleistet wird. 121

Die Würde des Menschen ist „unantastbar", d. h. er darf keiner erniedrigenden, unmenschlichen Behandlung ausgesetzt und er darf nie als bloßes Objekt behandelt werden. Die Unantastbarkeit umfasst so unter anderem die strikten Verbote der Folter und der Euthanasie. Ebenso verbietet der Art. 1 I GG das Klonen von Menschen, die vorgeburtliche Selektion menschlichen Lebens und (mit wenigen Ausnahmen) die Abtreibung, also die Tötung eines Embryos. Am Ende des Lebens darf es keine aktive, d. h. den Tod herbeiführende Sterbehilfe geben. Auch ist ein Recht auf ein menschenwürdiges Existenzminimum davon umfasst, sodass beispielsweise Bedürftige einen Anspruch auf Hilfe zum Lebensunterhalt oder zum Wohnen haben. In allen Fällen, in denen die Menschenwürde betroffen ist, darf es keine Abwägungen mit anderen Rechtsgütern geben; eine Verletzung der Würde eines Menschen kann niemals gerechtfertigt sein. 122

Mit der ausdrücklichen Verbürgung der unantastbaren Menschenwürde im Grundgesetz stellt sich der deutsche Staat gegen jeden menschenverachtenden Totalitarismus, wie er ihn unter dem NS-Unrechtsregime von 1933 bis 1945 erleben musste. 123

2. Allgemeine Handlungsfreiheit und allgemeines Persönlichkeitsrecht, Rechte auf Leben, körperliche Unversehrtheit und Freiheit der Person

Art. 2 I GG schützt die freie Entfaltung der Persönlichkeit. Damit ist die *allgemeine Handlungsfreiheit* des Einzelnen gemeint. Jeder soll alles tun und 124 lassen dürfen, was er nach seiner eigenen Entscheidung für sinnvoll hält. Folglich ist der Schutzbereich überaus weit. Umfasst ist jedes menschliche Verhalten, ohne Rücksicht darauf, ob es tatsächlich sinnvoll oder sonst für den Einzelnen oder die Allgemeinheit von Bedeutung ist. Art. 2 I GG sichert damit den lückenlosen Grundrechtsschutz aktiver Freiheitsentfaltung. Geschützt ist die menschliche Freiheit schlechthin. Jeder soll sein Leben autonom gestalten dürfen. Art. 2 I GG ist daher das Hauptfreiheitsrecht.

125   Alle weiteren (Freiheits-)Grundrechte gewährleisten diese eine Freiheit des Menschen dann noch besonders im Hinblick auf ganz bestimmte Freiheitsbereiche, z. B. Bewegungsfreiheit (Art. 2 II 2 GG), Religionsfreiheit (Art. 4 I, II GG), Meinungsfreiheit (Art. 5 I GG) oder Kunstfreiheit (Art. 5 III GG). Für das dogmatische Verhältnis dieser speziellen Freiheitsrechte zum Hauptfreiheitsrecht des Art. 2 I GG gilt: Art. 2 I GG ist gegenüber den speziellen Freiheitsgrundrechten subsidiär, d. h. die speziellen Grundrechte haben in der Rechtsanwendung Vorrang. So wird z. B. die Freiheit, eine Religion zu haben und auszuüben, durch und nach Maßgabe des Art. 4 I, II GG grundrechtlich geschützt, nicht hingegen gemäß Art. 2 I GG. Ist aber der Schutzbereich eines speziellen Freiheitsgrundrechts im Einzelfall nicht einschlägig, kann zum Schutz des Einzelnen auf die allgemeine Handlungsfreiheit in Art. 2 I GG zurückgegriffen werden. Demzufolge ist Art. 2 I GG ein sog. Auffanggrundrecht. So wird verhindert, dass bestimmte Freiheitsausübungen durch eine zu enge Auslegung der speziellen Grundrechte vom Grundrechtsschutz ausgenommen werden.

126   Aus Art. 2 I GG i. V. m. Art. 1 I GG folgt zudem das *allgemeine Persönlichkeitsrecht*. Damit soll die persönliche Ehre, die Privatsphäre des Menschen, das Recht auf die selbstbestimmte Darstellung der eigenen Person, das Recht am eigenen Bild und Wort sowie das Recht auf informationelle Selbstbestimmung (Datenschutz) geschützt werden. Anders als bei der allgemeinen Handlungsfreiheit, die die äußere Entfaltung des Menschen zum Gegenstand hat, geht es hier um den Schutz der inneren Bedingungen der freien Persönlichkeitsentfaltung, also um das Recht, in seiner privaten Lebenssphäre in Ruhe gelassen zu werden und sich in seiner Identität selbst zu bestimmen.

127   In Art. 2 II 1 GG wird das *Recht auf Leben und körperliche Unversehrtheit* gewährt. Das *Recht auf Freiheit der Person* (Art. 2 II 2 GG) soll es jeder Person ermöglichen, ihren Aufenthaltsort sowie ihren Niederlassungsort selbst zu wählen und auch jeden anderen Ort zu meiden. Es beinhaltet

also die körperliche Fortbewegungsfreiheit. Aus diesem Grunde ist es der Polizei nicht möglich, eine Person länger als 48 Stunden in Gewahrsam zu nehmen. Eine Freiheitsentziehung darf nur der Richter nach Vorführung des Festgenommenen anordnen (Art. 104 GG).

3. Gleichheitsgebot

Art. 3 I GG enthält das Prinzip und das Grundrecht der gleichen Freiheit für alle. Vor dem Gesetz, das für alle gilt, hat jeder die gleiche Freiheit wie jeder andere. Damit verlangt Art. 3 I GG gerade nicht, dass alle Menschen gleich sein müssen, alle gleich viel besitzen, alle die gleiche Meinung, die gleiche Wohnung oder das gleiche Lebensziel haben. Die Menschen sind unterschiedlich, und daher nutzen sie ihre gleiche Freiheit auch unterschiedlich. 128

Der Staat darf aber wesentlich gleiche Sachverhalte nicht willkürlich ungleich oder wesentlich ungleiche Sachverhalte nicht willkürlich gleich behandeln. Eine solche Ungleichbehandlung muss also immer durch einen (verhältnismäßigen) sachlichen Grund gerechtfertigt sein, sonst wäre sie willkürlich. Das gilt für ein Gesetz genauso wie bei einer Gesetzesanwendung durch die Verwaltung. 129

Die Garantie des Art. 3 I GG ist das Hauptgleichheitsgrundrecht. Es ist im Einzelfall nur einschlägig, wenn nicht spezielle Gleichheitsrechte betroffen sind. Spezielle Ausprägungen finden sich in Art. 3 II GG, welcher die Gleichberechtigung von Mann und Frau vorgibt, oder in Art. 3 III GG, der Diskriminierungen verbietet. 130

4. Religionsfreiheit

Art. 4 GG schützt nicht nur das Recht des Einzelnen, einer bestimmten Religion anzugehören und diese auszuüben, sondern auch die Religions- und Weltanschauungsfreiheit als solche. Der Staat muss in Deutschland eine weltanschaulich-religiöse Neutralität wahren und darf sich zu keiner Religion bekennen. 131

5. Meinungsäußerungsfreiheit, Informations-, Presse-, Rundfunk- und Filmfreiheit

Meinungsäußerungsfreiheit, Informations-, Presse-, Rundfunk- und Filmfreiheit (Art. 5 I GG) sind für eine freiheitliche demokratische Grundordnung 132 unabdingbar. Jeder Bürger muss das Recht haben, seine Meinung frei zu äußern, ohne dass ihn deswegen Sanktionen vom Staat erwarten. Zugleich sind die Medien in ihrer Berichterstattung frei. Das bedeutet auch, dass jegliche Zensur von journalistischen Berichten verboten ist. Durch die Vielzahl von Informationsquellen (Rundfunksendungen, Zeitungsverlage, Internet usw.) wird eine neutrale sowie ausgewogene Informationsversorgung in Deutschland gewährleistet. Zu allgemeinen Informationen muss der Einzelne stets Zugang haben.

6. Versammlungsfreiheit

133 Die Versammlungsfreiheit (Art. 8 GG) garantiert das Recht, sich mit Mitmenschen zu versammeln und in der Gruppe eine Meinung öffentlich kund zu tun. Auch das ist für eine freiheitliche Demokratie unabdingbar. Daher darf der Staat auch nicht verlangen, dass eine Versammlung oder Demonstration vorher von den Behörden genehmigt werden muss. Voraussetzung ist allerdings – und nur insoweit ist die Freiheit grundrechtlich geschützt –, dass die Versammlung friedlich und ohne Waffen erfolgt.

7. Berufsfreiheit

134 Die Berufsfreiheit umfasst zum einen das Recht für alle Deutschen, den Beruf, den Arbeitsplatz und die Ausbildungsstätte frei zu wählen (*Berufswahlfreiheit*, Art. 12 I 1 GG), und zum anderen das Recht, den gewählten Beruf frei auszuüben, ohne dass der Staat dagegen Regelungen erlässt (*Berufsausübungsfreiheit*, Art. 12 I 2 GG). Allerdings garantiert Art. 12 GG nicht die tatsächliche Möglichkeit der Beschäftigung. Erstens muss der Einzelne unter Umständen die entsprechende Qualifikation aufweisen, um einen Beruf ausüben zu dürfen, und zweitens muss natürlich ein freier Arbeitsplatz vorhanden sein. Ein Recht auf Arbeit und Vollbeschäftigung der Bevölkerung liefert Art. 12 GG nicht.

8. Eigentumsrecht

135 Art. 14 I GG schützt das Recht am Eigentum, d. h. an allen vermögenswerten Rechten, die dem Einzelnen zugeordnet sind. Sowohl das Eigentum an körperlichen Gegenständen (Haus, Auto usw.) als auch Gesellschaftsrechte, Urheberrechte und Forderungen schuldrechtlicher Art (Zahlungsansprüche,

Herausgabeansprüche etc.) fallen unter das Eigentumsrecht. Eine *Enteignung* ist die Entziehung des Eigentums und stellt deswegen einen überaus schweren Eingriff für den Betroffenen dar. Aus diesem Grunde ist eine Enteignung nur aufgrund eines Gesetzes sowie mit einer angemessenen Entschädigung zulässig (sog. Junktimklausel). Und selbst dies ist nur möglich, wenn sie im besonderen Interesse der Allgemeinheit ist (Art. 14 III GG). Andererseits unterliegt der Gebrauch des Eigentums auch der Sozialbindung (Art. 14 II GG), d. h. die Eigentumsnutzung kann beschränkt werden, wenn und soweit dies zur Wahrung sozial gerechter Verhältnisse unabdingbar und verhältnismäßig ist.

2. Abschnitt: Verwaltungsrecht
A. Allgemeines Verwaltungsrecht

Die Ausübung der staatlichen Befugnisse und die Erfüllung der staatlichen 136 Aufgaben ist gemäß Art. 30 GG grundsätzlich Sache der Länder; die Ausübung der staatlichen Verwaltungstätigkeiten liegt daher maßgeblich bei den Ländern (Art. 83 ff. GG). Der Bund hat nur in bestimmten Bereichen, wie Verteidigung, auswärtige Beziehungen und Bundesfinanzen, eine eigene Verwaltung (s. o. 1. Abschnitt, B.I.3.).

Wenn der Staat (Bund oder Land) selbst der (rechtsfähige) Verwal- 137 tungsträger ist, dann hat er eigene (nicht rechtsfähige) Behörden, die die Verwaltungsarbeit erledigen. In diesem Fall spricht man von *unmittelbarer Staatsverwaltung*. Davon ist die Organisationsform der *mittelbaren Staatsverwaltung* zu unterscheiden. Dann hat der Staat andere rechtsfähige Einrichtungen (juristische Personen des Öffentlichen Rechts) geschaffen, die durch ihre Behörden die Verwaltungsaufgaben erfüllen und dabei nur der Rechtsaufsicht des Staates unterliegen. Beispiele hierfür sind vor allem die Gemeinden und Landkreise (Kommunen), aber auch die staatliche Rentenversicherung oder die staatlichen Universitäten. All das ist im Einzelnen im Grundgesetz und in den Gesetzen des *Verwaltungsorganisationsrechts* geregelt.

Das Verwaltungsrecht umfasst darüber hinaus die Gesamtheit der Rechts- 138 normen, die das Rechtsverhältnis zwischen den Verwaltungsträgern und dem Bürger sowie die Beziehungen zwischen den Verwaltungsträgern und zu ihren Behörden regelt. Im Verhältnis zum Bürger regelt das Verwaltungsrecht vor allem die Zuständigkeiten, die Aufgaben, die Mittel und die Befugnisse der öffentlichen Verwaltung. Das *Allgemeine Verwaltungsrecht* enthält dabei die grundsätzlichen, eben allgemeinen Bestimmungen (überwiegend im Verwaltungsverfahrensgesetz), das *Besondere Verwaltungsrecht* die Einzelheiten des jeweiligen Sachgebiets (z. B. Wirtschaftsverwaltungsrecht, Umweltverwaltungsrecht, Bauverwaltungsrecht).

I. Gesetzmäßigkeit der Verwaltung

1. Vorrang und Vorbehalt des Gesetzes

139 Kein Verwaltungshandeln darf gegen bestehende Gesetze verstoßen (*Vorrang des Gesetzes*). Gesetzeswidriges Handeln braucht der Bürger nicht zu dulden. Mit Klage vor den Gerichten kann er erreichen, dass das Gericht ein gesetzeswidriges Handeln der Verwaltung für rechtswidrig erklärt oder aufhebt.

140 Die Gesetzesbindung umfasst die Bindung an die Parlamentsgesetze (des Bundestages oder eines Landtages) und auch die Bindung an alle anderen Rechtsnormen, die keine Parlamentsgesetze sind (Rechtsverordnungen, Satzungen). Hinzu kommt das Recht der Europäischen Union (EU). Soweit Rechtsnormen und Rechtsakte der EU in Deutschland unmittelbar gelten oder sonst zu beachten sind, ist die Verwaltung auch daran gebunden.

141 Die Bindung der Verwaltung an diese Gesetze und Normen setzt voraus, dass diese ihrerseits alle rechtmäßig sind. Alles Recht muss immer mit dem höherrangigen Recht vereinbar sein. Die Verwaltung muss daher auch das Rangverhältnis beachten, in dem die Gesetze und Normen zueinander stehen: Das EU-Recht ist immer vorrangig anzuwenden (s. u. 5. Teil, B.IV.4.); im Übrigen geht das Verfassungsrecht allen Gesetzen, alles Bundesrecht allem Landesrecht, alle Gesetze den Rechtsverordnungen und alle Rechtsverordnungen den Satzungen vor.

142 Der Grundsatz der Gesetzmäßigkeit der Verwaltung gemäß Art. 20 III GG bedeutet des Weiteren, dass die Verwaltung *in bestimmten Fällen* nicht ohne gesetzliche Grundlage handeln darf (*Vorbehalt des Gesetzes*). Insbesondere dann, wenn das Handeln der Verwaltung mit Eingriffen in die Freiheitsrechte oder in das Eigentumsrecht des Bürgers verbunden ist (Eingriffsverwaltung), ist das Handeln nur dann rechtmäßig, wenn es auf einem Parlamentsgesetz beruht, das diesen Eingriff erlaubt (Ermächtigungsgrundlage, Befugnisnorm).

Befindet sich die Befugnisnorm nur in einer Rechtsverordnung oder einer Satzung, dann muss dafür eine parlamentsgesetzliche Ermächtigung gegeben sein. Dieser allgemeine rechtsstaatliche Vorbehalt des Gesetzes ist in manchen Gesetzesvorbehalten der Grundrechte spezieller geregelt (z. B. Art. 2 II 3, 5 II, 8 II GG).

2. Gebundene Verwaltung – Ermessensverwaltung

Die Beachtung dieser Anforderungen an die Gesetzmäßigkeit der Verwaltung unterliegt der gerichtlichen Kontrolle. Das heißt, auf Antrag (Klage) eines Bürgers, der durch ein Handeln der Verwaltung betroffen ist, überprüfen die Gerichte das Verwaltungshandeln darauf, ob es gesetzmäßig war (vgl. Art. 19 IV GG). Dabei dürfen sich die Gerichte aber nicht an die Stelle der Verwaltung setzen (*Grundsatz der Gewaltenteilung*). Der Verwaltung bleibt insbesondere dann ein eigenständiger Entscheidungsspielraum, wenn ihr das Gesetz ein Handlungsermessen einräumt. 143

Das ist dann der Fall, wenn das Gesetz der Verwaltung bei gegebenem Tatbestand nicht ein bestimmtes Handeln zwingend vorschreibt (sog. *gebundene Verwaltung*), sondern ihr nur die Möglichkeit zum Handeln eröffnet. So kann es der Verwaltung überlassen sein, selbst zu entscheiden, ob sie im Einzelfall die vom Gesetz vorgesehene Rechtsfolge tatsächlich anordnet (sog. *Ermessensverwaltung*). Wenn z. B. eine Norm des öffentlichen Wirtschaftsrechts bestimmt, dass die zuständige Behörde den Entzug einer Gewerbeerlaubnis (Genehmigung, Lizenz) anordnen „kann" oder dazu „berechtigt ist", dann entscheidet die Behörde selbst darüber, ob sie eine solche Verfügung erlässt, wenn die Voraussetzungen der gesetzlichen Grundlage dafür gegeben sind. Allerdings darf die Behörde dabei nicht willkürlich handeln. Sie muss die gesetzlichen Grenzen der Ermessensausübung beachten (§ 40 VwVfG). Die gerichtliche Kontrolle der Verwaltung ist hier auf die Einhaltung dieser Grenzen beschränkt. Ähnliches gilt dann, wenn das Gesetz der Verwaltung zwar vorschreibt, ein bestimmtes Ziel zu erreichen (z. B. eine „ausgewogene" räumliche Entwicklung in den Gemeinden und Regionen zu „planen"), dieses Ziel aber nicht weiter inhaltlich konkretisiert. 144

Schließlich kommt es vor, dass das Gesetz sog. *unbestimmte Rechtsbegriffe* verwendet. Zum Beispiel ermächtigt das Gesetz zum Erlass einer 145

Gewerbeuntersagung, wenn der Gewerbetreibende „unzuverlässig" ist. Hier geht es schon um die Frage, wann der Tatbestand der Unzuverlässigkeit erfüllt ist, nicht erst darum, ob die Behörde die Untersagung erlassen muss (gebundene Verwaltung) oder erlassen kann (Ermessensverwaltung). Solche unbestimmten Rechtsbegriffe eröffnen der Verwaltung in manchen Fällen einen eigenen Auslegungs- oder Beurteilungsspielraum, welcher der gerichtlichen Kontrolle weitgehend entzogen ist. In den meisten Fällen jedoch ist die Beurteilung der Verwaltung von den Gerichten uneingeschränkt überprüfbar.

3. Verhältnismäßigkeitsgebot

146 Zur Rechtmäßigkeit allen Verwaltungshandelns gehört auch, dass es immer dem Gebot der Verhältnismäßigkeit genügen muss. Das gilt insbesondere für jede behördliche Verfügung, Anordnung oder Maßnahme, die für den Betroffenen mit einer Beeinträchtigung (Eingriff, Belastung) seiner grundrechtlich geschützten Freiheit oder seines Eigentumsrechts verbunden ist (zum Verhältnismäßigkeitsgebot s. o. 1. Abschnitt, C.VII.1.).

II. Rechtsformen des Verwaltungshandelns

147 Nach Maßgabe der Gesetze (s. o. I.) wird die Verwaltung sowohl im Einzelfall (individuell-konkret) als auch mit allgemein verbindlicher Wirkung (abstrakt-generell) tätig. Im Einzelfall erlässt sie gegenüber dem Bürger einen sog. *Verwaltungsakt* (s. u. III.).

148 Allgemeine Rechtssetzung (für eine unbestimmte Vielzahl von Bürgern und Fällen) unternimmt die Verwaltung in den Formen der Rechtsverordnung oder der Satzung. Rechtsverordnungen und Satzungen sind also keine Gesetze im formellen Sinne (wie Parlamentsgesetze), sondern nur materielle Gesetze. *Rechtsverordnungen* werden auf der Grundlage eines Gesetzes (Art. 80 I GG) von Regierungen, Ministern oder auch von Verwaltungsbehörden erlassen und konkretisieren die gesetzliche Regelung (z. B. Verpackungsverordnung auf der Grundlage des Kreislaufwirtschaftsgesetzes). *Satzungen* werden in der Regel von rechtlich selbstständigen Verwaltungsträgern (der mittelbaren Staatsverwaltung) zur Regelung der Angelegenheiten erlassen, die ihr durch Verfassung oder Gesetz zur eigenen Regelung überlassen sind (z. B. für die Gemeinden die Bebauungsplanung).

III. Der Verwaltungsakt

1. Definition

Der Verwaltungsakt ist die typische und praktisch wichtigste Handlungsform der Verwaltung. Ein Verwaltungsakt (§ 35 S. 1 VwVfG) ist jede Verfügung, Entscheidung oder andere hoheitliche Maßnahme, die eine Behörde zur Regelung eines Einzelfalls auf dem Gebiet des öffentlichen Rechts trifft und die auf unmittelbare Rechtswirkung nach außen, insbesondere an den Bürger, gerichtet ist. Der Verwaltungsakt regelt also gegenüber dem individuellen Bürger, was für ihn im gegebenen Einzelfall nach Maßgabe der Gesetze konkret rechtlich gilt.

149

2. Arten

Es gibt vor allem zwei Arten von Verwaltungsakten: den begünstigenden und den belastenden Verwaltungsakt. *Begünstigende Verwaltungsakte* räumen dem Adressaten einen rechtlichen Vorteil ein (z. B. Baugenehmigung, Gewerbeerlaubnis, Subventionsbewilligung). *Belastende Verwaltungsakte* hingegen fordern von dem Betroffenen ein Tun, Dulden oder Unterlassen, durch das dieser in seiner Handlungsfreiheit beschränkt wird (z. B. Polizeiverfügung, Gewerbeunterlassung, Versammlungsverbot, Bauabrissanordnung).

150

3. Wirksamkeit, Anfechtbarkeit, Bestandskraft, Vollstreckbarkeit

Ein Verwaltungsakt wird gegenüber demjenigen, für den er bestimmt ist oder der von ihm betroffen wird, zu dem Zeitpunkt *wirksam*, zu dem er ihm bekannt gegeben wird (§§ 43 I, 41 I VwVfG). Ab diesem Zeitpunkt muss er vom Bürger befolgt werden. Der Verwaltungsakt bleibt wirksam, solange und soweit er nicht zurückgenommen, widerrufen, anderweitig aufgehoben oder durch Zeitablauf oder auf andere Weise erledigt ist (§ 43 II VwVfG). Nur ein nichtiger Verwaltungsakt ist von vornherein unwirksam; das ist der Fall, wenn der Verwaltungsakt einen besonders schwerwiegenden Rechtsfehler aufweist (§§ 43 III, 44 VwVfG). Die Besonderheit des Verwaltungsakts besteht also darin, dass ein auch rechtswidriger Verwaltungsakt verbindlich ist, da ein Verwaltungsakt mit seiner Bekanntgabe an den Betroffenen rechtswirksam wird (§ 43 I 1 VwVfG).

151

152 Allerdings muss der Bürger einen rechtswidrigen, ihn belastenden Verwaltungsakt nicht hinnehmen; er hat vielmehr die Möglichkeit, den Verwaltungsakt vor Gericht mit Klage *anzufechten* (§ 42 I VwGO). Das Gericht wird den Verwaltungsakt aufheben, wenn die Klage begründet ist. Das ist dann der Fall, wenn der Verwaltungsakt auch nach Auffassung des Gerichts rechtswidrig ist und der Kläger dadurch in seinen subjektiven Rechten verletzt ist (§ 113 I 1 VwGO). Der Bürger kann auch dann Klage erheben, wenn die Behörde einen ihn begünstigenden Verwaltungsakt nicht erlassen (unterlassen) hat, obwohl er darauf einen gesetzlichen Anspruch hat. Das Gericht wird dann die Verwaltung durch Urteil verpflichten, den Verwaltungsakt zu erlassen (§ 113 V VwGO). In beiden Fällen ist die Klage aber nur innerhalb einer Frist von einem Monat möglich (§ 74 VwGO). Nach Ablauf der Frist ist der erlassene Verwaltungsakt unanfechtbar, d.h. *bestandskräftig* (zum Verwaltungsprozessrecht s. u. 4. Teil, C.).

153 Die Behörde kann den Verwaltungsakt, den sie erlassen hat und der für den Bürger nicht mehr anfechtbar ist, selbst *vollstrecken*. Das heißt, die Behörde kann im Falle einer Nichtbefolgung oder Missachtung des Verwaltungsaktes durch den Bürger diesen Verwaltungsakt auch mit Zwangsmitteln durchsetzen. Ein gerichtliches Urteil ist dafür nicht erforderlich. Das ist im Einzelnen in den Gesetzen des Verwaltungsvollstreckungsrechts geregelt (VwVG). Der Bürger kann sich dann aber auch gegen solche Vollstreckungsakte der Verwaltung durch gerichtliche Klage zur Wehr setzen, wenn sie rechtswidrig sind.

4. Form, Bestimmtheit und Begründung

154 Ein Verwaltungsakt kann von einer Behörde schriftlich, mündlich oder in anderer Form erlassen werden (§ 37 II VwVfG). Der Adressat sowie der Inhalt müssen dabei für den Betroffenen klar erkennbar sein (§ 37 I VwVfG). Unbestimmtheit hätte die Rechtswidrigkeit des Verwaltungsakts zur Folge, nichtig (unwirksam) wäre er aber nicht. Des Weiteren muss ein Verwaltungsakt, sofern er schriftlich erfolgt, nach § 39 I 1 VwVfG von der Behörde begründet sein, das heißt, die Behörde muss dem Bürger die Beweggründe für ihre Maßnahme mitteilen.

5. Nebenbestimmungen

Ein Verwaltungsakt darf gemäß § 36 VwVfG auch mit einer Nebenbestim- 155
mung versehen werden. Allerdings darf eine solche Nebenbestimmung nicht
dem Zweck des Verwaltungsakts zuwiderlaufen.

Möglich sind: eine Bestimmung, nach der eine Vergünstigung oder Be- 156
lastung des Verwaltungsakts zu einem bestimmten Zeitpunkt beginnt, endet
oder für einen bestimmten Zeitraum gilt (*Befristung*); eine Bestimmung,
nach der der Eintritt oder der Wegfall einer Vergünstigung oder einer Belastung von dem ungewissen Eintritt eines zukünftigen Ereignisses abhängt
(*Bedingung*); ein *Vorbehalt* des Widerrufs; eine Bestimmung, durch die dem
Begünstigten des Verwaltungsakts ein Tun, Dulden oder Unterlassen vorgeschrieben wird (*Auflage*); oder ein *Vorbehalt* der nachträglichen Aufnahme,
Änderung oder Ergänzung einer solchen Auflage.

6. Behördliche Aufhebung (Rücknahme, Widerruf)

Eine Verwaltungsbehörde kann ihren Verwaltungsakt unter gewissen Vo- 157
raussetzungen selbst nachträglich wieder aufheben, und zwar auch dann,
wenn er unanfechtbar (bestandskräftig) geworden ist. Man unterscheidet
bei der behördlichen Aufhebung zwischen einer *Rücknahme rechtswidriger*
und einem *Widerruf rechtmäßiger* Verwaltungsakte. Der Verwaltungsakt,
der zurückgenommen oder widerrufen wird, wird dadurch unwirksam (§ 43
II VwVfG).

Rechtswidrige belastende Verwaltungsakte kann die Behörde jederzeit 158
nach § 48 I 1 VwVfG mit Wirkung für die Zukunft und Vergangenheit
zurücknehmen. Enthielt der Verwaltungsakt dagegen eine Begünstigung des
Betroffenen, ist die Möglichkeit zur Rücknahme begrenzt. Denn der Verwaltungsakt darf nicht zurückgenommen werden, soweit der Betroffene auf die
Rechtmäßigkeit des Verwaltungsakts vertraut hat und dieses Vertrauen im
Vergleich zum öffentlichen Interesse schutzwürdiger ist (§ 48 II VwVfG).

Rechtmäßige belastende Verwaltungsakte können jederzeit mit Wirkung 159
für die Zukunft widerrufen werden (§ 49 I VwVfG). Dagegen ist der Widerruf rechtmäßiger begünstigender Verwaltungsakte nur dann möglich,
wenn dafür ganz besondere Gründe vorliegen, weil hier das berechtigte
Interesse des Begünstigten berücksichtigt werden muss (§ 49 II VwVfG).
Insbesondere kann für die Behörde eine Entschädigungspflicht entstehen

(§ 49 VI VwVfG). Besondere Regeln bestehen für den Widerruf rechtmäßiger Verwaltungsakte, die eine einmalige oder laufende Geldleistung zur Erfüllung eines bestimmten Zwecks gewähren (Subvention, § 48 III VwVfG).

B. Besonderes Verwaltungsrecht

I. Allgemeines Polizei- und Ordnungsrecht

160 Gemäß Art. 30, 70 GG steht grundsätzlich den Ländern die Gesetzgebungskompetenz im Polizei- und Ordnungsrecht zu. Trotz der je eigenständigen Regelungen der Länder unterscheiden sich die landesrechtlichen Gesetze aber kaum voneinander.

1. Polizeiliche Aufgaben

161 Die (Landes-)Gesetze regeln die Aufgabe der Polizei-(Sicherheits-) und Ordnungsbehörden, *Gefahren für die öffentliche Sicherheit und Ordnung abzuwehren* (präventiv). Neben dieser Gefahrenabwehr gibt es auch noch einen weiteren Aufgabenbereich der Polizei, nämlich die *Strafverfolgung*, die der Aufklärung von Straftaten und der Ergreifung von Tätern dient (repressiv). Hierbei handelt die Polizei also nicht als Gefahrenabwehrbehörde, sondern als Ermittlungsbehörde der Staatsanwaltschaft. Hierfür befinden sich die Rechtsgrundlagen nicht in den Landespolizeigesetzen, sondern in der Strafprozessordnung des Bundes. Darüber hinaus ist die Polizei zur *Verfolgung von Ordnungswidrigkeiten* verpflichtet, also beispielsweise Parkverstöße und Geschwindigkeitsüberschreitungen zu ahnden. Dabei handelt die Polizei im Rahmen des Ordnungswidrigkeitsgesetzes des Bundes.

2. Allgemeine Aufgabe der Gefahrenabwehr

162 Das Handeln von Polizei- und Ordnungsbehörden richtet sich also dann (nur) nach den landesrechtlichen Polizeigesetzen, wenn es die Aufgabe verfolgt, Gefahren für die öffentliche Sicherheit und Ordnung *abzuwehren* oder solchen Gefahren *vorzubeugen*. Rein private Rechte haben die Polizeibehörden nur zu schützen, wenn von dem Betroffenen gerichtlicher Schutz nicht rechtzeitig eingeholt werden kann.

163 Unter einer *Gefahr* ist dabei eine Sachlage zu verstehen, die nach allgemeiner, objektiver und verständiger Würdigung in naher Zukunft die

Möglichkeit eines Schadens für die öffentliche Sicherheit oder Ordnung in sich birgt.

Unter der *öffentlichen Sicherheit* werden die gesamte Rechtsordnung, die Rechte und Rechtsgüter des Einzelnen und die Bestands- und Funktionsfähigkeit des Staates, seiner Einrichtungen (Universitäten, Schulen, Schwimmbäder) und Veranstaltungen des Staates verstanden. 164

Die *öffentliche Ordnung* umfasst alle nicht explizit geschriebenen Regeln über das Verhalten des Einzelnen in der Öffentlichkeit, die für ein friedliches und geordnetes Zusammenleben der Menschen unerlässlich sind. 165

3. Konkrete Maßnahmen der Gefahrenabwehr

Wenn ganz allgemein eine Gefahrenlage besteht, ist zwar die Aufgabe der polizeilichen Gefahrenabwehr eröffnet, aber damit nicht zugleich auch die Ermächtigung der Polizei, konkrete Abwehrmaßnahmen zu ergreifen (kein Schluss von der Aufgabe auf eine Befugnis). Jedes Einschreiten der Polizei bedarf einer besonderen *gesetzlichen Ermächtigung* (Befugnisnorm), die die Voraussetzungen, Mittel und Grenzen des polizeilichen Handelns bestimmt (Vorbehalt des Gesetzes). Eine polizeiliche Maßnahme ohne oder außerhalb einer solchen gesetzlichen Befugnis ist rechtswidrig. 166

Regelmäßig setzt die polizeiliche Eingriffsbefugnis voraus, dass die Gefahr für ein Schutzgut der öffentlichen Sicherheit oder Ordnung eine *konkrete* Gefahr ist, d. h. dass die Gefahr im Einzelfall besteht und bei unverändertem Geschehen alsbald mit hinreichender Wahrscheinlichkeit den Eintritt eines Schadens befürchten lässt (ex-ante-Sicht), z. B. der Einsturz eines Hauses, die Verbreitung einer Seuche, die Vergiftung des Bodens, das Begehen einer Straftat, die Störung einer Veranstaltung, die Behinderung des Verkehrs, die Beeinträchtigung des öffentlichen Raums. Solche Gefahren können von Personen oder von Sachen ausgehen. Manche Befugnisnormen verlangen sogar, dass die Gefahr gegenwärtig, unmittelbar oder dringend sein muss, bevor die Polizei eingreifen darf. Andererseits gibt es auch Befugnisnormen, die ein polizeiliches (Abwehr-)Handeln schon im Vorfeld einer Gefahr, also zur Vorbeugung einer Gefahr erlauben; dann genügen z. B. tatsächliche Anhaltspunkte dafür, dass eine konkrete Gefahrenlage entstehen könnte. 167

Neben den Voraussetzungen regeln die Befugnisnormen (als Rechtsfolge) die *Mittel*, mit denen die Polizei- und Ordnungsbehörden zur Gefahrenabwehr 168 oder -vorbeugung tätig werden dürfen, z. B. Durchsuchung von Wohnungen oder Personen, Sicherstellung und Verwaltung von Sachen, Ingewahrsamnahme, Platzverweis, Identitätsfeststellung von Personen, Datenerhebungen und Datenspeicherungen, Herausgabe von Daten und Aufzeichnungen, Kontrolle von Kraftfahrzeugen oder Videoüberwachung von öffentlichen Plätzen.

169 Da diese (speziellen) Befugnisse nicht jeden Fall einer Gefahr in der Wirklichkeit regeln (können), enthalten die Gesetze zusätzlich noch eine generelle Befugnis (Ermächtigung) für die Polizei (*polizeiliche Generalklausel*), nach der die Polizei die „erforderlichen Anordnungen" treffen oder die „notwendigen Maßnahmen" ergreifen kann, wenn im Einzelfall eine konkrete Gefahr für die öffentliche Sicherheit oder Ordnung besteht und wenn die Ermächtigung zur Abwehr dieser Gefahr nicht in einer der speziellen Befugnisnormen des Polizeigesetzes und auch nicht in anderen Gesetzen besonders geregelt ist. So darf die zuständige Polizei- oder Ordnungsbehörde beispielsweise gegen eine Versammlung (Demonstration), von der Gewalttätigkeiten oder sonstige Gefahren ausgehen, grundsätzlich nur nach Maßgabe des speziellen Versammlungsgesetzes vorgehen.

4. Störer und Nichtverantwortliche

a) Störer

170 In erster Linie muss die Polizei ihre Maßnahmen gegen den oder die „Störer" richten. Störer ist zum einen der, der durch sein Verhalten die Gefahr für die öffentliche Sicherheit oder Ordnung verursacht hat (*Verhaltensstörer*). Zum anderen kann die Störereigenschaft auch dadurch begründet werden, dass eine Person Eigentümer, sonstiger Berechtigter oder Inhaber der tatsächlichen Gewalt bezüglich einer Sache ist, durch die Gefahren oder Störungen verursacht werden (*Zustandsstörer*). Beide Störereigenschaften können auch nebeneinander gegeben sein. Weder bei dem Handlungsstörer noch bei dem Zustandsstörer spielt es aber eine Rolle, ob die Störung schuldhaft hervorgerufen wurde oder nicht.

171 Wenn eine Person, die objektiv nicht gestört hat, bei der aber aus einer verständigen ex-ante-Sicht der handelnden Polizei- oder Ordnungsbehörde der Anschein besteht, diese sei der Störer, spricht man von einem *Anscheinsstörer*. Auch der Anscheinsstörer wird aus Gründen der Effektivität des polizeilichen Handelns als Störer qualifiziert. Anders ist hingegen der Fall,

wenn die Polizei schon objektiv erkennbar eine Person fälschlicherweise als Störer qualifiziert hat. Dann spricht man von einem *Putativstörer*; der Putativstörer ist Nichtstörer (s. u.). Besteht nur der Verdacht, eine Person könne vielleicht für eine bestehende Gefahr verantwortlich sein, liegt die Figur des *Verdachtsstörers* vor. In diesem Fall darf die Polizei nur sog. Gefahrerforschungsmaßnahmen gegen ihn richten.

b) Nichtstörer

Auch ein Nichtstörer kann Adressat einer polizeilichen Maßnahme sein. Diese Maßnahme ist aber wegen mangelnder Verantwortlichkeit des Betroffenen nur unter ganz bestimmten Voraussetzungen zulässig: Es muss eine gegenwärtige Gefahr gegeben sein, die nicht rechtzeitig durch Inanspruchnahme des Handlungs- und Zustandsstörers abgewendet werden kann. Zudem darf es der Polizei nicht möglich sein, die Gefahr auf andere Weise abzuwehren. Außerdem darf der Nichtstörer keineswegs selbst gefährdet werden. Auch Maßnahmen im sog. polizeilichen Notstand gegen unbeteiligte Passanten dürfen nur getroffen und aufrechterhalten werden, solange und soweit die Abwehr einer Gefahr nicht auf andere Weise möglich ist. Beispielsweise können bei einem Zugunglück private Fahrzeuge angehalten werden, um Verunglückte ins Krankenhaus zu transportieren. Im Falle eines solchen Notstandes wird der Nichtstörer entschädigt, falls er dadurch einen Vermögensschaden erlitten hat (s. u. 8.). 172

5. Entschließungs- und Auswahlermessen

Im Polizei- und Ordnungsrecht gilt das *Opportunitätsprinzip*. Das bedeutet, dass es im Ermessen der Polizei- und Ordnungsbehörde liegt, ob sie zur Abwehr einer Gefahr nach Maßgabe ihrer gesetzlichen Befugnisse einschreitet (*Entschließungsermessen*). Dagegen gilt im Recht der (repressiven) Strafverfolgung das Legalitätsprinzip: Bei Verdacht oder Vorliegen einer Straftat muss die Polizei (für die Staatsanwaltschaft) zur Ermittlung des Täters und Aufklärung der Straftat tätig werden. Bei einer Gefahrenlage kann die Polizei hingegen von einer Abwehrmaßnahme unter Umständen ganz oder zum Teil absehen, etwa um die Entstehung weiterer oder größerer Polizeigefahren zu verhindern. Das Ermessen muss aber immer willkürfrei und ohne Verstoß gegen bestehende Befugnisnormen und zudem unter Beachtung des Verhältnismäßigkeitsgebots (s. u. 6.) ausgeübt werden. 173

174 Das Gleiche gilt für das sog. *Auswahlermessen*. Dieses Ermessen der Polizei bezieht sich auf die Auswahl der zu ergreifenden Gefahrenabwehrmaßnahme und auf die Auswahl des Störers, wenn die Maßnahme gegen mehrere Gefahrenverursacher gerichtet werden könnte. In beiden Hinsichten gilt das polizeiliche Effektivitätsprinzip: Die polizeiliche Maßnahme muss – im Rahmen der Befugnisnorm – den Inhalt haben und muss sich gegen den Störer richten, mit dem die Abwehr der Gefahr am schnellsten und wirksamsten erreicht werden kann.

6. Verhältnismäßigkeit

175 Schließlich muss jede polizeiliche Maßnahme verhältnismäßig sein. Das ist die wichtigste rechtsstaatliche Grenze der polizeilichen Befugnisse. Die Maßnahme muss also zur effektiven Gefahrenabwehr oder -vorbeugung geeignet, erforderlich und angemessen bzw. für den Betroffenen zumutbar sein. (Zum Verhältnismäßigkeitsgebot s. o., 1. Abschnitt, C.VII.1, 2. Abschnitt, A.I.3.).

7. Zwangsmittel

a) Voraussetzungen

176 Polizeiliche Maßnahmen sind rechtlich betrachtet in der Regel entweder befehlende Verwaltungsakte an den Störer, die Gefährdung der öffentlichen Sicherheit oder Ordnung zu unterlassen oder sie zu beseitigen (z. B. Platzverweis, Reinigung kontaminierten Bodens), oder die Maßnahmen sind tatsächliche Handlungen der Polizei gegen den Störer, die zugleich den befehlenden Verwaltungsakt an den Störer beinhalten, die tatsächliche Handlung zu dulden (z. B. Ingewahrsamnahme einer Person, Sicherstellung einer Sache). Für den Fall, dass ein Störer den polizeilichen Befehl nicht befolgt oder sich einer polizeilichen Handlung widersetzt, kann die Polizei nach Maßgabe *besonderer gesetzlicher Befugnisse* auch Zwangsmittel anwenden (sog. Verwaltungszwang oder Verwaltungsvollstreckung), um ihre Maßnahme der Gefahrenabwehr tatsächlich durchzusetzen. Das ist in den Vorschriften des speziellen Polizei-Vollstreckungsrechts näher geregelt, das für diese Fälle an Stelle des allgemeinen Vollstreckungsrechts für Verwaltungsakte (s. o. A.III.3.) gilt.

Voraussetzungen für die Anwendung der Zwangsmittel sind grundsätzlich, dass ein Verwaltungsakt ergangen sein muss, dass der Verwaltungsakt unanfechtbar oder sofort vollziehbar ist und dass das konkrete Zwangsmittel zuvor angedroht worden ist. 177

Im Ausnahmefall können aber Zwangsmittel auch ohne Einhaltung dieser Voraussetzungen im Wege der *sofortigen Vollstreckung* angewendet werden. Die sofortige Vollstreckung ist zulässig, wenn sie zur Abwehr einer gegenwärtigen oder drohenden Gefahr notwendig ist und wenn Maßnahmen gegen den Störer oder gegen einen Nichtverantwortlichen im sog. polizeilichen Notstand nicht möglich sind oder keinen Erfolg versprechen. Dabei muss sich die Polizei aber innerhalb ihrer gesetzlichen Befugnisse halten; sie darf also in der sofortigen Vollstreckung nicht weiter gehen als sie dürfte, wenn sie zuvor einen Verwaltungsakt ausgesprochen hätte. 178

Alle Maßnahmen des Verwaltungszwangs können von dem, gegen den sie sich richten, in einem selbstständigen Verfahren vor Gericht angegriffen werden. 179

b) Arten von Zwangsmitteln

Die vom Gesetz erlaubten Zwangsmittel sind: Ersatzvornahme, Zwangsgeld, unmittelbarer Zwang. 180

Die *Ersatzvornahme* ist die Ausführung der (durch Verwaltungsakt) gebotenen Handlung durch die Polizeibehörde selbst oder durch einen Dritten, auf Kosten des Verantwortlichen. Sie kommt also nur bei einer Verpflichtung zur Vornahme einer vertretbaren Handlung in Betracht. Ein Beispiel: Abschleppen eines falsch geparkten Autos durch einen von der Polizei beauftragten Unternehmer. Dagegen scheidet die Ersatzvornahme bezüglich Duldungen oder Unterlassungen naturgemäß aus. 181

Sowohl Gebote als auch Verbote können mit *Zwangsgeld* erzwungen werden. Das Zwangsgeld soll nicht ein begangenes Unrecht und Ungehorsam ahnden, es ist weder Kriminal- noch Verwaltungsstrafe, sondern es soll den Pflichtigen zur Beseitigung oder Unterlassung der öffentlichen Gefahr zwingen. Ein Beispiel: Zwangsgeld wegen fortwährender verbotener Fütterung von Wildtieren. War das erstmalige Zwangsgeld nicht „erfolgreich", kann es erneut festgesetzt werden. Wird das Zwangsgeld selbst nicht bezahlt, kann auf Antrag der Polizeibehörde sogar *Ersatzzwangshaft* angeordnet werden. 182

183 Unter *unmittelbarem Zwang* versteht man die Einwirkung auf Personen oder Sachen durch einfache körperliche Gewalt oder durch Hilfsmittel körperlicher Gewalt. Das schließt den Gebrauch von Waffen, unter besonderen Voraussetzungen auch den Gebrauch von Schusswaffen, ein.

8. Entschädigungsansprüche

184 Für die einem Störer durch die polizei- und ordnungsrechtliche Heranziehung erwachsenen Schäden ist grundsätzlich keine Entschädigung zu gewähren. Entschädigungsansprüche von Seiten des Störers kommen jedoch dann in Betracht, wenn die ihm gegenüber ergriffenen Maßnahmen rechtswidrig waren und ihm dadurch ein Schaden entstanden ist.

185 Der im Wege des polizeilichen Notstands in Anspruch genommene Nichtstörer kann nach den Gesetzen grundsätzlich eine angemessene Entschädigung für den ihm durch die Inspruchnahme entstandenen Schaden verlangen.

9. Kosten- und Ersatzansprüche des Polizeiträgers

186 Regelmäßig können die Polizei- und Ordnungsbehörden die Kosten, die ihnen durch die Maßnahme zur Gefahrenabwehr entstanden sind, von demjenigen erstattet verlangen, der die Maßnahme als Störer veranlasst hat. Der Erstattungsanspruch ist entweder in den (Landes-)Polizeigesetzen oder im allgemeinen (Landes-)Verwaltungskostengesetz geregelt. Für die Geltendmachung der Kosten erlässt die zuständige Behörde einen eigenen Verwaltungsakt (Kostenbescheid). Auch dieser Verwaltungsakt kann selbstständig vor Gericht angefochten werden. Seine Rechtmäßigkeit setzt selbstverständlich voraus, dass auch die zugrunde liegende Polizeimaßnahme, die die Kosten verursacht hat, rechtmäßig ist.

II. Öffentliches Baurecht

187 Das öffentliche Baurecht umfasst die Verwaltungsvorschriften, die sich auf den bereits bebauten oder den bebaubaren Boden beziehen sowie Bauwesen und Bauvorhaben betreffen. Im deutschen Baurecht wird zwischen Bauplanungsrecht und Bauordnungsrecht unterschieden. Das *Bauplanungsrecht* regelt – im Rahmen der Vorgaben der Raumordnung (s. u. 3.) –, ob und in welchem Umfang ein Grundstück bebaut werden darf. Das

Bauordnungsrecht bestimmt hingegen die besonderen Sicherheits- und Gestaltungsanforderungen an ein konkretes Bauvorhaben. Das Bauplanungsrecht fällt in die Gesetzgebungskompetenz des Bundes (Art. 74 Nrn. 18, 31 GG) und ist im Baugesetzbuch (BauGB) geregelt. Dagegen wird das Bauordnungsrecht jeweils von den Ländern erlassen und ist in den verschiedenen Landesbauordnungen enthalten.

1. Bauplanungsrecht

Der wichtigste Gegenstand des Bauplanungsrechts ist die Regelung der 188 sog. *Bauleitplanung* in den Gemeinden. Die Gemeinden sollen Bauleitpläne aufstellen, die die bauliche und sonstige Nutzung der Grundstücke in der Gemeinde so beeinflussen und steuern, dass insgesamt eine nachhaltige städtebauliche Entwicklung gewährleistet ist, die dem Wohl der Allgemeinheit dient, insbesondere die Belange sozialer Gerechtigkeit, des Umweltschutzes, der Wirtschaft und der Kultur sichert und fördert (vgl. § 1 I, III, V, VI BauGB). Das bedeutet konkret, dass bei der Aufstellung von Bauleitplänen alle öffentlichen und privaten Belange, die für die bauliche Entwicklung einer Gemeinde bedeutsam sind, ermittelt werden müssen und sodann gegeneinander und untereinander gerecht abgewogen werden müssen (§§ 1 VII, 2 III BauGB).

Die Bauleitplanung erfolgt in der Regel in zwei Stufen: Erst ergeht ein 189 Flächennutzungsplan (vorbereitender Bauleitplan), danach folgt die konkrete, verbindliche Bauleitplanung durch den Bebauungsplan (§ 1 II BauGB). Der Bebauungsplan wird von der Gemeinde, d. h. von dem von allen Bürgern demokratisch gewählten Gemeindeparlament, als rechtsverbindliche Satzung beschlossen (§ 10 I BauGB).

Der *Flächennutzungsplan* (§§ 5 ff. BauGB) stellt für das gesamte Ge- 190 meindegebiet die beabsichtigte Art der Bodennutzung in Grundzügen dar, z. B. an welchen Stellen sich Grünflächen, Wohnflächen, Gewerbeflächen oder Industrieflächen befinden sollen. Der Flächennutzungsplan soll also lediglich vorbereitend darstellen, wie der Boden des Gemeindegebiets genutzt werden soll.

Der anschließende *Bebauungsplan* (§§ 8 ff. BauGB) ist grundsätzlich aus 191 dem Flächennutzungsplan zu entwickeln (§ 8 II 1 BauGB). Der Bebauungsplan erfasst in der Regel nur einen bestimmten Teil des Gemeindegebiets und enthält für die dortigen Grundstücke die rechtsverbindlichen Festsetzungen über die konkrete Art und das Maß der baulichen Nutzung, die Bauweise und die Baugrenzen oder auch die örtlichen Verkehrs-, Grün- und Versorgungsflächen. Dadurch wird beispielsweise im Detail festgelegt, welchen Charakter ein konkretes Baugebiet haben muss (z. B. reines Wohngebiet, Dorfgebiet, Industriegebiet), wie diese Gebiete voneinander getrennt sein müssen, welchen Umfang und welche Höhe ein Gebäude haben darf, wie nahe ein Bauwerk an die Grundstücksgrenze gebaut werden kann, welche Dachneigung das Gebäude haben darf, wo Straßen, Fußgängerbereiche, Fahrradwege, Versorgungsleitungen verlaufen, an welchen Stellen sich Grünflächen, Spielplätze, Friedhöfe oder Parkplätze befinden.

192   Stimmt ein beabsichtigtes Vorhaben (§ 29 BauGB) mit solchen Festsetzungen des Bebauungsplans überein und ist die Erschließung (u.a. die Erreichbarkeit durch Wege und Straßen sowie die Versorgung mit Wasser und Strom, §§ 123 ff. BauGB) gesichert, darf es aus planungsrechtlicher Sicht gebaut werden (§ 30 BauGB), andernfalls nicht. Es können allerdings im Einzelfall auch Ausnahmen und Befreiungen von bestimmten Festsetzungen des Bebauungsplans zugelassen werden (§ 31 BauGB).

193   Wenn für ein bestimmtes Gebiet ausnahmsweise *kein* Bebauungsplan besteht, kommt es für die Zulässigkeit eines Bauvorhabens auf den tatsächlichen Charakter des Gebiets an. Innerhalb der im Zusammenhang bebauten Ortsteile (*Innenbereich*) ist ein Vorhaben zulässig, wenn es sich nach Art und Maß der baulichen Nutzung, der Bauweise und der Grundstücksfläche, die überbaut werden soll, in die Eigenart der näheren Umgebung *einfügt* und die Erschließung gesichert ist (§ 34 I 1 BauGB). So darf in einem Wohngebiet grundsätzlich keine Fabrik errichtet werden.

194   Außerhalb bebauter Ortsteile (*Außenbereich*) ist ein Vorhaben nur zulässig, wenn öffentliche Belange nicht *entgegenstehen*, die ausreichende Erschließung gesichert ist und das Vorhaben ausnahmsweise vom Gesetz erlaubt wird (§ 35 I BauGB). Ein solches Vorhaben ist beispielsweise zulässig, wenn es einem land- oder forstwirtschaftlichen Betrieb dient und nur einen untergeordneten Bereich der Betriebsfläche einnimmt (§ 35 I Nr. 1 BauGB) oder wegen seiner nachteiligen Wirkung auf die Umgebung nur im Außenbereich ausgeführt werden soll (§ 35 I Nr. 4 BauGB). Ziel ist es, die natürliche Umgebung zu erhalten. Sonstige Vorhaben im Außenbereich können im Einzelfall zugelassen werden, wenn ihre Ausführung oder Benutzung

öffentliche Belange nicht *beeinträchtigt* und die Erschließung gesichert ist (§ 35 II BauGB). Eine Beeinträchtigung öffentlicher Belange liegt insbesondere vor, wenn das Vorhaben den Darstellungen des Flächennutzungsplans widerspricht, die Entstehung einer Splittersiedlung (zersiedelte Landschaft) befürchten lässt oder schädliche Umwelteinwirkungen hervorrufen kann oder ihnen ausgesetzt wird (§ 35 III BauGB).

2. Bauordnungsrecht

Das Bauordnungsrecht soll insbesondere die Allgemeinheit vor *Gefahren* durch Bauwerke schützen. Daher verlangen diese Gesetze unter anderem die Einhaltung von Abstandsflächen zwischen den einzelnen Gebäuden oder sie enthalten Regelungen über die Standsicherheit, den Brandschutz und über den Wärme-, Schall- und Erschütterungsschutz, aber auch über die Verwendung von Baustoffen und den Betrieb der Baustelle. 195

Neben diesen Anforderungen werden in den Bauordnungen der Länder auch Formalien wie das *Baugenehmigungsverfahren* geregelt. Früher bedurfte fast jedes Bauvorhaben einer Baugenehmigung. Da aber dieses Verfahren zu zeitaufwendig sowie umständlich war, können heute Wohngebäude und kleine Gewerbegebäude genehmigungsfrei gebaut werden, wenn sie den Festsetzungen eines Bebauungsplans entsprechen. Ist dies allerdings nicht der Fall, wurde also ohne erforderliche Genehmigung, abweichend von dieser oder abweichend von einem Bebauungsplan gebaut, kann die Behörde die Baueinstellung oder sogar die Baubeseitigung anordnen. 196

3. Raumplanungsrecht (Raumordnungsrecht)

Wie innerhalb der Gemeinden so soll auch für den überörtlichen Gesamtraum eine geordnete und nachhaltige Entwicklung gesichert sein. Das regelt das Raumordnungsrecht. Danach sind auch überörtlich (auf dem Gebiet der Länder und auch des Bundes) ausgeglichene soziale, infrastrukturelle, wirtschaftliche, ökologische und kulturelle Verhältnisse anzustreben (§ 2 II Nr. 1 ROG). Um dies zu gewährleisten, sind die Planungsverwaltungen der Länder und seiner Teilräume (Planungsregionen) aufgefordert, *Raumordnungspläne* zu erlassen (Landesentwicklungsplan, Regionalpläne), in denen in entsprechend grobem Maßstab die strukturelle Entwicklung des überörtlichen Raums zusammenfassend und unter allen fachlichen Gesichtspunkten 197

(Wohnen, Gewerbe, Industrie, Verkehrswege, Energie, Wasser, Telekommunikation, Erholung, Sport, Krankenversorgung, Bildung, Forschung, Kultur u. a.) festgelegt wird. Die örtliche Bauleitplanung in der Gemeinde hat sich den Vorgaben (Zielen) dieser überörtlichen Raumordnungspläne anzupassen (§ 1 IV BauGB, § 4 I ROG). Umgekehrt haben die überörtlichen Planungen auf die örtlichen Planungskompetenzen Rücksicht zu nehmen (sog. Gegenstromprinzip, § 1 III ROG). Auf diese Weise wird eine rationale und abgestimmte Strukturentwicklung des Gesamtraumes gesichert.

III. Kommunalrecht

1. Rechtsfähigkeit der Gemeinden

198 In der Organisation des Staates nehmen die Gemeinden eine besondere Stellung ein. Sie sind keine (rechtlich unselbstständigen) Behörden des Staates (Bund, Land), sondern besitzen innerhalb des Staates eigene Rechtsfähigkeit als juristische Personen des Öffentlichen Rechts (mittelbare Staatsverwaltung; s. o. A.). Man nennt sie Gebietskörperschaften, weil sie aus den Bürgern in einem bestimmten örtlichen, durch Gesetz festgelegten Gebiet bestehen. Mehrere Gemeinden sind nach Maßgabe der Gesetze zu Gemeindeverbänden (Landkreise) zusammengefasst. Auch die Landkreise haben eigene Rechtspersönlichkeit (Gebietskörperschaften). Die Gesamtheit von Gemeinden und Landkreisen nennt man Kommunen. Die Existenz von Kommunen (nicht jede einzelne, sondern generell) ist durch Art. 28 II GG verfassungsrechtlich gesichert.

2. Selbstverwaltungsrecht der Gemeinden

199 In Art. 28 II 1 GG erkennt die Verfassung die Gemeinden als selbstständige Träger eigener Aufgaben an, sie genießen das Selbstverwaltungsrecht. Nach dieser *Selbstverwaltungsgarantie* können die Gemeinden alle Angelegenheiten der *örtlichen* Gemeinschaft im Rahmen der Gesetze eigenverantwortlich regeln und erledigen (sog. Verwaltungshoheiten; z.B. die Planungshoheit zur Aufstellung von Bauleitplänen für das Gemeindegebiet). Entsprechendes gilt für alle Gemeindeverbände (Art. 28 II 2 GG). Es handelt sich dabei zwar nicht um ein echtes Grundrecht, sondern um ein einem Grundrecht ähnliches Recht. Doch besteht für jede Gemeinde die Möglichkeit, beim Bundesverfassungsgericht Kommunalverfassungsbeschwerde

nach Art. 93 I Nr. 4b GG zu erheben, wenn ein Gesetz die kommunale Selbstverwaltung zu stark einengt oder überhaupt missachtet.

Unter Angelegenheiten der örtlichen Gemeinschaft versteht man diejenigen Angelegenheiten, die in der *örtlichen* Gemeinschaft wurzeln oder zu dieser einen spezifischen Bezug haben. Dieser Selbstverwaltungsbereich wird auch als „*eigener Wirkungskreis*" der Gemeinde bezeichnet. Daraus folgt, dass die Gemeinden in allen diesen örtlichen Verwaltungsangelegenheiten aus eigener Kompetenz und in eigener Verantwortung zuständig sind. Allerdings kann durch (staatliches) Gesetz entweder – ausnahmsweise – etwas anderes bestimmt sein oder die Wahrnehmung dieser eigenen Regelungskompetenz mehr oder weniger detailliert vorgegeben sein. Beispiele sind die örtliche Abwasserentsorgung und Trinkwasserversorgung, die städtebauliche Planung (Bauleitplanung) oder die kulturellen Einrichtungen, wie Theater, Musikschule, Schwimmbad, Bücherei. Zur – gesetzlich näher geregelten – Selbstverwaltung gehört auch die finanzielle Eigenverantwortung; der Haushalt der Kommunen speist sich im Wesentlichen aus staatlichen und örtlichen Steuern (Art. 106 V ff., Art. 28 II 3 GG), staatlichen Zuschüssen, Erträgen aus kommunalen Umlage- und Finanzausgleichssystemen sowie aus Beiträgen und Gebühren der Bürger für Verwaltungsleistungen.

Von den Aufgaben der Selbstverwaltung sind diejenigen *staatlichen* Aufgaben zu unterscheiden, die den Gemeinden durch Gesetz oder Verordnung zur Erfüllung in ihrem Gebiet übertragen werden. Bei der Erledigung dieser Auftragsangelegenheiten handelt die Gemeinde in ihrem sog. „*übertragenen Wirkungskreis*". Insoweit genießen die Gemeinden keinen verfassungsrechtlichen Schutz ihrer Zuständigkeit. Beispiele sind die Zuständigkeiten der Gemeinden in Angelegenheiten der Bauaufsicht (Baugenehmigungen, Bauabriss rechtswidriger Bauwerke u. a.), der öffentlichen Sicherheit und Ordnung (zum Teil mit Hilfe der staatlichen Polizeibehörden) oder des Natur- und Umweltschutzes.

3. Demokratische Organisation der Gemeinden

Nach Art. 28 I 2 GG muss es in den Gemeinden (und Landkreisen) eine von ihren Bürgern gewählte *Volksvertretung* geben. Die Notwendigkeit einer repräsentativen Vertretung des Gemeindevolks entspricht der Kompetenz der

Gemeinde zur Selbstverwaltung ihrer eigenen, örtlichen Angelegenheiten. Die Willensbildung, ob und wie die Gemeinden die Angelegenheiten ihres eigenen Wirkungskreises (im Rahmen der Gesetze) erledigen, muss demokratisch (Art. 20 II GG) erfolgen. Daher ist die Gemeindevertretung das Hauptorgan der Gemeinde. Sie hat über alle wesentlichen politischen Fragen in der Gemeinde zu beraten und zu beschließen. Beachte: Gelegentlich wird die Gemeindevertretung auch „Gemeindeparlament" genannt. Doch handelt es sich dabei nicht um ein „echtes" Parlament wie die demokratischen Legislativorgane des Bundes und der Länder. Die Gemeindevertretungen sind – auch wenn sie allgemeine Regelungen, wie z. B. Satzungen, erlassen – Verwaltungsorgane, nämlich Organe der Gemeinden als selbstständige Träger mittelbarer Staatsverwaltung (s. o. 1.).

203 Unter Beachtung dieser verfassungsrechtlichen Vorgabe ist die Organisation der Gemeinden (und Landkreise) im Näheren in den Kommunalgesetzen der Länder (Gemeindeordnungen, Landkreisordnungen) geregelt; der Bund hat dafür keine Gesetzgebungszuständigkeit, Art. 70 GG. Diese Kommunalgesetze nennt man auch das Kommunalverfassungsrecht. Danach ist die organisatorische Gestalt der Gemeinden nicht in allen Bundesländern vollkommen identisch, aber doch sehr ähnlich. Überall gibt es die unmittelbar gewählte Gemeindevertretung. Daneben gibt es regelmäßig den *Bürgermeister* (in größeren Gemeinden/Städten: Oberbürgermeister), der von der Gemeindevertretung oder auch unmittelbar vom Gemeindevolk gewählt wird. Der Bürgermeister ist als Behörde der Gemeinde für die laufende Verwaltungsarbeit zuständig und vollzieht die Beschlüsse der Gemeindevertretung. (In Hessen obliegt der Verwaltungsvollzug einem Kollegialorgan, dem *Gemeindevorstand*, dessen Vorsitzender der Bürgermeister ist. In anderen Bundesländern gibt es noch ein weiteres Gremium zwischen Bürgermeister und Gemeindevertretung, den *Hauptausschuss* oder *Verwaltungsausschuss*). Zudem ist der Bürgermeister derjenige, der nach außen für und im Namen der Gemeinde auftritt und handelt.

4. Staatliche Aufsicht über die Gemeinden

204 Als selbstständige Verwaltungseinrichtungen der mittelbaren Staatsverwaltung (s. o. 1.) unterliegen die Gemeinden (und Landkreise) in allem ihrem Wirken der staatlichen Aufsicht. Bei dieser Staatsaufsicht über die

Kommunen (Kommunalaufsicht) ist zwischen Rechtsaufsicht und Fachaufsicht zu unterscheiden.

Die *Rechtsaufsicht* erstreckt sich auf die gemeindlichen Maßnahmen im Bereich des eigenen Wirkungskreises. Sie ist auf die reine Rechtskontrolle, also auf die Einhaltung der Gesetze beschränkt. Die *Fachaufsicht* bezieht sich hingegen auf die Erledigung der Angelegenheiten des übertragenen Wirkungskreises und umfasst neben der Rechtskontrolle auch die Zweckmäßigkeitskontrolle, also die Kontrolle der Art und Weise, wie die Gemeinde ihre gesetzlichen Aufgaben erfüllt. Wichtigstes Instrument der staatlichen Aufsicht ist die *Weisung* zu einem bestimmten Handeln oder Unterlassen. Sie wird gegenüber der Gemeinde von der zuständigen Behörde des Landes (unmittelbare Staatsverwaltung), z. B. Ministerium oder Regierungspräsidium, ausgesprochen. Eine solche Weisung ist ein Verwaltungsakt und kann von der Gemeinde vor Gericht angefochten werden. 205

IV. Sozialrecht

Durch das Sozialrecht soll dem Prinzip der Sozialstaatlichkeit der Bundesrepublik Deutschland (vgl. Art. 20 I, 28 I 1 GG) Rechnung getragen werden. Es handelt sich dabei allgemein um das der sozialen Gerechtigkeit und der sozialen Sicherheit dienende Recht, das diese Ziele durch die Gewährung von öffentlichen Sozialleistungen zu verwirklichen sucht. Das Sozialrecht ist überwiegend öffentliches Recht, weil es Leistungen des Staates an die Bürger regelt. 206

1. Ziel des Sozialrechts

Die Menschen, die ihren Wohnsitz in der Bundesrepublik haben, sollen alle ein menschenwürdiges Dasein führen können. Dazu gehören beispielsweise ein angemessener Lebensunterhalt, ein ausreichendes Auskommen im Alter, Hilfe bei krankheitsbedingter oder unfallbedingter Arbeitsunfähigkeit und Chancengleichheit für Kinder in Bezug auf ihre Ausbildungsmöglichkeiten. 207

2. Drei-Säulen-Modell

Zur Erreichung dieser Ziele sollen sowohl die Menschen selbst (private Vorsorge) als auch ihre Arbeitgeber (betriebliche Vorsorge) beitragen. Ist es den Menschen auf diesen Wegen nicht möglich, für eine angemessene 208

Absicherung der Lebensrisiken in Gegenwart und Zukunft zu sorgen, tritt als dritte Komponente der Staat ein und unterstützt den Einzelnen mit öffentlichen Leistungen. Dieses System nennt man das Drei-Säulen-Modell.

209 Das Sozialrecht umfasst Regelungen für alle drei Säulen. Es lässt sich dabei in verschiedene Bereiche einteilen.

210 Bei der *Sozialen Vorsorge* geht es um vorsorgliche Leistungen an den Einzelnen zur Absicherung vor Risiken in der Zukunft. Dazu gehören etwa Krankenversicherung, Unfallversicherung, Rentenversicherung.

211 Bei der *Sozialen Entschädigung* handelt es sich um Sozialleistungen des Staates zum Ausgleich von Gesundheitsschäden, für die der Staat verantwortlich ist. Hierunter fallen beispielsweise Kriegsopferversorgung und Entschädigungen von Opfern eines Justizirrtums.

212 Zur Herstellung von Chancengleichheit gibt es den Bereich der *Sozialen Förderung*, wie der Ausbildungsförderung, der Jugendhilfe und der Rehabilitation behinderter Menschen. Dieser Bereich umfasst auch ganz generell die Hilfe für bedürftige Menschen. Jeder Mensch soll zumindest ein Existenzminimum zur Verfügung haben. Denn für ein menschenwürdiges Dasein sind physisch angemessene Lebensumstände (Nahrung, Wohnung etc.) und ein Mindestmaß an Teilhabe am gesellschaftlichen, kulturellen und politischen Leben unerlässlich. Um dieses Existenzminimum zu sichern gibt es die Sozialhilfe, zu der auch das Arbeitslosengeld gehört.

213 Jeder dieser Bereiche sozialstaatlicher Einrichtungen und Leistungen ist durch zahlreiche gesetzliche Vorschriften, vor allem im Sozialgesetzbuch, umfangreich und detailliert geregelt.

2. Teil: Zivilrecht

Das Zivilrecht oder Privatrecht regelt die Rechtsbeziehungen zwischen Privaten. Das Bürgerliche Gesetzbuch (BGB), das am 1. Januar 1900 in Kraft trat, ist in fünf Bücher gegliedert: Allgemeiner Teil, Schuldrecht, Sachenrecht, Familienrecht und Erbrecht. Zahlreiche weitere Gebiete werden dem Zivilrecht zugeordnet, wie etwa das Arbeitsrecht und das Handels- und Gesellschaftsrecht, die zum Teil in speziellen Gesetzen geregelt sind. 214

A. Allgemeiner Teil (Buch I BGB)

Der Allgemeine Teil des Bürgerlichen Gesetzbuches beinhaltet Regelungen und Rechtssätze, die für das gesamte bürgerliche Recht gelten. Er enthält einige Grundbegriffe, die zum Verständnis des deutschen Privatrechts unerlässlich sind. 215

I. Rechtsfähigkeit

Rechtsfähigkeit ist die Fähigkeit, Träger von Rechten und Pflichten sein zu können. Rechte und Pflichten können nur Personen zustehen; sie allein können Rechtssubjekte sein. Rechtsfähig sind daher natürliche Personen. Natürliche Personen sind alle Menschen, deren Rechtsfähigkeit mit der Vollendung der Geburt beginnt (§ 1 BGB) und mit dem Tod endet (vgl. § 1922 BGB). Die Geburt im Rechtssinne beginnt mit den Eröffnungswehen und ist vollendet mit dem vollständigen Austritt der Leibesfrucht aus dem Mutterkörper, auf die Lösung der Nabelschnur kommt es nicht an. Die Beendigung der Rechtsfähigkeit erfolgt nach verbreiteter Meinung mit Eintreten des Hirntodes. 216

Rechtsfähig sind neben allen natürlichen Personen auch juristische Personen sowie bestimmte Personengesellschaften. Für juristische Personen gilt das Enumerationsprinzip: Es handelt sich um bestimmte Gebilde von Personengesamtheiten, die aufgrund der Gesetze eine eigene Rechtsform bekommen haben und als solche (vollständig oder teilweise) rechtsfähig sind. Häufig bedarf es dazu auch der Eintragung in ein amtliches Register (z.B. Handelsregister, Vereinsregister). Rechtsfähig sind beispielsweise die 217

Aktiengesellschaft, die Gesellschaft mit beschränkter Haftung, die offene Handelsgesellschaft und die Kommanditgesellschaft; das sind juristische Personen des Privatrechts. Eine juristische Person des Öffentlichen Rechts ist z.B. der Staat oder eine Gemeinde.

II. Geschäftsfähigkeit

218 Von der Rechtsfähigkeit ist die Geschäftsfähigkeit zu unterscheiden. Obwohl jeder Mensch von Geburt an Träger von Rechten und Pflichten ist, hat er nach deutschem Recht nicht von Anfang an die Fähigkeit eine rechtlich wirksame Willenserklärung abzugeben und dadurch Rechtsgeschäfte abzuschließen. Diese Geschäftsfähigkeit fehlt Kindern unter sieben Jahren und Geisteskranken (*Geschäftsunfähigkeit,* § 104 BGB). Kinder zwischen sieben und achtzehn Jahren sind beschränkt geschäftsfähig (§§ 2, 106 BGB), sodass sie Geschäfte des Alltags (z. B. Lebensmittel kaufen) eigenständig abschließen können. Für Rechtsgeschäfte größeren Umfangs bedarf es allerdings der Einwilligung des gesetzlichen Vertreters (§ 107 BGB). Haben beschränkt Geschäftsfähige ein Rechtsgeschäft ohne Einwilligung der Eltern abgeschlossen, ist dieses schwebend unwirksam, bis die Eltern es nachträglich genehmigen oder die Genehmigung verweigern (§ 108 I BGB).

III. Rechtsgeschäft

219 Ein Rechtsgeschäft ist ein Tatbestand, der aus mindestens einer Willenserklärung einer rechtsfähigen Person besteht und zu einer Rechtsfolge führt. Es wird dabei zwischen einseitigen und mehrseitigen Rechtsgeschäften unterschieden. Ein *einseitiges Rechtsgeschäft* kann von einer Person allein vorgenommen werden. Das ist beispielsweise bei einem Testament oder einer Kündigung der Fall. *Mehrseitige Rechtsgeschäfte* dagegen müssen von mehreren Personen geschlossen werden. Durch den Abschluss eines mehrseitigen Rechtsgeschäfts verpflichten sich also zwei oder mehr Personen mit rechtlich bindender Wirkung, dass sie ihre Verabredung einhalten. Solche Rechtsgeschäfte nennt man Vertrag.

IV. Willenserklärung

Eine Willenserklärung ist die Äußerung eines Willens, die auf Herbeiführung einer privatrechtlichen Rechtsfolge gerichtet ist. Durch sie schließt das Rechtssubjekt Rechtsgeschäfte ab. 220

1. Bestandteile

Die Willenserklärung kann entweder ausdrücklich oder konkludent, das heißt durch schlüssiges Handeln, erfolgen. 221

Dabei wird zunächst die Willenserklärung aus der Sicht eines objektiven Geschäftspartners in den Handlungs-, den Erklärungs- und den Geschäftswillen unterteilt. Der *Handlungswille* ist das Bewusstsein, überhaupt zu handeln; Bewegungen im Schlaf oder Reflexe werden davon nicht erfasst. Der *Erklärungswille* hingegen bezieht sich auf den Willen, sich grundsätzlich in rechtlich erheblicher Weise zu äußern. Der Erklärende ist sich also bewusst, dass er im Begriff ist, eine Willenserklärung abzugeben. Der *Geschäftswille* schließlich zeichnet sich dadurch aus, dass der Erklärende eine ganz bestimmte Rechtsfolge herbeiführen möchte (z. B. eine konkrete Sache für einen bestimmten Preis zu kaufen). 222

Die Willensäußerung wird dem Erklärenden nur dann als Willenserklärung zugerechnet, wenn der Erklärende sich im Klaren darüber ist, dass er handelt und er bei pflichtgemäßer Sorgfalt hätte erkennen können, dass sein Verhalten als rechtlich erhebliche Willenserklärung verstanden wird. 223

2. Wirksamwerden

Für das Wirksamwerden der Willenserklärung muss zwischen nicht empfangsbedürftiger Willenserklärung und empfangsbedürftiger Willenserklärung unterschieden werden. 224

Die *nicht empfangsbedürftige Willenserklärung* muss lediglich abgegeben werden; einem anderen muss sie nicht zugehen; das heißt, niemand muss sie tatsächlich erhalten, um sie zur Kenntnis nehmen zu können. Dies ist beispielsweise bei der Errichtung eines Testaments der Fall. 225

Die *empfangsbedürftige Willenserklärung* muss hingegen sowohl vom Erklärenden abgegeben werden und als auch dem Empfänger zugehen, um wirksam zu werden. Wann eine mündliche Willenserklärung unter Anwesenden zugeht, ist gesetzlich nicht geregelt. Sie geht jedenfalls zu, wenn der 226

Empfänger sie tatsächlich vernimmt. Der Zugang bei abwesenden Personen ist dann anzunehmen, wenn die Willenserklärung so in den Machtbereich des Empfängers gelangt, dass unter normalen Umständen mit der Kenntnisnahme zu rechnen ist (§ 130 I BGB). Die tatsächliche Kenntnisnahme ist dann nicht ausschlaggebend.

V. Anspruch

227 Der Anspruch ist das Recht, von einem anderen ein Tun oder Unterlassen zu verlangen (§ 194 I BGB). Dieses Recht ergibt sich für den Einzelnen entweder aus einem vereinbarten Rechtsgeschäft oder kraft Gesetzes (z. B. gegen den, der einen anderen rechtswidrig geschädigt, § 823 BGB, oder sich zu dessen Nachteil unberechtigterweise bereichert hat, § 812 BGB). Ansprüche können grundsätzlich vor Gericht eingeklagt werden. Um zu prüfen, ob ein Anspruch besteht, ist zu fragen, welches Rechtssubjekt auf welcher Grundlage was (z. B. Schadensersatz, Kostenerstattung, Warenlieferung) von wem verlangen kann („wer will was von wem woraus?").

VI. Vertrag

1. Begriff

228 Der Vertrag ist die Haupterscheinungsform eines Rechtsgeschäfts. Er kommt dadurch zustande, dass mindestens zwei oder mehrere Personen einander übereinstimmende Willenserklärungen abgeben. Die zeitlich erste Erklärung heißt Angebot (vgl. § 145 BGB), und die nachfolgende Erklärung der anderen Person heißt Annahme (vgl. § 146 BGB). Dabei muss das Angebot alle wesentlichen Vertragsbestandteile, nämlich die Vertragsparteien, den Vertragsgegenstand sowie (bei Austauschverträgen) den Vertragspreis enthalten, sodass der Empfänger das Angebot lediglich annehmen oder ablehnen muss. Es gilt der Grundsatz der Privatautonomie (durch Art. 2 I GG als Grundrecht gewährleistet). Den Beteiligten steht es danach frei, ob sie überhaupt (*Abschlussfreiheit*) und wenn ja mit welchem Inhalt (*Gestaltungsfreiheit*) sie einen Vertrag schließen. Zu berücksichtigen sind dabei aber einige unabdingbare Rechtsgrundsätze wie Treu und Glauben (§ 242 BGB), welche die Fairness im Rechtsverkehr sichern sollen. Wird ein Vertrag geschlossen, sind die Parteien an diesen gebunden.

Das Zustandekommen eines Kaufvertrags (§ 433 I BGB) setzt nach deutschem Recht nur die Willenserklärung (Verpflichtung) des Verkäufers, die Sache zu übereignen, und die Willenserklärung (Verpflichtung) des Käufers, den Kaufpreis zu zahlen, voraus (*Verpflichtungsgeschäft*). Die Eigentumsverhältnisse an der Kaufsache werden durch den Kaufvertrag noch nicht tatsächlich verändert. Der Käufer wird also mit Vertragsschluss nicht Eigentümer, sondern erwirbt nur den Anspruch darauf, dass der Verkäufer ihm das Eigentum an der Kaufsache überträgt. Erst durch das davon rechtlich zu unterscheidende *Verfügungsgeschäft* wird das dingliche Recht (z.B. Eigentum), das an der Sache besteht, unmittelbar übertragen (§ 929 S. 1 BGB), sodass der Käufer zum Eigentümer wird. Dadurch erfüllt der Verkäufer seine Verpflichtung aus dem Kaufvertrag. Diese Besonderheit des deutschen Rechts nennt sich *Abstraktionsprinzip*. In der (Alltags-) Praxis werden beide Geschäfte aber üblicherweise in einem Akt vollzogen. 229

Beim Verpflichtungsgeschäft auftretende Mängel, die zur Nichtigkeit des Vertrages führen können (z. B. Irrtum, Zwang und Missverständnis), wirken sich daher grundsätzlich nicht auf das Verfügungsgeschäft und umgekehrt aus. Wird eine Sache ohne einen wirksamen schuldrechtlichen Vertrag übereignet, besteht aber ein Anspruch aus ungerechtfertigter Bereicherung (§§ 812 ff. BGB). Wer nämlich durch die Leistung eines anderen oder in sonstiger Weise auf dessen Kosten etwas ohne rechtlichen Grund erlangt, ist ihm zur Herausgabe verpflichtet. Diese Verpflichtung besteht auch dann, wenn der rechtliche Grund später wegfällt oder der mit einer Leistung nach dem Inhalt des Rechtsgeschäfts bezweckte Erfolg nicht eintritt. 230

Bei dem Kauf von Rechten und sonstigen Gegenständen finden die Vorschriften über den Kauf von Sachen entsprechende Anwendung (§ 453 I BGB). 231

2. Stellvertretung

Es besteht die Möglichkeit, für einen anderen rechtsgeschäftlich zu handeln. Man spricht dann von Stellvertretung (§ 164 I 1 BGB). Die Rechtsfolgen des Rechtsgeschäfts (z. B. Verpflichtung aus dem Kaufvertrag) treffen dann den Vertretenen, nicht denjenigen, der mit der Vollmacht des Vertretenen handelt. Die Stellvertretung ist grundsätzlich bei jedem Rechtsgeschäft 232 möglich, außer bei höchstpersönlichen Rechtsgeschäften, wie z.B. bei der Eheschließung oder der Errichtung eines Testaments.

233 Um stellvertretend zu handeln, gibt der Vertreter eine *eigene Willenserklärung* ab. Er äußert also seinen eigenen Willen und überbringt nicht nur als Bote eine Willenserklärung des Vertretenen. Allerdings handelt er *in fremdem Namen*, sodass der anderen Partei offenbar wird, dass nicht der Handelnde selbst Vertragspartner werden möchte. Tritt der Wille, in fremdem Namen zu handeln, nicht erkennbar hervor, so bleibt der Mangel des Willens, im eigenen Namen zu handeln, unbeachtlich (§ 164 II BGB). Der Vertretene muss also benannt werden, allerdings nicht namentlich, damit der andere Vertragspartner weiß, an wen er sich rechtlich binden wird (*Offenkundigkeitsprinzip*).

234 Dabei muss der Vertreter im Rahmen seiner Vertretungsmacht handeln, die ihm vom Vertretenen (durch Vollmacht) erteilt wurde oder ihm von Gesetzes wegen zusteht. Die Erteilung einer Vollmacht erfolgt durch Erklärung gegenüber dem zu Bevollmächtigenden oder dem Dritten, dem gegenüber die Vertretung stattfinden soll (§ 167 I BGB). Handelt der Vertreter nicht im Rahmen seiner Vertretungsmacht, ist das Geschäft für den Vertretenen nur dann wirksam, wenn er es nachträglich genehmigt. Tut er dies nicht, ist der Vertrag endgültig unwirksam und der Vertreter muss anstelle des Vertretenen den Vertrag erfüllen oder dem Dritten den Vertrauensschaden ersetzen (§ 179 I BGB).

235 Um den gutgläubigen Vertragspartner (§ 173 BGB analog) zu schützen, kann ein Vertrag ausnahmsweise auch dann für den Vertretenen gelten, wenn er dem Handelnden keine Vollmacht zum Vertragsschluss erteilt hat. Voraussetzung dafür ist, dass der Rechtsschein einer Bevollmächtigung entstanden ist. Das ist dann der Fall, wenn der angebliche Vertreter durch sein Verhalten den Eindruck erweckt hat, er sei zum Abschluss des betreffenden Rechtsgeschäfts bevollmächtigt, und wenn dies dem Vertretenen zurechenbar ist, weil er das Verhalten entweder wissentlich geduldet (sog. *Duldungsvollmacht*) hat oder bei Anwendung pflichtgemäßer Sorgfalt hätte verhindern können (sog. *Anscheinsvollmacht*). Der Vertragspartner erhält dann, sofern er bei Abschluss des Geschäfts hinsichtlich des Vertreters in gutem Glauben ist, auch ohne ausdrückliche Vollmachtserteilung einen Erfüllungsanspruch gegenüber dem Vertretenen.

3. Anfechtung

Stellt ein Vertragspartner fest, dass er bei Vertragsschluss einem Irrtum, einer Täuschung oder einer Drohung unterlag, und will er deshalb nicht mehr am Vertrag festhalten, kann er seine Willenserklärung anfechten. Der Vertrag gilt dann als von Anfang an nichtig (§ 142 I BGB); er ist so zu betrachten, als wäre er niemals wirksam gewesen. 236

Als Anfechtungsgrund kommt zunächst ein Irrtum bei der Willenserklärung des Anfechtenden in Frage, welche zum Vertragsschluss geführt hat. Dieser kann sich entweder auf den Inhalt der Willenserklärung beziehen oder schon auf deren Äußerung. Ein *Inhaltsirrtum* (§ 119 I Alt. 1 BGB) liegt z. B. vor, wenn der Käufer in dem Glauben, es handele sich um Hähnchenfleisch, versehentlich Schweinefleisch kauft (intellektueller Mangel bei der Äußerung). Dagegen liegt ein *Erklärungsirrtum* (§ 119 I Alt. 2 BGB) vor, wenn sich der Erklärende bei der Willenserklärung verspricht, verschreibt oder vergreift, obwohl er sich über den Inhalt des Vertragsgegenstands im Klaren ist (technischer Mangel bei der Äußerung). 237

Der Vertrag kann auch dann angefochten werden, wenn ein Vertragspartner von dem anderen arglistig getäuscht (§ 123 I Alt. 1 BGB) oder bedroht (§ 123 I Alt. 2 BGB) wurde und dies für den Vertragsschluss ursächlich war. 238

Dass einer der genannten Anfechtungsgründe vorliegt, ist allerdings allein nicht ausreichend. Der Anfechtende muss zusätzlich dem Vertragspartner deutlich machen, dass er am Vertrag aus eben diesen Gründen nicht festhalten möchte (*Anfechtungserklärung*, § 143 BGB). Diese Erklärung muss ohne schuldhaftes Zögern erfolgen, sobald dem Betroffenen der Anfechtungsgrund bewusst wird (*Anfechtungsfrist*, § 121 BGB). Die Anfechtung wegen Täuschung oder Drohung kann dabei binnen Jahresfrist erfolgen (§ 124 I BGB). 239

Liegt der Anfechtungsgrund im Verantwortungsbereich des Anfechtenden (Irrtum), so ist er dem Partner zum *Schadensersatz* verpflichtet, sofern diesem dadurch ein Schaden entstanden ist, dass er auf den Bestand des Vertrages vertraut hat. Muss der Schuldner solchen Schadensersatz leisten, ist er verpflichtet, den Geschädigten so zu stellen, wie dieser stünde, wenn er nicht auf die Gültigkeit des Rechtsgeschäfts vertraut hätte (*Vertrauensschaden*, sog. *negatives Interesse*). 240

4. Verjährung

241 Das Recht, von einem anderen ein Tun oder Unterlassen zu verlangen, unterliegt der Verjährung (§194 I BGB). Die regelmäßige Verjährungsfrist beträgt drei Jahre (§ 195 BGB). Davon gibt es aber Ausnahmen, z. B. die viel längere Verjährungsfrist für Mängelansprüche im Kaufvertragsrecht (§ 438 BGB). Die Verjährung beginnt grundsätzlich mit dem Schluss des Kalenderjahres, in dem der Anspruch entstanden ist und der Gläubiger von den anspruchsbegründenden Umständen und der Person des Schuldners Kenntnis erlangt hat oder ohne grobe Fahrlässigkeit hätte erlangen müssen (§ 199 I BGB). Nach Ablauf der Verjährungsfrist kann der Verpflichtete die Leistung verweigern. Leistet er in Unkenntnis der Verjährung dennoch, kann er aber das Geleistete nicht zurückfordern (§ 214 II S. 1 BGB), weil er mit seiner Leistung die Forderung anerkannt hat. Vor Gericht muss sich der Beklagte ausdrücklich auf die Verjährung seiner Pflichten berufen (*Einrede*), damit das Gericht dies berücksichtigt und der Anspruch des Klägers als nicht bestehend angesehen werden kann; von Amts wegen beachtet das Gericht die Verjährung nicht.

B. Schuldrecht (Buch II BGB)

I. Schuldverhältnis

242 Unter einem Schuldverhältnis ist eine Rechtsbeziehung zwischen mindestens zwei Personen zu verstehen, kraft derer die eine Person (Gläubiger) den Anspruch hat, von der anderen Person (Schuldner) eine Leistung zu erhalten. Das Schuldverhältnis kann durch ein Rechtsgeschäft begründet werden oder es kann kraft Gesetzes entstehen.

243 Rechtsgeschäftliche Schuldverhältnisse entstehen regelmäßig durch Vertrag (§ 311 I BGB). Das Schuldverhältnis ist in § 241 I BGB geregelt. Danach ist der Gläubiger berechtigt, von dem Schuldner eine Leistung oder ein Unterlassen zu fordern. Jeder Vertragspartei entstehen aus einem Schuldverhältnis aber nicht nur die vereinbarten Leistungspflichten, sondern auch weitere Verhaltenspflichten, nämlich zur Rücksichtnahme und zum Schutz der Rechte, Rechtsgüter und Interessen des Vertragspartners (§ 241 II BGB). Das Schuldverhältnis erlischt gemäß § 362 I BGB spätestens, sobald beide Parteien die ihnen obliegenden Pflichten aus dem Schuldverhältnis erfüllt haben.

II. Leistungsstörungen und Schadensersatz

1. Schadensersatz statt der Leistung

a) Nichtleistung und Schlechtleistung

Leistet der Schuldner nicht das vertraglich Vereinbarte (§ 281 I BGB), sondern gar nicht (Nichtleistung) oder nicht wie geschuldet (mangelhafte Sache; Schlechtleistung), so kann der Gläubiger eine angemessene Frist setzen (s. aber Ausnahmen des § 281 II BGB), innerhalb derer der Schuldner die geschuldete Leistung erbringen muss. Kommt der Schuldner seiner Pflicht auch dann nicht nach, ist er gemäß §§ 280 I, III, 281 BGB zu Schadensersatz statt der Leistung verpflichtet, wenn er das Ausbleiben der Leistung oder die Schlechtleistung zu vertreten hat (§§ 280 I 2, 276 BGB); dabei kann ihm auch das Verschulden desjenigen zugerechnet werden, den er zur Erfüllung der Leistung eingesetzt hat (Erfüllungsgehilfe, § 278 BGB). Anstelle des Schadensersatzes kann der Gläubiger allerdings auch den Ersatz seiner Aufwendungen verlangen (§ 284 BGB). 244

Grundsätzlich ist der Schadensersatz nach § 281 I 1 BGB in dem Umfang geschuldet, wie die geschuldete Leistung ausgeblieben ist (sog. *kleiner Schadensersatz*). Schadensersatz statt der ganzen Leistung (sog. *großer Schadensersatz*) ist bei einer teilweise erbrachten Leistung nur möglich, wenn der Gläubiger an der Teilleistung kein Interesse hat (§ 281 I 2 BGB), und bei einer nicht wie geschuldet erbrachten Leistung nur dann, wenn die Pflichtverletzung erheblich ist (§ 281 I 3 BGB). 245

Wenn der Schadensersatz statt der Leistung verlangt wird, erlischt der Anspruch auf die Leistung (§ 281 IV BGB). Im Gegenzug hat der Schuldner gegen den Gläubiger, der Schadensersatz statt der ganzen Leistung verlangt, einen Anspruch auf Rückforderung des von ihm zuvor bereits Geleisteten (§ 281 V i. V. m. §§ 346 ff. BGB). 246

b) Schutzpflichtverletzung

Hat der Schuldner schuldhaft eine (sonstige) Vertragspflicht zum Schutze des Gläubigers im Sinne von § 241 II BGB verletzt und ist dem Gläubiger deshalb die Entgegennahme der Leistung nicht mehr zuzumuten, kann er ebenfalls Schadensersatz statt der Leistung nach §§ 280 I, III, 282 BGB verlangen. Dabei muss jedoch die Schutzpflichtverletzung schwerwiegend sein, sodass dieser Schadensersatzanspruch nur in seltenen Fällen greift. 247

c) Unmöglichkeit

248 Der Anspruch auf Schadensersatz statt der Leistung entsteht auch, wenn die Erbringung der Leistung unmöglich ist oder der Schuldner sonst berechtigt ist, die Leistung zu verweigern (§§ 280 I, III, 283, § 275 BGB). So kann die geschuldete Sache zerstört sein oder der Schuldner kann aus persönlichen Gründen seine Pflicht nicht bzw. nur mit einem unzumutbar hohem Aufwand erfüllen. Der Anspruch auf die Leistung erlischt in diesem Fall. Natürlich endet dann auch die Pflicht des Gläubigers zur Gegenleistung (§ 326 I 1 BGB). Mit dem Schadensersatz ist der Gläubiger ist aber so zu stellen, wie er stünde, wenn der Schuldner ordnungsgemäß erfüllt hätte (sog. *Differenzhypothese*). Es ist also das Erfüllungsinteresse (sog. *positives Interesse*) zu ersetzen. Für den Fall des Leistungsausfalls wegen Unmöglichkeit setzt dies allerdings voraus, dass der Schuldner die Unmöglichkeit zu vertreten hat.

2. Verzögerungsschaden

249 Leistet der Schuldner nicht zur vereinbarten Zeit, kann er zum Ersatz des Verzögerungs- oder Verzugsschadens verpflichtet sein (§§ 280 I, II, 286 BGB). Allerdings kommt er erst dann in Verzug, wenn der Gläubiger an den säumigen Schuldner eine Mahnung, das heißt eine dringende Aufforderung zur Leistung, ausspricht (§ 286 I BGB) und daraufhin immer noch nicht geleistet wird (*Schuldnerverzug*, § 286 I BGB). Eine Mahnung ist aber entbehrlich, wenn für die Leistung ein genaues Datum bestimmt war (§ 286 II Nr. 1 BGB). Auch setzt der Verzug voraus, dass der Schuldner die Umstände, die die rechtzeitige Leistung behindert haben, zu vertreten hat (§ 286 IV BGB). Sind die Voraussetzungen gegeben, hat der Gläubiger einen Anspruch auf Ersatz des Verzugsschadens wegen der verspäteten Erbringung der Leistung. Daneben bleibt sein Anspruch auf Erfüllung bestehen. Der Schuldner trägt während des Verzugs die volle Verantwortung für die Leistung (§ 287 BGB). Er haftet also auch für jeden zufälligen Schaden, es sei denn, der Schaden wäre auch bei rechtzeitiger Leistung entstanden.

250 Vom Schuldnerverzug ist der Gläubigerverzug zu unterscheiden: Nimmt der Gläubiger die ihm vom Schuldner angebotene Sache nicht an (*Annahmeverzug*, §§ 293 ff. BGB), kommt er in Verzug. Dann kann der Schuldner Ersatz der Mehrkosten verlangen, die ihm durch das Lagern der geschuldeten Sache und das erfolglose Anbieten entstanden waren (§ 304 BGB).

Auch haftet der Schuldner, solange der Gläubiger in Verzug ist, hinsichtlich der Leistung nur für Vorsatz und grobe Fahrlässigkeit (§ 300 I BGB), bei Gattungsschulden geht sogar die ganze Gefahr auf den Gläubiger über (§ 300 II BGB).

3. Schadensersatz neben der Leistung

Ein Schadensersatzanspruch neben der Leistung aus § 280 I BGB (z. B. für einen *Mangelfolgeschaden*) kommt in Betracht, wenn der Schaden nicht durch eine spätere Leistung ausgeglichen werden kann (so die überwiegende Ansicht) und es sich nicht um einen bloßen Verzugsschaden handelt. Dabei sind alle Schäden zu ersetzen, die adäquat kausal durch die Pflichtverletzung entstanden sind sowie das Integritätsinteresse stören. Unter Integritätsinteresse versteht man das Interesse eines Vertragspartners an der Unversehrtheit seiner außerhalb der vertraglichen Beziehung liegenden Rechtsgüter.

251

III. Leistungsstörungen und Rücktritt

Neben den Ansprüchen auf Schadensersatz kann der Gläubiger wegen der Leistungsstörung auch vom Vertrag zurückzutreten (§ 325 BGB). Dabei kommen neben den gesetzlichen Rücktrittsrechten (§§ 323, 324, 326 BGB) auch vorher vertraglich festgelegte Rücktrittsrechte in Betracht. Der Rücktritt (§§ 346 ff. BGB) führt zu einem Rückgewährschuldverhältnis ex nunc: Durch den *Rücktritt* erlöschen die beiderseitigen Erfüllungsansprüche und es entsteht ein Anspruch auf Rückabwicklung des Vertrages. Vorab muss dem Schuldner allerdings, wie beim Schadensersatz, grundsätzlich eine angemessene Frist gesetzt werden, um die Leistung doch noch erbringen zu können (sofern diese nicht unmöglich ist, §§ 326 V, 275 BGB).

252

Ein Sonderfall des Rücktritts ist die Möglichkeit zum *Widerruf eines Vertragsabschlusses* (§ 355 BGB). Die Möglichkeit besteht bei bestimmten Verbraucherverträgen, z.B. bei Fernabsatzverträgen, bei außerhalb von geschlossenen Geschäftsräumen geschlossenen Verträgen oder bei Darlehensverträgen. Die fristgerechte und ausdrückliche Widerrufserklärung des Verbrauchers führt dazu, dass die Bindung an die auf den Abschluss des Vertrages gerichteten Willenserklärungen entfällt. Auf diese Weise soll der Verbraucher vor unlauteren Methoden großer Unternehmen geschützt werden, denen er im modernen Geschäftsalltag ausgesetzt ist.

253

IV. Einzelne vertragliche Schuldverhältnisse

254 In den §§ 433 bis 853 BGB regelt das BGB besonders wichtige vertragliche Schuldverhältnisse (etwa den Kaufvertrag, Mietvertrag, Pachtvertrag, Werkvertrag und Dienstvertrag). Für sie gelten die allgemeinen schuldrechtlichen Bestimmungen, soweit in den Regelungen über das jeweilige Schuldverhältnis nichts Abweichendes bestimmt wird. Diese Vorschriften greifen nur, wenn die Parteien nichts anderes bestimmt haben (Grundsatz der Vertragsfreiheit), wobei dafür wiederum rechtliche Grenzen gesetzt sind.

1. Kaufvertrag

255 Der Kaufvertrag (§§ 433 ff. BGB) ist ein gegenseitiger schuldrechtlicher Vertrag. Er begründet für den Verkäufer die Pflicht, dem Käufer den Kaufgegenstand zu übergeben und das Eigentum daran zu verschaffen. Der Käufer ist im Gegenzug verpflichtet, den vereinbarten Kaufpreis zu zahlen und die Sache abzunehmen. Der Verkäufer hat dabei die Pflicht zur mangelfreien Lieferung (§ 433 I 2 BGB).

256 Die Sache ist frei von Sachmängeln, wenn sie bei Gefahrübergang die vereinbarte Beschaffenheit hat. Soweit keine Beschaffenheit vereinbart ist, ist die Sache frei von Sachmängeln, wenn sie sich für die nach dem Vertrag vorausgesetzte Verwendung eignet. Ansonsten genügt, dass sie sich für die gewöhnliche Verwendung eignet und eine Beschaffenheit aufweist, die bei Sachen der gleichen Art üblich ist und die der Käufer nach der Art der Sache erwarten kann (§ 434 I BGB).

257 Das spezielle Mängelgewährleistungsrecht zum Schutz des Käufers verweist in § 437 BGB im Wesentlichen auf die allgemeinen Leistungsstörungsrechte (s.o. II., III.). Der Käufer kann demnach Schadensersatz verlangen, den Kaufpreis mindern oder vom Vertrag zurücktreten, wenn der Verkäufer seine geschuldete Leistung nicht innerhalb einer angemessenen Frist doch noch einwandfrei erfüllt (*Nacherfüllungsrecht*). Dieses Recht zur zweiten Andienung zum Schutz des Verkäufers spielt im Kaufvertragsrecht eine große Rolle. Allerdings kann es sich der Käufer grundsätzlich aussuchen, ob er im Rahmen der Nacherfüllung Nachbesserung (Mängelbeseitigung) oder Nachlieferung (mangelfreie Lieferung) der Sache verlangen möchte (§ 439 BGB).

2. Mietvertrag

Durch den Mietvertrag (§§ 535 ff. BGB) verpflichtet sich der Vermieter, dem Mieter den Gebrauch der gemieteten Sache im vertragsgemäßen Zustand auf Zeit zu überlassen; nach Ablauf der Mietzeit ist die Sache an den Vermieter zurückzugeben (§ 546 BGB). Die Gegenleistung des Mieters besteht in der Zahlung der vereinbarten Miete. Im Mietvertrag sind oftmals auch weitere vertragliche Pflichten geregelt, beispielsweise die Durchführung von Schönheitsreparaturen oder die Pflicht, zu kehren und Schnee zu räumen. Denkbare Mietgegenstände sind bewegliche und unbewegliche Sachen oder (wie beim Balkon) Teile davon, die gebrauchstauglich sind. Ausführlich regelt das Bürgerliche Gesetzbuch die Wohnraummiete (§§ 549 ff. BGB) und stärkt die Rechte des Wohnraummieters (soziales Mietrecht). 258

Zeigt sich im Laufe der Mietzeit ein Mangel der Mietsache, so hat der Mieter dies dem Vermieter unverzüglich anzuzeigen (§ 536c I 1 BGB). Unterlässt der Mieter die Anzeige, ist er dem Vermieter zum Ersatz des daraus entstehenden Schadens verpflichtet (§ 536c II 1 BGB). Im Gegenzug hat der Vermieter die Pflicht zur Instandhaltung der Mietsache und Mängelbeseitigung (§ 535 I BGB). Hat die Mietsache einen Mangel, der ihre Tauglichkeit zum vertragsgemäßen Gebrauch mindert oder aufhebt, so schuldet der Mieter, solange der Mangel besteht, nur noch eine entsprechend herabgesetzte Miete (§ 536 BGB). Eine Mietminderung muss also weder beantragt noch vom Vermieter genehmigt werden. Daneben kann der Mieter Schadensersatz verlangen oder unter Umständen sogar das Mietverhältnis kündigen, wenn der Vermieter den Mangel der Mietsache zu vertreten hat oder mit der Mängelbeseitigung in Verzug ist (§§ 536a, 543 III BGB). Veränderungen oder Verschlechterungen der Mietsache, die durch den vertragsgemäßen Gebrauch entstehen, hat der Mieter nicht zu vertreten (§ 538 BGB). 259

3. Pachtvertrag

Ein Pachtvertrag liegt vor, wenn der Pächter nicht nur zum Gebrauch der Sache, sondern zusätzlich zum Genuss der Erträge dieser Sache (§ 581 BGB) berechtigt ist. Der Pächter ist verpflichtet, dem Verpächter die vereinbarte Pacht zu entrichten. Für Pachtverträge sind die Vorschriften zum Mietrecht entsprechend anzuwenden. Die §§ 581 bis 597 BGB enthalten weitere besondere Regelungen für Pachtverhältnisse. 260

4. Leihvertrag

261 Ein Leihvertrag (§§ 598 ff. BGB) liegt vor, wenn der Verleiher dem Entleiher den Gebrauch der Sache unentgeltlich gestattet (§ 598 BGB). Der Entleiher ist verpflichtet, die geliehene Sache nach dem Ablauf der für die Leihe bestimmten Zeit zurückzugeben (§ 604 I BGB). Ist eine Zeit nicht bestimmt, so ist die Sache zurückzugeben, nachdem der Entleiher den sich aus dem Zweck der Leihe ergebenden Gebrauch gemacht hat. Der Verleiher kann die Sache schon vorher zurückfordern, wenn so viel Zeit verstrichen ist, dass der Entleiher den Gebrauch hätte machen können (§ 604 II BGB). Ist die Dauer der Leihe weder bestimmt noch aus dem Zweck zu entnehmen, so kann der Verleiher die Sache jederzeit zurückfordern (§ 604 III BGB).

5. Dienstvertrag

262 Bei einem Dienstvertrag (§§ 611–630 BGB) verpflichtet sich eine Vertragspartei zur Leistung von bestimmten Diensten und die andere Vertragspartei zur Zahlung der vereinbarten Vergütung (§ 611 BGB). Zu Diensten gehören selbstständige oder nicht selbstständige, abhängige, eigenbestimmte oder fremdbestimmte Dienstleistungen.

263 Ein besonderer Dienstvertrag ist der *Arbeitsvertrag*. Er ist ein Unterfall des Dienstvertrags. Im Gegensatz zum Dienstvertrag schuldet der Dienstverpflichtete beim Arbeitsvertrag nicht selbstständige, sondern weisungsabhängige Dienste. In der Regel wird der Arbeitnehmer in den Betrieb des Arbeitgebers eingegliedert. Der Arbeitsvertrag unterscheidet sich vom Dienstvertrag auch dadurch, dass er weitergehende gegenseitige Rechte und Pflichten enthält (insbesondere Weisungsabhängigkeit, Fürsorge- und Treuepflichten, Lohnfortzahlung im Krankheitsfall, Urlaubsanspruch). Das Arbeitsrecht ist ein eigenes Rechtsgebiet (s. u. F.).

264 Anders als beim Werkvertrag schuldet der Dienstverpflichtete nur die Dienstleistung als solche, aber keinen Dienstleistungserfolg. Um diesen muss sich der Dienstpflichtige nur fachgerecht bemühen.

6. Werkvertrag

265 Beim Werkvertrag (§§ 631–651 BGB) verpflichtet sich die eine Partei als Unternehmer zur Herstellung einer Sache (z. B. Haus) und die andere Partei

als Besteller zur Entrichtung der vereinbarten Vergütung sowie zur Abnahme des Werkes (§ 631 BGB).

Aufgrund des Werkvertrags wird das Werk selbst, nicht nur der Versuch seiner Anfertigung geschuldet. Das Werk muss dabei frei von Sachmängeln sein. Es muss daher die vereinbarte Beschaffenheit aufweisen. Ist dies nicht der Fall, hat der Besteller einen Anspruch auf Nacherfüllung, also auf nachträgliche Leistungserbringung innerhalb einer angemessenen Frist. Dabei steht dem Unternehmer das Wahlrecht zu, den Mangel zu beseitigen oder das Werk neu herzustellen (§ 635 I BGB). Kommt der Unternehmer seiner Nacherfüllungspflicht nicht nach, darf der Besteller den Mangel auch selbst beseitigen und die Aufwendungen dafür verlangen (*Selbstvornahme*, § 637 I BGB). Ansonsten stehen dem Besteller wie im Kaufvertragsrecht die allgemeinen Leistungsstörungsrechte zu (§ 634 BGB).

7. Auftrag

Durch die Annahme eines Auftrags (§§ 662–674 BGB) verpflichtet sich der Beauftragte, ein ihm von dem Auftraggeber übertragenes Geschäft für den Auftraggeber unentgeltlich zu besorgen (§ 662 BGB). Der Beauftragte ist verpflichtet, dem Auftraggeber alles, was er zur Ausführung des Auftrags erhält und was er aus der Geschäftsbesorgung erlangt, herauszugeben (§ 667 BGB). Macht der Beauftragte zum Zwecke der Ausführung des Auftrags Aufwendungen, die er den Umständen nach für erforderlich halten darf, so ist der Auftraggeber zum Ersatz verpflichtet (§ 670 BGB).

V. Gesetzliche Schuldverhältnisse

Gesetzliche Schuldverhältnisse entstehen dadurch, dass jemand durch ein bestimmtes Verhalten gesetzlich zu einer Leistung verpflichtet wird. Zu diesen gesetzlichen Schuldverhältnissen gehören insbesondere die Geschäftsführung ohne Auftrag (§§ 677–687 BGB), die ungerechtfertigte Bereicherung (§§ 812–822 BGB) und die unerlaubte Handlung (§§ 823–853 BGB). Bei Schuldverhältnissen kraft Gesetzes wird also nicht freiwillig eine vertragliche Bindung eingegangen, sondern die rechtliche Verpflichtung ergibt sich aufgrund gesetzlicher Anordnung aus einem tatsächlichen Verhalten (positives Tun oder pflichtwidriges Unterlassen).

1. Geschäftsführung ohne Auftrag

269 Eine Geschäftsführung ohne Auftrag liegt vor, wenn eine Person (*Geschäftsführer*) das Geschäft einer anderen Person (*Geschäftsherr*) besorgt, ohne von diesem dazu beauftragt worden zu sein oder ihm gegenüber sonst dazu berechtigt zu sein (§ 677 BGB).

270 Wenn die Übernahme der Geschäftsführung dem Interesse und dem wirklichen oder dem mutmaßlichen Willen des Geschäftsherrn entspricht (*berechtigte Geschäftsführung ohne Auftrag*), so kann der Geschäftsführer wie ein Beauftragter Ersatz seiner Aufwendungen verlangen (§§ 683 S. 1, 670 BGB).

271 Wenn die Übernahme der Geschäftsführung dem wirklichen oder dem mutmaßlichen Willen des Geschäftsherrn widerspricht und der Geschäftsführer dies erkennen musste (*unberechtigte Geschäftsführung ohne Auftrag*), so ist der Geschäftsführer dem Geschäftsherrn zum Ersatz des aus der Geschäftsführung entstehenden Schadens auch dann verpflichtet, wenn ihm ein sonstiges Verschulden nicht zur Last fällt (§ 678 BGB). Der Geschäftsherr ist in diesem Fall verpflichtet, dem Geschäftsführer alles, was er durch die Geschäftsführung erlangt, nach den Vorschriften über die Herausgabe einer ungerechtfertigten Bereicherung (§§ 684 S. 1, 818 II BGB) herauszugeben. Genehmigt der Geschäftsherr die Geschäftsführung, so steht dem Geschäftsführer ebenfalls der in § 683 BGB bestimmte Anspruch auf Ersatz seiner Aufwendungen zu (§ 684 S. 2 BGB).

272 Fehlt dem Geschäftsführer das Bewusstsein, das Geschäft als fremdes, also für einen anderen zu besorgen, dann gelten gemäß § 687 I BGB die Vorschriften über die Geschäftsführung ohne Auftrag nicht. Die Beurteilung erfolgt dann nach vindikatorischen bzw. bereicherungsrechtlichen Gesichtspunkten. Hat der Geschäftsführer hingegen positive Kenntnis von der Fremdheit des Geschäfts und führt er es in eigenem Interesse (*Eigengeschäftsführungswille*), so handelt es sich um einen Fall der Geschäftsanmaßung, den § 687 II BGB regelt. In diesem Fall ist der Geschäftsführer nicht schutzwürdig und haftet daher dem Geschäftsherrn nach §§ 677, 678, 681, 682 BGB (Schadensersatz, Herausgabe, Surrogathaftung). Die Regelung dient also dem nachträglichen Interessensausgleich beider Seiten.

2. Ungerechtfertigte Bereicherung

Wer durch die Leistung eines anderen (*Leistungskondiktion*) oder in sonstiger Weise (*Eingriffskondiktion*) auf dessen Kosten etwas ohne rechtlichen Grund erlangt, ist ihm zur Herausgabe verpflichtet (§ 812 I 1 BGB). Diese Verpflichtung besteht auch dann, wenn der rechtliche Grund später wegfällt (§ 812 I 2 Fall 1 BGB) oder der mit einer Leistung nach dem Inhalt des Rechtsgeschäfts bezweckte Erfolg nicht eintritt (§ 812 I 2 Fall 2 BGB). Das Bereicherungsrecht macht also eine ungerechtfertigte Vermögensmehrung rückgängig. Eine ungerechtfertigte Vermögensmehrung kann – im Fall der Leistungskondiktion – durch eine bewusste zweckgerichtete Leistung eines anderen entstehen, die dieser erbringt, obwohl in Wirklichkeit dafür kein rechtlicher Grund besteht. Dies ist z.B. der Fall, wenn ein Verkäufer eine Sache auf der Grundlage eines von Anfang an oder durch nachträgliche Anfechtung unwirksamen (nichtigen) Kaufvertrages die Kaufsache übereignet hat. Der Käufer ist dann durch die Leistung des Verkäufers ungerechtfertigt bereichert, da ein Rechtsgrund in Form eines kaufvertraglichen Anspruchs nicht besteht, und muss die Kaufsache daher wieder herausgeben. 273

Die Verpflichtung zur Herausgabe erstreckt sich auch auf die aus dem erlangten Gegenstand gezogenen Nutzungen (§ 818 I BGB). Ist die Herausgabe wegen der Beschaffenheit des Erlangten nicht möglich (z.B. eine Reise) oder ist der Empfänger aus einem anderen Grunde zur Herausgabe außerstande, so hat er den Verkehrswert zu ersetzen (§ 818 II BGB). 274

Die Verpflichtung zur Herausgabe oder zum Ersatz des Wertes ist allerdings ausgeschlossen, soweit der Empfänger nicht mehr bereichert ist (§ 818 III BGB). Die Regelung zeigt, dass das Bereicherungsrecht nur eine ungerechtfertigte Bereicherung abschöpfen bzw. ausgleichen, nicht aber den Bereicherten bestrafen will. Ist die Bereicherung entfallen, hat der ehemals Bereicherte also keinen Vorteil mehr, kann er nicht belangt werden. Etwas anderes gilt nur nach Rechtshängigkeit des Herausgabeanspruchs und dann, wenn der Empfänger den Mangel des rechtlichen Grundes von Anfang an kannte oder später erfahren hat oder wenn der Empfang der Sache gegen ein gesetzliches Gebot verstoßen hat (§§ 818 IV, 819 BGB). Hat der Empfänger die erlangte Sache unentgeltlich einem Dritten zugewendet und ist er 275 deshalb nicht in der Lage, die Sache herauszugeben, dann ist an Stelle von ihm der Dritte zur Herausgabe an den Gläubiger verpflichtet (§ 822 BGB).

3. Unerlaubte Handlungen
a) Grundsätzliches

276 Das Deliktsrecht gehört wie das Bereicherungsrecht und die Geschäftsführung ohne Auftrag zu den gesetzlichen Schuldverhältnissen. Der Grund der deliktischen Haftung liegt nicht in einer individuellen Sonderverbindung zwischen bestimmten Parteien, die z.b. durch Vertrag begründet ist, sondern ergibt sich aus Handlungen, die nicht vorgenommen werden durften, weil sie jedermann verboten sind. Es bestehen daher Unterschiede zwischen vertraglicher und deliktischer Haftung: So besteht zwar zwischen Vertragspartnern, nicht aber bei unerlaubter Handlung, grundsätzlich eine Haftung für Vermögensschäden. Oder: Vertragspartner stehen nach § 278 BGB für ihre Hilfspersonen bei der Leistungserfüllung (Erfüllungsgehilfen) ein, während diese Haftung im Deliktsrecht nur unter den Voraussetzungen des § 831 BGB (Verrichtungsgehilfe) besteht. Oder: Das Verschulden (§ 276 BGB) wird nach der Regel des § 280 I 2 BGB für jede vertragliche Haftung vermutet (weil diese nur entfällt, wenn der Vertragsschuldner beweisen kann, dass ihn kein Verschulden trifft), bei der deliktischen Haftung hingegen trägt umgekehrt der Geschädigte hierfür die Beweislast.

277 Deliktische Haftung heißt: Wer vorsätzlich oder fahrlässig das Leben, den Körper, die Gesundheit, die Freiheit, das Eigentum oder ein sonstiges Recht eines anderen widerrechtlich verletzt, ist dem anderen zum Ersatz des daraus entstehenden Schadens verpflichtet (§ 823 I BGB). § 823 I BGB setzt also eine widerrechtliche und schuldhafte Verletzung der dort genannten Rechtsgüter oder sonstigen Rechte voraus. Unter sonstigen Rechten sind nur absolute Rechte zu verstehen. Solche sind beispielsweise das Allgemeine Persönlichkeitsrecht, das Recht am eigenen Namen sowie das Recht am eingerichteten und ausgeübten Gewerbebetrieb. Ist der Verletzungstatbestand erfüllt, ist dieser mangels Rechtfertigungsgrund auch rechtswidrig und hat die verletzende Person schuldhaft gehandelt, ist derjenige, der das Recht verletzt hat, zum Schadensersatz verpflichtet.

278 Nach § 823 II BGB ist auch zum Schadensersatz verpflichtet, wer schuldhaft ein so genanntes Schutzgesetz verletzt und dadurch einen anderen

schädigt. Schutzgesetz ist jede Rechtsnorm (Art. 2 EGBGB), deren Ziel es ist, bestimmte Rechtsgüter des Einzelnen zu schützen. Zum Beispiel: Im Fall eines Verkehrsunfalls, der sich infolge einer Überschreitung der Höchstgeschwindigkeit ereignet, wodurch eine Person verletzt wird, wäre § 3 StVO ein Schutzgesetz im Sinne von § 823 II BGB. Dieses Gesetz soll andere Verkehrsteilnehmer vor Schaden bewahren, indem der Führer eines Kraftfahrzeuges dazu angehalten ist, entsprechend seiner Fähigkeiten und den Straßen-, Sicht- und Wetterverhältnissen ein Kraftfahrzeug mit angemessener Geschwindigkeit zu führen. Auch § 229 StGB (fahrlässige Körperverletzung) würde hier als Schutzgesetz hinzukommen. In diesem Fall könnte somit – neben dem Schadensersatz nach § 823 I BGB – auch Schadensersatz nach § 823 II BGB i. V. m. § 3 StVO, § 229 StGB verlangt werden.

Ob ein Schaden vorliegt, lässt sich durch Vergleich des Vermögens und 279 des Bestandes an rechtlich geschützten Gütern vor und nach dem Schadensereignis feststellen (*Differenzmethode*). Schadensersatz wird grundsätzlich in Naturalrestitution erbracht, das bedeutet, dass der Schuldner den Zustand herzustellen hat, der bestehen würde, wenn der zum Ersatz verpflichtende Umstand (das Schadensereignis) nicht eingetreten wäre (§ 249 I BGB). Ist wegen Verletzung einer Person oder wegen Beschädigung einer Sache Schadensersatz zu leisten, so kann der Gläubiger statt der Wiederherstellung den dazu erforderlichen Geldbetrag verlangen (§ 249 II 1 BGB). Ist eine Wiederherstellung nicht möglich, kann der Geschädigte nach § 251 BGB die Kosten der Wiederbeschaffung einer vergleichbaren Sache verlangen (*Kompensationsprinzip*). Nach dem Kompensationsprinzip umfasst der zu ersetzende Schaden gemäß § 252 BGB auch den entgangenen Gewinn.

Nach § 253 I BGB hat der Geschädigte Anspruch auf Ersatz *immaterieller* 280 *Schäden* nur, wenn diese im Gesetz ausdrücklich geregelt sind. Immaterielle Schäden sind solche, die nicht in Geld messbar sind und nicht durch Einsatz wirtschaftlicher Mittel ausgeglichen werden können. So enthält § 843 BGB die Sonderregelung, dass bei bleibenden Einschränkungen der Erwerbsfähigkeit oder einer dauerhaften Vermehrung der Bedürfnisse, die aus unerlaubten Körper- oder Gesundheitsverletzungen herrühren, eine monatliche Verletztenrente zu bezahlen ist. Bei sonstigen unerlaubten Beeinträchtigungen der Persönlichkeitsrechte sind gemäß § 842 BGB auch die

Nachteile auszugleichen, die dem Verletzten dadurch für seinen Erwerb oder sein Fortkommen entstehen.

b) Haftung für das Verhalten Dritter

281 Wer einen anderen nach seinen Weisungen zur Verrichtung einer Aufgabe bestellt, ist deliktsrechtlich auch zum Ersatz des Schadens verpflichtet, den der andere (Verrichtungsgehilfe) in Ausführung der Verrichtung widerrechtlich (nicht notwendigerweise schuldhaft) einem Dritten zufügt, es sei denn, dass er bei der Auswahl und Überwachung der bestellten Person die im Verkehr erforderliche Sorgfalt beobachtet hat oder dass der Schaden auch bei Anwendung dieser Sorgfalt möglicherweise entstanden wäre (§ 831 BGB). Hier wird also ein Verschulden des Bestellers vermutet und nicht, wie bei § 278 BGB, diesem ein Verschulden des Gehilfen zugerechnet. Entsprechendes gilt nach § 832 für denjenigen, der zur Aufsicht über eine aufsichtsbedürftige Person verpflichtet ist (z. B. die personensorgeberechtigten Eltern gegenüber ihren minderjährigen Kindern).

c) Haftung mehrerer Personen

282 Haben mehrere Personen als Mittäter, Anstifter oder Gehilfen eine unerlaubte Handlung vorsätzlich gemeinsam begangen, so ist jeder für den Schaden verantwortlich. Das Gleiche gilt, wenn sich nicht ermitteln lässt, wer von mehreren Beteiligten den Schaden durch seine Handlung verursacht hat (§ 830 I, II BGB). Sind für den aus einer unerlaubten Handlung entstehenden Schaden mehrere nebeneinander verantwortlich, so haften sie als Gesamtschuldner (§ 840 I BGB).

d) Sonderfälle

283 Wird durch ein Tier ein Mensch getötet oder der Körper oder die Gesundheit eines Menschen verletzt oder eine Sache beschädigt, so ist grundsätzlich derjenige, welcher das Tier hält, verpflichtet, dem Verletzten den daraus entstehenden Schaden zu ersetzen (§ 833 S. 1 BGB). Wird durch den Einsturz eines Gebäudes oder eines anderen mit einem Grundstück verbundenen Werkes oder durch die Ablösung von Teilen des Gebäudes oder des Werkes ein Mensch getötet, der Körper oder die Gesundheit eines Menschen verletzt oder eine Sache beschädigt, so ist der Besitzer des Grundstücks, sofern der Einsturz oder die Ablösung die Folge fehlerhafter Errichtung

oder mangelhafter Unterhaltung ist, verpflichtet, dem Verletzten den daraus entstehenden Schaden zu ersetzen. Die Ersatzpflicht tritt nicht ein, wenn der Besitzer zum Zwecke der Abwendung der Gefahr die im Verkehr erforderliche Sorgfalt beobachtet hat (§ 836 I BGB). Weitere spezielle Regelungen gibt es unter anderem für den Tieraufseher (§ 834 BGB), den Gebäudebesitzer (§ 837 BGB) und den Gebäudeunterhaltspflichtigen (§ 838 BGB).

§ 826 BGB gewährt ganz generell einen Ausgleich für sittenwidrige und vorsätzlich herbeigeführte Schädigungen eines anderen. Es reicht bedingter Vorsatz aus. Es genügt also, dass der Schädiger von der Möglichkeit der Schadensentstehung wusste und diese billigend in Kauf nahm, ohne dass er deren Eintritt wollte. Sittenwidrigkeit liegt bei einem Verstoß gegen das Anstandsgefühl aller billig und gerecht Denkenden vor. Zu ersetzen sind nur Schäden, die vom Vorsatz umfasst sind.

284

C. Sachenrecht (Buch III BGB)

Während sich das Schuldrecht mit den Rechtsbeziehungen zwischen Personen befasst, regelt das Sachenrecht den Bestand und die Veränderung der Rechtslage von Personen zu Sachen. Das Sachenrecht ist im 3. Buch des BGB (§§ 854 ff. BGB) enthalten.

285

I. Grundsätze

Im Sachenrecht werden dem Einzelnen Rechte an einer Sache zugeordnet, die gegenüber jedermann und nicht, wie im Schuldrecht, nur innerhalb eines Schuldverhältnisses gelten. Sie heißen dingliche Rechte. Der Gesetzgeber hat die Zahl der dinglichen Rechte auf die im Gesetz genannten Rechte beschränkt (*Typenzwang*). Insbesondere fällt darunter das Eigentum an beweglichen und unbeweglichen Sachen (Grundstücke). Gesetzlich gelten als dingliche Rechte ferner Hypotheken und Pfandrechte, Grund- und Rentenschulden. Beschränkt dingliche Rechte gewähren dem jeweiligen Inhaber im Vergleich zum Eigentümer nur eine inhaltlich beschränkte Rechtsmacht und beschränken ihrerseits die Rechtsstellung des jeweiligen Eigentümers, so dass die beschränkt dinglichen Rechte lediglich Abspaltungen vom Vollrecht Eigentum darstellen. Die wichtigsten beschränkt dinglichen Rechte des BGB sind der Nießbrauch (§§ 1030 ff. BGB), die Grunddienstbarkeit (§§ 1018 ff. BGB), die beschränkte persönliche

286

Dienstbarkeit (§§ 1090 ff. BGB), die Sicherungs- und Verwertungsrechte (§§ 1204 ff. und §§ 1113 ff. BGB), die Reallast und das dingliche Vorkaufsrecht (§§ 1094 ff. BGB).

287 Die dingliche Rechtslage soll für alle Beteiligten offenkundig sein. Weil dingliche Rechte gegenüber jedermann gelten, soll auch jedem erkennbar sein, wem ein solches Eigentumsrecht an einer Sache zusteht (*Publizitätsprinzip*). Bei beweglichen Sachen wird gemäß § 1006 BGB vermutet, dass der Besitzer auch der Eigentümer ist. Bei unbeweglichen Sachen wird das Publizitätsprinzip durch die Eintragung im öffentlichen Grundbuch gewahrt (§ 873 BGB).

288 Dingliche Rechte entstehen nur an einzelnen Sachen. Demzufolge kann der Einzelne sein Hab und Gut (sein Vermögen) nicht als Ganzes übereignen, sondern nur jede Sache für sich genommen. Verkauft beispielsweise ein Mann mit seinem Haus auch sein gesamtes Mobiliar, geschieht die anschließende Übereignung grundsätzlich für jeden sich im Haus befindlichen Gegenstand einzeln (*Spezialitätsgrundsatz*).

289 Beachte: Das BGB unterscheidet zwischen dem schuldrechlichen Verpflichtungsgeschäft (z.B. Kaufvertrag) und dem sachenrechtlichen Verfügungsgeschäft (z.B. Übereignung). Beide Rechtsgeschäfte sind in ihrer Wirksamkeit unabhängig voneinander zu beurteilen (*Abstraktionsprinzip*; s. o. A.VI.1., s. u. III.4.).

290 Beim Erwerb und der Bestellung dinglicher Rechte muss genau bestimmt sein, welche konkrete Sache betroffen ist. Das ist notwendig, damit immer (auch Dritten) erkennbar ist, wem welches der absolut wirkenden dingliche Rechte an einer Sache zusteht. Es ist daher nicht möglich, nur eine der Gattung nach bestimmte Sache zu übereignen (*Bestimmtheitsgrundsatz*).

291 Bei der Begründung und *Übereignung* von Eigentum und sonstigen dinglichen Rechten wird zwischen beweglichen Sachen und Grundstücken unterschieden. Das Eigentum an einer beweglichen Sache wird in der Weise übertragen, dass der Veräußerer und der Erwerber sich über den Eigentumsübergang einigen und der Eigentümer dem Erwerber die Sache übergibt (§ 929 S. 1 BGB). Bei der Übereignung eines Grundstücks tritt an die Stelle der Übergabe die Eintragung des Eigentumsübergangs in das Grundbuch (§§ 873, 925 BGB).

II. Besitz

Der Besitz (§ 854 I BGB) ist die tatsächliche Gewalt über eine Sache, während das Eigentum (§ 903 BGB) ein umfassendes Herrschaftsrecht über die Sache gegenüber jedermann darstellt, unabhängig davon, wer die tatsächliche Gewalt über die Sache innehat. Derjenige, dem die Sache gehört, muss sie also nicht auch besitzen, und demjenigen, der die Sache besitzt, muss sie nicht gehören. 292

1. Besitzarten

Man unterscheidet zwischen Eigenbesitz und Fremdbesitz. Der *Eigenbesitzer* (§ 872 BGB) besitzt die Sache als eigene, auch wenn er nur (fälschlich) glaubt, Eigentümer zu sein. Auch der Eigentümer hat in der Regel Eigenbesitz. Der *Fremdbesitzer* ist sich dagegen stets darüber bewusst, dass er nicht Eigentümer der Sache ist, sondern lediglich für einen anderen besitzt. Besitzen mehrere eine Sache gemeinschaftlich, so liegt *Mitbesitz* vor (§ 866 BGB). 293

Auch ist zwischen unmittelbarem und mittelbarem Besitzer zu unterscheiden. Der *unmittelbare Besitzer* hat die tatsächliche Herrschaft über eine Sache. Er kann direkt auf sie einwirken. *Mittelbarer Besitz* (§ 868 BGB) hingegen kann nur entstehen, wenn der Eigentümer einem anderen seine Sache für eine bestimmte Zeit überlässt und dadurch ein Rechtsverhältnis begründet wird. Das ist unter anderem der Fall, wenn jemand einer anderen Person eine Sache ausleiht, vermietet oder verpachtet. Dabei bleibt der Eigentümer mittelbarer Besitzer, ohne die tatsächliche Sachherrschaft zu haben. Dieses sog. Besitzmittlungsverhältnis bleibt jedoch nur solange bestehen, wie derjenige, der die Sache tatsächlich besitzt, den Besitzmittler als übergeordnete Person anerkennt und für ihn die Sache verwahrt. Ansonsten geht der mittelbare Besitz verloren, das Eigentum bleibt aber erhalten. Mit Besitzdiener wird gemäß § 855 BGB eine Person bezeichnet, die die tatsächliche Gewalt über eine Sache für einen anderen in dessen Haushalt oder Erwerbsgeschäft oder einem ähnlichen Verhältnis ausübt, aber bezüglich der Sache gegenüber dem anderen weisungsgebunden ist. Besitzer ist nur der Andere. Es genügt ein tatsächliches Weisungsverhältnis. 294

2. Rechte des Besitzers

295 Dem Besitzer stehen zahlreiche Schutzrechte zu. Dies liegt zunächst an der Vermutung, dass derjenige, der besitzt, auch Eigentümer ist (§ 1006 BGB). Aber auch wenn der Besitzer nicht Eigentümer ist, müssen ihm Abwehrrechte zustehen. Denn einerseits muss der berechtigte Besitzer die Möglichkeit haben, sich gegen widerrechtliche Eingriffe zu wehren, um die Sache weiterhin nutzen und sie für den Eigentümer verteidigen zu können. Andererseits ist auch der unberechtigte Besitz schützenswert, um den Rechtsfrieden zu sichern. Der berechtigte Besitzer darf daher sein Besitzrecht auch gegenüber dem unberechtigten Besitzer grundsätzlich nicht selbst durchsetzen, sondern ist auf den Klageweg zum Gericht verwiesen.

296 Wer dem (berechtigten oder unberechtigten) Besitzer ohne dessen Willen den Besitz entzieht oder ihn im Besitz stört, handelt gemäß § 858 I BGB widerrechtlich, sofern nicht das Gesetz die Entziehung oder die Störung gestattet (*verbotene Eigenmacht*). Dem Besitzer steht dagegen zum einen das Recht zu, sich unmittelbar zu wehren (*Selbsthilferecht* § 859 I BGB). Zum anderen hat er grundsätzlich den Anspruch, dass ihm der Besitz wieder eingeräumt wird bzw. die Störung im Besitz beseitigt wird (§§ 861, 862 BGB).

III. Eigentum

1. Begriff

297 Das Eigentum ist ein umfassendes Herrschaftsrecht an einer Sache. Der Eigentümer darf mit der ihm gehörenden Sache tun und lassen, was er will, und kann gleichzeitig jeden anderen daran hindern, auf die Sache einzuwirken (§ 903 BGB). Das Eigentumsrecht ist zudem in Art. 14 I GG verfassungsrechtlich geschützt. Dritte dürfen durch den Umgang mit der Sache aber nicht geschädigt werden. Das Eigentum an einer Sache verleiht dem Eigentümer im Wesentlichen drei Rechte: die Nutzung, die Fruchtziehung und die Verfügung (Veräußerung und Belastung).

298 Grundsätzlich gilt nach deutschem Recht derjenige als Eigentümer, der die Sache bei sich hat (Besitzer), bis das Gegenteil bewiesen ist (§ 1006 I BGB). Bei unbeweglichen Sachen ist eine Eintragung der Person als Eigentümerin im Grundbuch erforderlich. Im Grundbuch sind alle rechtlich relevanten Informationen zu jedem Grundstück aufgeführt. Ist im Grundbuch für jemanden

ein Recht eingetragen, so wird vermutet, dass ihm das Recht zusteht (§ 891 I BGB). Ist im Grundbuch ein eingetragenes Recht gelöscht, so wird vermutet, dass das Recht nicht besteht (§ 891 II BGB).

2. Eigentumserwerb

Um Eigentum zu erwerben, muss man sich das Eigentumsrecht und grund- 299
sätzlich den Besitz übertragen lassen (§ 929 S. 1 BGB; s. u. 4.a.). Ist der künftige Eigentümer schon im Besitz der Sache, reicht eine dingliche Einigung über den Eigentümerwechsel aus.

Will hingegen der ursprüngliche Eigentümer im Besitz der Sache blei- 300
ben, so kann die Übergabe gemäß § 930 BGB dadurch ersetzt werden, dass zwischen ihm und dem Erwerber ein Rechtsverhältnis (beispielsweise Leihe oder Verwahrung) vereinbart wird, mit Hilfe dessen der Erwerber den mittelbaren Besitz erlangt (*Besitzkonstitut*), während der ursprüngliche Eigentümer unmittelbarer Besitzer bleibt (*Besitzmittlungsverhältnis*). Diese Art der Übereignung wird beispielsweise gewählt, wenn jemand seine Wohnung verkauft, jedoch als Mieter weiterhin darin wohnen möchte. In diesem Fall erlangt der neue Eigentümer als Vermieter nur mittelbaren Besitz.

Ist ein Dritter im Besitz der Sache, so kann die Übergabe dadurch ersetzt 301
werden, dass der Eigentümer dem Erwerber seinen Anspruch auf Herausgabe der Sache gegen den Dritten abtritt (§ 931 BGB).

3. *Ansprüche des Eigentümers*

Aus dem Eigentum ergeben sich unter anderem folgende Ansprüche: 302

Zunächst besteht ein *Herausgabeanspruch* (§ 985 BGB) des Eigentümers 303
gegen denjenigen, der die Sache unberechtigterweise besitzt. Solange für den anderen jedoch ein Recht zum Besitz besteht, wie beispielsweise durch ein Mietverhältnis, kann der Herausgabeanspruch nicht durchgesetzt werden. So kann der Vermieter die Wohnung nicht vom rechtmäßigen Mieter herausverlangen. Er muss erst das Rechtsverhältnis, das dem Mieter ein Besitzrecht einräumt, durch Kündigung beenden.

Neben dem Herausgabeanspruch steht dem Eigentümer ein *Anspruch* 304
auf Beseitigung zu, wenn sein Eigentum durch einen Dritten in anderer Weise als durch Entziehung oder Vorenthaltung des Besitzes beeinträchtigt

wird (§ 1004 I 1 BGB). Der in § 1004 BGB genannte Störer ist der Handlungsstörer, der die Einwirkung durch seine Handlung herbeiführt, oder der Zustandsstörer, der einen Zustand geschaffen oder zu verantworten hat, der das Eigentum oder das sonstige absolute Recht beeinträchtigt. § 1004 I 2 BGB enthält den *Anspruch auf Unterlassung* einer drohenden (zukünftigen) Beeinträchtigung.

4. Verbindung von Schuldrecht und Sachenrecht

305 Im Geschäftsalltag können Schuldrecht und Sachenrecht nur gemeinsam betrachtet werden.

a) Eigentumserwerb mittels Kaufes

306 Allein durch den Abschluss eines Kaufvertrags erwirbt man kein Eigentum an der Kaufsache. Beispiel: Wenn eine Person von einer anderen Person ein Fahrrad kauft, besteht dieser Vorgang aus zwei Geschäften. Das erste Geschäft ist der Kaufvertrag (§ 433 BGB), durch den sich die Person vertraglich verpflichtet, das Fahrrad zu überlassen, und der Dritte sich verpflichtet, das Fahrrad zu bezahlen. Dieses Geschäft wird im Schuldrecht geregelt und ist das *Verpflichtungsgeschäft*. Das Sachenrecht beschäftigt sich hingegen mit dem zweiten Geschäft, dem *Verfügungsgeschäft* (zum Abstraktionsprinzip s. o. A.VI.1.). Damit ist der Wechsel des Eigentums am Fahrrad gemeint. Dieser Eigentumswechsel erfolgt durch Einigung und Übergabe (§ 929 S. 1 BGB). Während die Einigung erneut ein Rechtsgeschäft, nämlich auf der dinglichen Ebene ist, ist die Übergabe nur eine tatsächliche, dennoch rechtlich relevante Handlung (Realakt). Auch bezüglich der Geldübergabe (des Kaufpreises) findet ein Verfügungsgeschäft statt, so dass sich hinter dem alltäglichen Kauf genau genommen sogar drei Rechtsgeschäfte verbergen.

b) Gutgläubiger Erwerb

307 Das Zusammenwirken von Schuldrecht und Sachenrecht zeigt sich auch darin, dass grundsätzlich nur ein sachenrechtlich Berechtigter (Eigentümer) an einer Sache, die er verkauft hat, Eigentum übertragen kann. Im Interesse des Verkehrsschutzes ist es aber auch möglich, von einem Nichtberechtigten Eigentum zu erwerben, wenn der Erwerber davon ausgeht, dass der

Veräußerer Eigentümer der Sache ist (§ 932 I i. V. m. § 1006 I BGB). Seine Fehlvorstellung darf dabei aber nicht auf grober Fahrlässigkeit beruhen.

Beispiel: Eine Person verkauft ein Fahrrad, das sie sich von einer anderen Person geliehen hat, an einen Dritten. Der Dritte geht davon aus, dass dem Veräußerer das übergebene Fahrrad gehört. Dadurch erwirbt er gutgläubig Eigentum an dem Fahrrad. Dieses dingliche Recht gilt auch gegenüber der Person, die das Fahrrad verliehen hat. Diese verliert also das Eigentum an ihrem Fahrrad. Sie hat nur noch die Möglichkeit, den Veräußerer für dessen Verhalten zu belangen, indem sie von diesem den Kaufpreis fordert oder Schadensersatz verlangt (§ 816 I BGB). 308

Der gutgläubige Erwerb des Eigentums auf Grund der §§ 932 bis 934 BGB tritt jedoch nicht ein, wenn die Sache dem ursprünglichen Eigentümer gestohlen worden, verloren gegangen oder sonst unfreiwillig abhandengekommen war (§ 935 I 1 BGB). Das Gleiche gilt, falls der Eigentümer nur mittelbarer Besitzer war, dann, wenn die Sache dem unmittelbaren Besitzer abhandengekommen war (§ 935 I 2 BGB). Hat die veräußernde Person also das Fahrrad gestohlen, vermag der Dritte trotz guten Glaubens kein Eigentum zu erwerben. Diese Ausnahme ist damit zu begründen, dass der Eigentümer in diesem Fall besonders schützenswert ist, da er die Sache nicht, wie im Fall der Leihe, freiwillig aus den Händen gegeben hat. 309

c) Kauf unter Eigentumsvorbehalt

Eine weitere, in Deutschland oft genutzte Konstruktion, ist der Kauf unter Eigentumsvorbehalt (§ 449 I BGB). Hier übergibt der Eigentümer die Ware zwar seinem Vertragspartner, bleibt aber Eigentümer, bis der vollständige Kaufpreis bezahlt wird. Die sachenrechtliche Übereignung ist also an die schuldrechtliche Bedingung der Kaufpreiszahlung geknüpft. Die Erfüllung der Bedingung (§ 158 I BGB) darf der Eigentümer nicht verhindern. Diese Konstruktion dient der Sicherung des Eigentümers, denn er trägt somit nicht das Risiko für die Zahlungsunfähigkeit des Vertragspartners. Der Schutz des Käufers wiederum wird durch umfassende Nutzungsrechte an der übergebenen Sache gewährleistet, die auch gegenüber Dritten gelten. 310

Besipiel: Eine Person will ein Auto erwerben, es ist ihr jedoch nicht möglich, den hohen Kaufpreis in einer Summe zu bezahlen. Deshalb einigen sich die Parteien vertraglich, dass der Käufer den Kaufpreis in Raten bezahlt 311 und er erst dann Eigentümer des Autos wird, wenn er die letzte Rate dafür bezahlt hat.

d) Sicherungsübereignung

312 Bei der Sicherungsübereignung überträgt der Kreditnehmer (Sicherungsgeber) das Eigentum an einer ihm gehörenden beweglichen Sache (Sicherungsgut) an den Kreditgeber (Sicherungsnehmer). Die Übereignung erfolgt durch Einigung über den Eigentumsübergang (§ 929 S. 1 BGB) und durch Vereinbarung eines Besitzkonstituts (§ 930 BGB). Damit bleibt der Kreditnehmer unmittelbarer Besitzer der Sache, vermittelt aber dem Kreditgeber mittelbaren Besitz. Der Kreditgeber (Sicherungsnehmer) darf dem Kreditnehmer gegenüber das Sicherungsgut aber nur bei Verstoß gegen den Sicherungsvertrag, also bei Nichtrückzahlung des Kredits (Sicherungsfall), verwerten oder selbst als Eigentümer nutzen. Mit jeder anderen Nutzung des Sicherungseigentums würde der Kreditgeber den Sicherungsvertrag verletzen.

313 Das Sicherungseigentum des Sicherungsnehmers ist im Gegensatz zum Pfand kein von Gesetzes wegen (§ 1252 BGB) an eine bestimmte Forderung gebundenes Sicherungsrecht, sondern besteht grundsätzlich unabhängig von der gesicherten Forderung (nicht akzessorisch). Das Eigentum fällt also nicht automatisch an den Sicherungsgeber zurück, sobald die Forderung des Sicherungsnehmers erlischt, also der Kredit zurückgezahlt ist. Die Rückübertragung des Eigentums bei Erlöschen der gesicherten Forderung ist daher in der Regel rechtsgeschäftlich, nämlich schon im Sicherungsvertrag, vereinbart.

IV. Grunddienstbarkeit

314 Ein Grundstück kann gemäß § 1018 BGB zugunsten des jeweiligen Eigentümers eines anderen Grundstücks belastet werden. Die Belastung kann unterschiedlich sein: entweder dass der Eigentümer des anderen Grundstücks das belastete Grundstück in einzelnen Beziehungen benutzen darf, oder dass auf dem belasteten Grundstück gewisse Handlungen nicht vorgenommen werden dürfen, oder dass die Ausübung bestimmter Rechte ausgeschlossen ist, das sich aus dem Eigentum an dem belasteten Grundstück ergibt.

V. Nießbrauch

Durch die Begründung des Nießbrauchs überträgt der Eigentümer einer Sache das Recht zur Nutzung und zur Fruchtziehung an einen Dritten und behält nur die rechtliche Verfügungsgewalt (§ 1030 BGB). Auf diese Weise gibt es einerseits den Inhaber des nießbrauchbeschwerten Eigentums und andererseits den begünstigten „Nießbraucher". 315

VI. Hypothek

Eine Hypothek ist ein Grundpfandrecht (§ 1113 BGB). Ein Grundstück kann danach in der Weise belastet werden, dass an denjenigen, zu dessen Gunsten die Belastung erfolgt, eine bestimmte Geldsumme zur Befriedigung wegen einer ihm zustehenden Forderung aus dem Grundstück zu zahlen ist. Durch die Hypothek ist das Grundstück dem Gläubiger verpfändet. Das heißt, der Inhaber der Hypothek (Gläubiger) darf Substanz und Nutzungen des Grundstücks durch Zwangsvollstreckung (§ 1147 BGB) nutzen, um die festgelegte Geldsumme zu erhalten. Der Eigentümer (oder der Schuldner, wenn er nicht mit der Person des Eigentümers identisch ist) kann dies allerdings durch Zahlung an den Gläubiger verhindern (§ 1142 BGB). 316

Die Hypothek entsteht durch Einigung zwischen dem Grundstückseigentümer und dem Gläubiger der persönlichen Forderung (§ 873 I BGB) sowie der Eintragung der Hypothek in das Grundbuch (§ 1115 I BGB). Zudem ist die Hypothek normalerweise in einem besonderen Hypothekenbrief zu verbriefen und dieser an den Gläubiger zu übergeben (sog. Briefhypothek, §§ 1116 I, 1117 BGB). Wenn eine solche Briefhypothek ausgeschlossen wird, liegt eine *Buchhypothek* vor (§ 1116 II BGB). 317

Anders als bei der Sicherungsübereignung besteht kraft Gesetzes eine Verknüpfung (Akzessorietät) zwischen der Hypothek am Grundstück und der persönlichen Forderung gegen den Schuldner. Diese Forderung ist in der Regel eine Darlehensforderung. Für die Hypothek ist das Vorhandensein einer solchen persönlichen, auf die Zahlung von Geld gerichteten Forderung eine unabdingbare gesetzliche Voraussetzung. Eine Übertragung der Hypothek erfolgt daher durch Abtretung (§ 398 BGB) der durch sie gesicherten Forderung; bei der Briefhypothek muss noch die Übergabe des Briefes hinzukommen (§§ 1153 f. BGB). Erlischt die Forderung, erwirbt der Eigentümer die Hypothek (§ 1163 I 2 BGB). 318

113

VII. Grundschuld

319 Die Grundschuld gehört auch zu den Grundpfandrechten und ist in den §§ 1191 ff. BGB geregelt. Danach kann ein Grundstück in der Weise belastet werden, dass an denjenigen, zu dessen Gunsten die Belastung erfolgt, eine bestimmte Geldsumme aus dem Grundstück zu zahlen ist (§ 1191 BGB). Mit der Grundschuld wird also ein Grundstück in der Weise belastet, dass dieses Grundstück für die Zahlung einer bestimmten Geldsumme haftet. Dazu muss sie als dingliches Recht an einem Grundstück im Grundbuch eingetragen sein. Dann gibt die Grundschuld dem Gläubiger gemäß § 1192 I i. V. m. § 1147 BGB einen Anspruch auf Duldung der Zwangsvollstreckung gegen den Schuldner. Der Anspruch entsteht nach der Kündigung der Grundschuld (§ 1193 BGB).

320 Die Grundschuld ist in der Praxis bedeutsamer als die Hypothek. Das liegt daran, dass Grundschulden im Gegensatz zur Hypothek nicht akzessorisch zu einer Forderung sind, also nicht vom Bestand oder vom Umfang einer Forderung abhängig sind. Grundschuld und Forderung können daher jeweils für sich allein übertragen oder genutzt werden. Abgesehen von diesem Unterschied, finden aber auf die Grundschuld die Vorschriften über die Hypothek entsprechende Anwendung (§ 1192 I BGB).

VIII. Pfandrecht

321 Auch eine bewegliche Sache kann zur Sicherung einer Forderung in der Weise belastet werden, dass der Gläubiger berechtigt ist, Befriedigung aus der Sache zu suchen (§§ 1204 ff. BGB). Zur Bestellung des Pfandrechts ist es erforderlich, dass der Eigentümer die Sache dem Gläubiger übergibt und beide darüber einig sind, dass dem Gläubiger das Pfandrecht zustehen soll. Ist der Gläubiger im Besitz der Sache, so genügt die Einigung über die Entstehung des Pfandrechts. Die Übergabe einer im mittelbaren Besitz des Eigentümers befindlichen Sache kann dadurch ersetzt werden, dass der Eigentümer den mittelbaren Besitz auf den Pfandgläubiger überträgt und die Verpfändung dem Besitzer anzeigt (§ 1205 I, II BGB). Wird der Anspruch des Gläubigers nicht erfüllt, kann er sich durch die Verwertung des verpfändeten Gegenstandes befriedigen.

IX. Erbbaurecht

Das Erbbaurecht ist das Recht des Erbbauberechtigten, gegen Zahlung eines 322
regelmäßigen Entgeltes, des Erbbauzinses, auf oder unter der Oberfläche
eines fremden Grundstücks ein Bauwerk zu errichten oder zu unterhalten
(§ 1 I ErbbauRG).

Dieses Recht stellt eine Besonderheit dar. Denn normalerweise erlangt 323
der Eigentümer des Grundstücks kraft Gesetzes auch Eigentum an den mit
dem Grundstück verbundenen Bauwerken (§ 946 BGB). Dagegen gilt das
infolge eines Erbbaurechts errichtete Bauwerk als wesentlicher Bestandteil
des Erbbaurechts und nicht des Grundstücks (§ 12 I 1 ErbbauRG). Eigentümer des Bauwerks ist somit nicht der Grundstückseigentümer, sondern der
Erbbauberechtigte. Erlischt allerdings das Erbbaurecht, wird das Bauwerk
zum wesentlichen Bestandteil des Grundstücks (§ 94 I BGB), sodass dann
der Grundstückseigentümer Eigentümer des Bauwerks wird.

Das Erbbaurecht ist ein beschränktes dingliches Recht, das auf dem 324
Grundstück lastet. Es wird in zwei Grundbüchern eingetragen, zum einen
im Grundbuch des belasteten Grundstücks (Grundstücksgrundbuch) und
zum anderen im Erbbaugrundbuch (§ 14 I ErbbauRG).

D. Familienrecht (Buch IV BGB)

Das Familienrecht enthält die Gesamtheit der Vorschriften, die die Rechts- 325
verhältnisse der durch Ehe und Verwandtschaft verbundenen Personen regeln. Das vierte Buch des BGB ist deshalb in drei Abschnitte eingeteilt: Ehe,
Verwandtschaft und Vormundschaft.

I. Ehe

Die Ehe ist ein Bund zwischen einem Mann und einer Frau, der auf Lebens- 326
zeit geschlossen wird (§ 1353 I BGB). Sie steht unter besonderem Schutz des
Staates. Dieser Schutz von Ehe und Familie ist auch ein durch die Verfassung gewährleistetes Grundrecht (Art. 6 I GG). Neben der Ehe gibt es im
deutschen Recht seit 2001 die eingetragene Lebenspartnerschaft zwischen
gleichgeschlechtlichen Partnern. Deren Rechtsbeziehungen sind durch das
Lebenspartnerschaftsgesetz geregelt.

1. Eheschließung

327 Familienrechtlich ist die Ehe ein Vertrag. In Deutschland ist dabei ausschließlich die Einehe erlaubt, das heißt die Ehe darf nur mit einer Person zur gleichen Zeit bestehen (§ 1306 BGB). Geschlossen wird die Ehe vor dem staatlichen Standesbeamten unter gleichzeitiger Anwesenheit der künftigen Ehepartner (§ 1310 I 1 BGB). Die Ehe ist ein höchstpersönliches Rechtsgeschäft und kann daher nicht durch einen Stellvertreter geschlossen werden.

328 Der Ehe kann ein Verlöbnis (§§ 1297–1302 BGB) als formloser familienrechtlicher Vertrag vorausgehen mit dem ernsthaften Versprechen, künftig die Ehe miteinander eingehen zu wollen. Die Eheschließung ist allerdings trotz des Versprechens nicht einklagbar (§ 1297 I BGB).

329 Die Ehegatten müssen fähig sein, eine Ehe rechtswirksam schließen zu können. Diese Ehefähigkeit besteht grundsätzlich erst ab der Volljährigkeit, die in Deutschland bei 18 Jahren liegt (§ 1303 I BGB). Das Familiengericht kann davon allerdings absehen, wenn einer der Ehegatten bereits 16 Jahre alt und der andere volljährig ist (§ 1303 I, II BGB). Des Weiteren dürfen der wirksamen Eheschließung keine Ehehindernisse entgegenstehen. Beispielsweise sind eine Doppelehe oder eine Geschwisterehe verboten (§§ 1306 ff. BGB).

2. Rechtswirkungen der Ehe

330 Zwischen den Eheleuten besteht nach Eheschließung die Verpflichtung zur ehelichen Lebensgemeinschaft und zur gegenseitigen Unterhaltspflicht (§§ 1353 I 2, 1360 f. BGB).

a) Eheliche Haushaltsführung

331 Die Partner sollen die gemeinsame Haushaltsführung regeln und sind beide berechtigt, Geld für den gemeinsamen Lebensunterhalt zu verdienen (§ 1356 BGB). Geschäfte des täglichen Lebens (z.B. Lebensmittel einkaufen) können von einem Ehepartner mit Wirkung auch für und gegen den anderen Ehepartner abgeschlossen werden (§ 1357 BGB).

b) Eheliches Güterrecht

332 Die Eheschließung beeinflusst auch die Vermögensverhältnisse zwischen den Eheleuten. Das Gesetz bietet dabei mehrere Möglichkeiten, wie die

Vermögensverhältnisse in einer ehelichen Gemeinschaft geregelt werden können (sog. Güterstände). In Deutschland gibt es drei verschiedene Güterstände. Die Zugewinngemeinschaft (§§ 1363 ff. BGB), den Wahlgüterstand der Gütertrennung (§ 1414 BGB) und den Wahlgüterstand der Gütergemeinschaft (§§ 1415 ff. BGB). Treffen die Ehegatten keine Regelung darüber, tritt kraft Gesetzes automatisch die Zugewinngemeinschaft in Kraft.

aa) Zugewinngemeinschaft

Wählen die Eheleute den Güterstand der Zugewinngemeinschaft (§§ 1363 ff. BGB), wird das Vermögen von beiden nicht vergemeinschaftet, sondern bleibt jeweils getrennt voneinander. Auch das Vermögen, das ein Ehegatte nach der Eheschließung erwirbt, wird nicht Gemeinschaftsvermögen. Jeder Ehegatte verwaltet sein Vermögen selbstständig, unterliegt aber bestimmten Verfügungsbeschränkungen. Wird die Zugewinngemeinschaft durch Beendigung der Ehe zu Lebzeiten beider Ehepartner aufgelöst (insbesondere durch Scheidung, s. u. 3.b.), wird der jeweils während der Ehezeit von den Ehegatten erworbene Zugewinn festgestellt und sodann zwischen ihnen beiden ausgeglichen. Dabei muss der Ehepartner, der mehr Zugewinn erworben hat, dem anderen die Hälfte seines Überschusses auszahlen. 333

bb) Wahlgüterstände

Neben der gesetzlich vorgesehenen Zugewinngemeinschaft, tragen die Wahlgüterstände der Vertragsfreiheit Rechnung. Nach § 1408 BGB ist es den Ehegatten möglich, ihre güterrechtlichen Verhältnisse im Wege einer Gütertrennung oder Gütergemeinschaft durch einen Ehevertrag zu regeln. 334

Die *Gütertrennung* (§ 1414 BGB) tritt dabei bereits in Kraft, sobald die Ehegatten die Zugewinngemeinschaft (oder auch nur den Ausgleich des Zugewinns) ausschließen, ohne etwas anderes zu regeln. Entscheidet sich ein Ehepaar für die Gütertrennung, wird das Vermögen absolut getrennt verwaltet. Die Ehegatten können jeweils nur über ihren Teil verfügen, dies allerdings uneingeschränkt. Die *Gütergemeinschaft* muss ausdrücklich im Ehevertrag vereinbart werden und hat zur Folge, dass das gesamte gegenwärtige und künftige Vermögen zum gemeinschaftlichen Vermögen wird (§§ 1415 ff. BGB). 335

3. Beendigung der Ehe

336 Nach dem Grundgedanken endet die Ehe erst mit dem Tod. Sie kann aber auch durch Aufhebung oder Scheidung beendet werden.

a) Aufhebung

337 Nach §§ 1313 ff. BGB kann eine geschlossene Ehe aufgehoben werden. Die Aufhebungsgründe für eine Ehe sind in § 1314 I, II BGB abschließend aufgeführt. So kann die Ehe beispielsweise aufgehoben werden, wenn die Ehe trotz eines bestehenden Eheverbots geschlossen wurde oder wenn einer der Verlobten nicht ehemündig oder eheunfähig war. Ein weiterer Aufhebungsgrund ist etwa gegeben, wenn ein Verlobter sich bei der Eheschließung im Zustand der Bewusstlosigkeit oder einer vorübergehenden Störung der Geistestätigkeit (z. B. im Rausch) befand oder nicht gewusst hat, dass es sich um eine Eheschließung handelt. Eine Aufhebung kann auch erfolgen, wenn ein Ehegatte durch arglistige Täuschung oder durch Drohung zur Eingehung der Ehe bestimmt wurde oder die Verlobten sich bei der Eheschließung einig waren, dass keine eheliche Lebensgemeinschaft begründet werden soll (*Scheinehe*).

338 Die Eheaufhebung ist nach § 1315 BGB aber ausgeschlossen, wenn einer oder beide Ehepartner nach außen zu erkennen gegeben haben, dass sie die Ehe trotz der Möglichkeit der Eheaufhebung fortsetzen wollen (*Bestätigung*).

339 Die Eheaufhebung erfolgt nach einer entsprechenden Klage durch Urteil des zuständigen Familiengerichts. Die Folgen der Aufhebung einer Ehe bestimmen sich grundsätzlich nach den Vorschriften über die Scheidung (§ 1318 I BGB).

b) Scheidung

aa) Scheitern der Ehe

340 Liegt kein Aufhebungsgrund vor, kann die Ehe auf Antrag eines oder beider Ehepartner geschieden werden (§ 1564 S. 1 BGB). Auch dies erfolgt durch richterliche Entscheidung des zuständigen Familiengerichts.

341 Alleiniger Scheidungsgrund ist das Scheitern der Ehe. Eine gescheiterte Ehe liegt vor, wenn die Lebensgemeinschaft nicht mehr besteht und eine Wiederherstellung nicht erwartet werden kann (§ 1565 I BGB). Unerheblich

ist dabei, wer diesen Umstand zu verschulden hat. Es wird unwiderlegbar vermutet, dass die Ehe gescheitert ist, wenn die Ehegatten seit einem Jahr getrennt leben und beide Ehegatten die Scheidung beantragen oder der Antragsgegner der Scheidung zustimmt (§ 1566 I BGB). Wenn die Ehegatten seit drei Jahren getrennt leben, genügt der Antrag eines Ehegatten für die Vermutung des Scheiterns (§ 1566 II BGB). Ein Getrenntleben liegt vor, wenn zwischen den Ehegatten keine häusliche Gemeinschaft besteht und ein Ehegatte sie erkennbar nicht herstellen will (§ 1567 I 1 BGB). Leben die Ehegatten noch nicht ein Jahr getrennt, so kann die Ehe nur geschieden werden, wenn die Fortsetzung der Ehe für den Antragsteller wegen des anderen Ehegatten eine unzumutbare Härte darstellen würde (§ 1565 II BGB).

bb) Scheidungsfolgen

Nach der Scheidung ist jeder Ehegatte grundsätzlich wieder für sich selbst verantwortlich, d. h. für seinen Unterhalt und seine Versorgung. Falls erforderlich, obliegt es ihnen daher auch, eine angemessene Erwerbstätigkeit auszuüben (§ 1574 BGB). Nur wenn sich ein Ehegatte nach der Scheidung nicht aus seinem eigenen Einkommen und Vermögen unterhalten kann (Bedürftigkeit, § 1577 I BGB), kommt ein *Unterhaltsanspruch* gegen den anderen in Betracht. Gründe dafür können insbesondere die Erziehung eines gemeinschaftlichen Kindes, Alter, Krankheit oder eine unabwendbare Erwerbslosigkeit sein (§§ 1571 ff. BGB). Der Anspruch besteht, solange die Bedürftigkeit anhält oder eine neue Ehe oder gleichwertige Lebenspartnerschaft begründet wird (§ 1586 I BGB). Das Maß (die Höhe) des Unterhalts, den der bedürftige geschiedene Ehegatte fordern kann, bemisst sich nach den ehelichen Lebensverhältnissen (§ 1578 BGB), wird aber begrenzt durch das, was der andere ohne Gefährdung seines angemessenen Unterhalts leisten kann (Selbstbehalt, § 1581 BGB). 342

Außerdem findet ein sog. *Versorgungsausgleich* bezüglich der Ansprüche statt, die jeder Ehepartner während der gemeinsamen Ehezeit gegen die Rentenversicherung oder sonstige Vorsorgeeinrichtungen für das Alter erlangt hat (§ 1587 BGB). 343

Besonders wichtig ist die Regelung der *elterlichen Sorge* für die gemeinsamen Kinder nach der Scheidung. Grundsätzlich bleibt das gemeinsame Sorgerecht erhalten. Nur wenn ein Elternteil einen Antrag auf alleiniges Sorgerecht stellt, entscheidet das Familiengericht darüber, wem die Kinder 344 zugesprochen werden. Dabei steht das Wohl des Kindes im Vordergrund (§ 1671 BGB).

II. Elterliche Sorge

345 Nach § 1626 I 1 BGB haben die Eltern die Pflicht und das Recht, für ihr minderjähriges Kind zu sorgen. Diese Sorge umfasst die Personensorge, die Vermögenssorge und die rechtsgeschäftliche Vertretung des Kindes. Eltern und Kinder sind sich gegenseitig Beistand und Rücksicht schuldig (§ 1618a BGB).

346 Der Europäische Gerichtshof für Menschenrechte hat die frühere Regelung, wonach das Sorgerecht ausschließlich der Mutter zukommt, wenn die Eltern bei der Geburt des Kindes nicht verheiratet sind (§ 1626a II BGB a. F.), als Diskriminierung des unverheirateten Vaters betrachtet. Nach dem seither geltenden Sorgerecht kann der Vater die Mitsorge auch ohne Zustimmung der Mutter erhalten. Er muss dies beim Familiengericht beantragen Dabei gilt das Prinzip der „negativen Kindeswohlprüfung": Das Gericht hat den Eltern das gemeinsame Sorgerecht zuzusprechen, falls dies dem Kindeswohl nicht widerspricht (§ 1626a III 1 BGB). Das Gericht muss aber der Mutter vor seiner Entscheidung die Möglichkeit geben, innerhalb einer Frist von mehreren Wochen Einwände gegen das gemeinsame Sorgerecht vorzubringen (§ 1626a III 2 BGB).

III. Verwandtschaft

347 Verwandtschaft (§§ 1589 ff. BGB) ist eine Rechtsbeziehung zwischen natürlichen Personen, die auf Abstammung beruht. Verwandte gerader Linie sind Personen, bei denen die eine von der anderen abstammt (Großeltern, Eltern, Kinder usw.). Verwandte in der Seitenlinie sind Personen, die nicht in gerader Linie verwandt sind, die aber von derselben dritten Person abstammen (Geschwister, Onkel usw.). Die Verwandtschaft ist insbesondere im Unterhalts- und Erbrecht von Bedeutung.

E. Erbrecht (Buch V BGB)

348 Das Erbrecht regelt den Übergang des Vermögens eines Verstorbenen (Erblasser). Es hat die Funktion, das Privatvermögen mit dem Tod eines Menschen nicht untergehen zu lassen, sondern zu sichern. Dabei gilt das Prinzip

der *Universalsukzession*: Der Erbe ist der Rechtsnachfolger des Erblassers hinsichtlich seines Vermögens als Ganzes (einschließlich der Verbindlichkeiten), nicht einzelner Gegenstände oder Ansprüche. Bei mehreren Erben wird der Nachlass gemeinschaftliches Vermögen der Erbengemeinschaft, an der jeder einzelne Miterbe seinen Anteil hat (§§ 2032 f. BGB).

I. Erbfolge

Die *gesetzliche* Erbfolge legt fest, wem und mit welchem Anteil das Vermögen des verstorbenen Eigentümers zufällt. Sie tritt nur ein, wenn der Erblasser nicht durch *Testament* oder *Erbvertrag* selbst festgelegt hat, wer erben soll. 349

Im gesetzlichen Erbrecht gilt das *Ordnungsprinzip*. Nach diesem Prinzip ist die Reihenfolge der Erben genau festgelegt. Gesetzliche Erben der ersten Ordnung sind die Abkömmlinge des Erblassers (§ 1924 I BGB), der zweiten Ordnung die Eltern des Erblassers und deren Abkömmlinge (§ 1925 I BGB), der dritten Ordnung die Großeltern und deren Abkömmlinge (§ 1926 I BGB) und der vierten Ordnung die Urgroßeltern und deren Abkömmlinge (§ 1928 I BGB). Daraus folgt: 350

Zuerst (*erste Ordnung*) erben die Kinder des Erblassers alle zu gleichen Teilen (§ 1924 I BGB). An die Stelle eines zur Zeit des Erbfalls nicht mehr lebenden Kindes treten dessen Kinder, also die Enkel des Erblassers. An die Stelle eines verstorbenen Enkels treten wiederum dessen Kinder, also die Urenkel des Erblassers (Erbfolge nach Stämmen, § 1924 III BGB). 351

War der Erblasser verheiratet, ist grundsätzlich auch der *Ehegatte* gesetzlicher Erbe und erhält nach § 1931 I 1 BGB neben den Erben der ersten Ordnung ein Viertel der Erbmasse (Ausnahmen vgl. § 1933 BGB). Zudem wird im Falle des Güterstands der Zugewinngemeinschaft (s. o. D.I.b.aa.) der *Ausgleich des Zugewinns* dadurch verwirklicht, dass sich der gesetzliche Erbteil des überlebenden Ehegatten (ein Viertel) um ein Viertel der Erbschaft erhöht; hierbei ist unerheblich, ob die Ehegatten im einzelnen Falle einen Zugewinn erzielt haben (§§ 1931 III, 1371 I BGB). 352

Die Eltern und deren Abkömmlinge erben (*zweite Ordnung*, § 1925 I BGB), wenn Abkömmlinge des Erblassers gänzlich fehlen. Lebt zur Zeit des Erbfalls der Vater oder die Mutter nicht mehr, so treten an die Stelle des verstorbenen Elternteils dessen Abkömmlinge nach den für die Beerbung 353 in der ersten Ordnung geltenden Vorschriften. Sind Abkömmlinge nicht vorhanden, so erbt der überlebende Teil allein (§ 1925 III BGB). Neben Verwandten der zweiten Ordnung ist allerdings der überlebende *Ehegatte* des Erblassers zur Hälfte als gesetzlicher Erbe berufen (§ 1931 I 1 BGB), und gegebenenfalls tritt noch die Erhöhung um ein Viertel nach § 1371 I BGB hinzu. Sind weder Verwandte der ersten noch der zweiten Ordnung (noch Großeltern) vorhanden, so erhält der überlebende Ehegatte die ganze Erbschaft (§ 1931 II BGB).

II. Verfügung von Todes wegen

1. Testament

354 Der Erblasser hat vor seinem Tod die Möglichkeit, in einem Testament die Erbfolge frei zu bestimmen, d. h. auch abweichend von der gesetzlichen Erbfolge (Testierfreiheit). Das ist ihm auch grundrechtlich garantiert (Art. 14 I GG).

355 Aufgrund der Wichtigkeit des Testaments gelten dabei aber strenge Formvorschriften (§ 2064 BGB). Es gibt mehrere Arten, ein gültiges Testament zu verfassen. Das sog. *öffentliche Testament* wird von einem Notar abgefasst (§ 2232 BGB). Ein sog. *Nottestament* kann beispielsweise vor dem Bürgermeister, vor drei Zeugen oder auf See abgefasst werden (§§ 2249 ff. BGB). Der Erblasser kann in diesen Fällen seinen letzten Willen mündlich erklären. Das sog. *eigenhändige Testament* wird hingegen allein vom Erblasser verfasst. Es muss handschriftlich abgefasst und unterschrieben werden (§ 2247 BGB) und kann in besondere amtliche Verwahrung gegeben werden (§ 2248 BGB). Das Verfassen eines eigenhändigen Testaments ist nur bei Volljährigkeit möglich.

356 Der Erblasser kann sein Testament jederzeit ganz oder teilweise widerrufen, allerdings wiederum nur unter Beachtung besonderer Formerfordernisse (§§ 2253 ff. BGB).

2. Gemeinschaftliches Testament

357 Ehegatten können ein Testament auch gemeinschaftlich errichten. Dabei ist es ausreichend, wenn ein Ehegatte das Testament handschriftlich abfasst und der andere lediglich mitunterschreibt (§§ 2265, 2267 BGB). Haben die Ehegatten in einem gemeinschaftlichen Testament Verfügungen getroffen,

von denen anzunehmen ist, dass die Verfügung des einen nicht ohne die Verfügung des anderen getroffen sein würde, so hat die Nichtigkeit oder der Widerruf der einen Verfügung die Unwirksamkeit der anderen zur Folge (§ 2270 I BGB).

3. Erbvertrag

Der Erbvertrag (§§ 1941, 2274 ff. BGB) ist neben dem Testament die zweite Möglichkeit, durch Verfügung von Todes wegen Regelungen über den Verbleib des eigenen oder gemeinschaftlichen Vermögens nach dem Tod zu treffen und von der gesetzlichen Erbfolge abzuweichen. 358

Der Erbvertrag muss durch den Erblasser höchstpersönlich und bei gleichzeitiger Anwesenheit aller Vertragspartner vor einem Notar geschlossen werden (§ 2276 I BGB). Der Erbvertrag setzt neben der Testierfähigkeit gemäß § 2275 I BGB auch unbeschränkte Geschäftsfähigkeit voraus. Andere Verfügungen als Erbeinsetzungen, Vermächtnisse und Auflagen können in einem Erbvertrag nicht getroffen werden (§ 2278 II BGB). Daneben kann der Erblasser auch andere letztwillige Verfügungen treffen, die durch ein Testament getroffen werden können. 359

Im Unterschied zum Testament bindet sich der Erblasser beim Erbvertrag gegenüber seinem Vertragspartner. Während die Person, die in einem Testament bedacht wurde, einen Widerruf des Testaments nicht verhindern kann, erlangt der Erbe beim Erbvertrag eine gesicherte Position in Gestalt einer *Anwartschaft*. Der Erbvertrag kann aber angefochten werden (§§ 2281 ff. BGB). Ein Erbvertrag sowie eine einzelne vertragsmäßige Verfügung kann schließlich durch Vertrag von den Personen aufgehoben werden, die den Erbvertrag geschlossen haben (§ 2290 I BGB). Unter bestimmten Voraussetzungen ist auch ein Rücktritt möglich (§§ 2293 ff. BGB). 360

III. Inhalte einer Verfügung von Todes wegen

1. Abweichungen von der gesetzlichen Erbfolge

Mit der *Erbeinsetzung* gemäß § 1937 BGB ist es dem Erblasser möglich, bestimmten Personen sein Vermögen vollständig oder zu Bruchteilen zu überlassen. Zugleich kann er einen Verwandten, den Ehegatten oder den Lebenspartner von der gesetzlichen Erbfolge ausschließen (*Enterbung*, § 1938 BGB). Auch kann er für den Fall, dass ein Erbe wegfallen sollte, 361 einen *Ersatzerben* nach §§ 2096 f. BGB bestimmen, um die gesetzliche Erbfolge nicht eintreten zu lassen.

362 Der Erblasser kann schließlich auch einen Erben derart bestimmen, dass dieser erst Erbe (*Nacherbe*) wird, nachdem zunächst eine andere Person (*Vorerbe*) geerbt hat (§ 2100 BGB). Der Nacherbe hat ein Anwartschaftsrecht auf die Nacherbschaft. Mit dem Eintritt der Nacherbfolge hört der Vorerbe auf, Erbe zu sein, und die Erbschaft fällt dem Nacherben an (§ 2139 BGB).

2. Einzelzuwendungen

363 Vom Erblasser kann in einem Testament ein *Vermächtnis* (§§ 1939, 2147–2191 BGB) angeordnet werden. Der Vermächtnisnehmer erhält damit nur einen Anspruch auf einen bestimmten Vermögensgegenstand aus dem Nachlass, ohne dass er die Stellung eines Erben hat. Der Vermächtnisnehmer kann daher von den Erben die Herausgabe des vermachten Vermögensteils verlangen (§§ 1939, 2147 f., 2174 BGB).

364 Darüber hinaus hat der Erblasser die Möglichkeit, durch Testament den Erben oder Vermächtnisnehmer zu einer Leistung, wie die Grabpflege, im Wege der *Auflage* zu bestimmen (§§ 1940, 2192 f. BGB). Einem Dritten wird dadurch aber kein Recht auf diese Leistung zugewendet (§ 1940 BGB).

IV. Pflichtteilsregelung

365 Eingeschränkt wird die Testierfreiheit durch die Pflichtteilsregelung. Sie garantiert den nächsten Familienangehörigen, bei der Erbschaft berücksichtigt zu werden, unabhängig davon, ob sie der Erblasser in seinem Testament bedacht hat oder nicht. Einen Pflichtteilsanspruch haben nur die Abkömmlinge, der Ehegatte und die Eltern des Erblassers (§ 2303 I, II BGB). Der Pflichtteil besteht in der Hälfte des Wertes des gesetzlichen Erbteils (§ 2303 I 2 BGB).

V. Rechtslage der Erben

366 Eine Erbschaft ist für den Erben nicht unbedingt und immer nur von Vorteil. Die Erben gehen durch die Annahme einer Erbschaft das Risiko ein, mit ihrem eigenen Vermögen und dem Nachlass für offene Verbindlichkeiten des Erblassers als Gesamtschuldner haften zu müssen (§ 2058 BGB). Dass die Schulden dem Erben bei Annahme der Erbschaft nicht bekannt waren, ist unerheblich. Zudem fallen bei einer Erbschaft in Deutschland hohe Steuern

an. Insbesondere das Erben von Immobilien und großem Vermögen ist mit großen Abgaben zu Gunsten des Staates verbunden.

Der Erbe kann die Erbschaft daher annehmen oder ausschlagen, sobald 367 der Erbfall eingetreten ist (§ 1946 BGB). Der Erbe erwirbt die Erbschaft zum Zeitpunkt des Erbfalls ohne Wissen und Wollen unmittelbar kraft Gesetzes. Aus diesem Grund hat der Erbe ein Ausschlagungsrecht, um sich gegen eine ungewollte Erbschaft wehren zu können. Der Erbe kann die Erbschaft aber nicht mehr ausschlagen, wenn er sie angenommen hat oder wenn die für die Ausschlagung vorgeschriebene Frist verstrichen ist; mit dem Ablauf der Frist gilt die Erbschaft als angenommen (§ 1943 BGB). Von dem Ausschlagungsrecht muss binnen sechs Wochen nach Kenntniserlangung von der Erbschaft Gebrauch gemacht werden (§ 1944 I BGB).

Ist die Annahme oder die Ausschlagung anfechtbar, so kann die Anfech- 368 tung nur binnen sechs Wochen erfolgen (§ 1954 I BGB). Die Anfechtung der Annahme gilt als Ausschlagung, die Anfechtung der Ausschlagung gilt als Annahme (§ 1957 I BGB).

F. Arbeitsrecht

Das (private) Arbeitsrecht regelt das Verhältnis von Arbeitgeber und Arbeit- 369 nehmer. Die Problematik besteht dabei regelmäßig in der wirtschaftlichen Abhängigkeit des Arbeitnehmers. Das Arbeitsrecht soll dazu dienen, den Arbeitnehmer in diesem Machtgefälle zu schützen (Schutzprinzip).

I. Struktur

Im Arbeitsrecht wird zwischen *Individualarbeitsrecht* und *Kollektivar-* 370 *beitsrecht* unterschieden. Während sich das eine mit dem Verhältnis von Arbeitnehmer und Arbeitgeber befasst, regelt das andere das Recht der Verbände, zu denen sich jeweils die Arbeitnehmer und die Arbeitgeber zusammenschließen können.

Das Arbeitsrecht ist nicht in einem überschaubaren Arbeitsgesetzbuch 371 zusammengefasst, es findet sich in zahlreichen Einzelgesetzen, die sich auf bestimmte Bereiche des Arbeitsrechts beziehen. In vielen Bereichen des Arbeitsrechts gibt es gar keine speziellen gesetzlichen Regelungen. In diesen Fällen wird direkt auf die Grundrechte und Wertvorstellungen der Verfassung zurückgegriffen, um eine arbeitsrechtliche Materie auszugestalten.

Auch spielt im Arbeitsrecht ausnahmsweise die Beurteilung der Richter eine große Rolle. Diese Methode ist in England und den USA üblich, deren Rechtssysteme großen Teils auf Case Law und nicht auf festgeschriebenen gesetzlichen Regeln basieren. In Deutschland jedoch gehen grundsätzlich gesetzliche Regelungen richterlicher Beurteilung vor.

372 Vom privaten Arbeitsrecht ist das *öffentliche Dienstrecht* zu unterscheiden, das die Arbeitsverhältnisse der Beschäftigten im öffentlichen Dienst, also der Beamten und der Arbeiter und Angestellten bei staatlichen Einrichtungen regelt. Arbeitgeber (sog. Dienstherr) ist hier der Staat (Bund, Land), eine Kommune oder eine sonstige Körperschaft oder Anstalt des Öffentlichen Rechts.

II. Individualarbeitsrecht

1. Arbeiter und Angestellte

373 Im Arbeitsrecht wird zwischen Arbeitern und Angestellten unterschieden. *Arbeiter* sind alle Arbeitnehmer, die nicht Angestellte sind. Sie verrichten in erster Linie körperliche Arbeiten. *Angestellte* sind Arbeitnehmer, die überwiegend geistige, also kaufmännische, verwaltungsmäßige, büromäßige, höhere technische oder sonst gehobene Tätigkeiten oder höhere Dienste verrichten.

2. Arbeitsverhältnis

374 Arbeitsverhältnisse sind vertragliche Schuldverhältnisse. Grundsätzlich gilt bei deren Abschluss die dem Privatrecht zugrunde liegende Vertragsfreiheit. Der Arbeitsvertrag ist ein *Dienstvertrag* (s. o. B.IV.5.). Hauptleistungspflicht des Arbeitnehmers ist es daher, seine Arbeitskraft bestmöglich einzusetzen; ein bestimmter Erfolg seiner Arbeit ist nicht geschuldet. Außerdem muss er den Anweisungen des Arbeitgebers Folge leisten. Hauptleistungspflicht des Arbeitgebers ist die Entlohnung.

375 Neben diesen Hauptleistungspflichten bestehen im Arbeitsverhältnis, wie in jedem Schuldverhältnis auch, gegenseitige Rücksichtnahmepflichten. Diese verbieten es dem Arbeitnehmer, mit seinem Arbeitgeber geschäftlich in Wettbewerb zu treten oder Dienstgeheimnisse zu verraten.

376 Beendet wird das Arbeitsverhältnis durch eine ordentliche Kündigung, wobei besondere Fristen eingehalten werden müssen. Aus bestimmten Gründen

und unter bestimmten Voraussetzungen kann auch eine außerordentliche Kündigung (ohne Einhaltung einer Kündigungsfrist) ausgesprochen werden. Zu einer Kündigung seitens des Arbeitgebers berechtigt beispielsweise ein Fehlverhalten des Arbeitnehmers, aber auch eine finanzielle Notlage des Unternehmens.

3. Staatliche Reglementierungen

Die Vertragsfreiheit wird durch einige gesetzliche Verbote eingeschränkt. Durch sie soll der Arbeitsmarkt reglementiert werden, um eine grundrechtskonforme Beschäftigung der Arbeitnehmer zu garantieren. Nach diesen gesetzlichen Vorschriften sind beispielsweise Kinderarbeit und Schwarzarbeit verboten. Oder: Ausländer, die nicht aus dem EU-Ausland stammen, müssen eine Arbeitserlaubnis (§ 39 AufenthG) haben, um beschäftigt zu werden. 377

Auch die *Arbeitszeiten* sind gesetzlich beschränkt. Das Arbeitszeitgesetz für Arbeitgeber und Arbeitnehmer begrenzt die höchstzulässige tägliche Arbeitszeit und setzt Mindestruhepausen während der Arbeitszeit sowie die Arbeitsruhe an Sonn- und Feiertagen fest. Ferner enthält das Arbeitszeitgesetz Schutzvorschriften zur Nachtarbeit. 378

Nach dem Entgeltfortzahlungsgesetz hat der Arbeitnehmer Anspruch gegen den Arbeitgeber auf *Entgeltfortzahlung* im Krankheitsfall (§ 3 I EFZG). Das Arbeitsverhältnis muss aber seit mindestens vier Wochen ununterbrochen bestehen (§ 3 III EFZG). Den Arbeitnehmer darf allerdings an der Arbeitsunfähigkeit kein Verschulden treffen, wobei hier nur ein „grober Verstoß" gemeint ist. Der Anspruch auf Entgeltfortzahlung besteht für insgesamt sechs Wochen (§ 3 I EFZG). Der Arbeitnehmer hat die Arbeitsunfähigkeit gemäß § 5 I EFZG unverzüglich mitzuteilen. Bei einer Erkrankung von mehr als drei Kalendertagen ist außerdem ein ärztliches Attest vorzulegen. Kommt der Arbeitnehmer dieser Verpflichtung nicht nach, so besteht ein vorübergehendes Leistungsverweigerungsrecht des Arbeitgebers. Die Höhe der Lohnfortzahlung entspricht gemäß § 4 I EFZG der vollen Höhe des Arbeitsentgelts. Anspruch auf Entgeltfortzahlung haben nicht nur vollzeitbeschäftigte Arbeitnehmer, sondern auch Teilzeitkräfte. 379

Der *Kündigungsschutz* für Arbeitnehmer ist im Kündigungsschutzgesetz geregelt. Um das Gesetz im Einzelfall anwenden zu können, muss allerdings 380 der Betrieb in der Regel mehr als zehn Arbeitnehmer beschäftigen (*Kleinbetriebsklausel*, § 23 I KSchG) und das Arbeitsverhältnis muss länger als sechs Monate bestehen (§ 1 I KSchG). Nach § 1 II KSchG gibt es für eine Kündigung drei Gründe: die personenbedingte, die verhaltensbedingte und betriebsbedingte Kündigung. Bei der *personenbedingten Kündigung* liegen die Gründe für die Auflösung des Arbeitsverhältnisses in der Person des Arbeitnehmers (lange Krankheit, Arbeitsunfähigkeit), den in der Regel kein Verschulden trifft. Bei der *verhaltensbedingten Kündigung* ist der Grund für die Kündigung ein Fehlverhalten des Arbeitnehmers (Diebstahl, regelmäßiges Zuspätkommen, Fernbleiben ohne Entschuldigung), das dem Arbeitgeber die Fortsetzung des Arbeitsverhältnisses unzumutbar macht. Die verhaltensbedingte Kündigung kann als fristlose oder außerordentliche Kündigung (ohne Einhaltung einer Kündigungsfrist) ausgesprochen werden. Außer in Fällen gravierenden Fehlverhaltens hat vorher eine Abmahnung zu erfolgen. Von einer *betrieblich bedingten Kündigung* spricht man, wenn betriebliche Gründe (Umsatzeinbußen, Umstrukturierung des Unternehmens) dazu führen, Arbeitnehmern zu kündigen. Bei betrieblich bedingten Gründen ist gemäß § 1 III KSchG zu beachten, dass von mehreren vergleichbaren Arbeitnehmern zunächst den Arbeitnehmern gekündigt wird, die am wenigsten von der Kündigung betroffen werden. Die Kündigung ist sozial ungerechtfertigt, wenn der Arbeitgeber bei der Auswahl des Arbeitnehmers die Dauer der Betriebszugehörigkeit, das Lebensalter, die Unterhaltspflichten und die Schwerbehinderung des Arbeitnehmers nicht oder nicht ausreichend berücksichtigt hat; auf Verlangen des Arbeitnehmers hat der Arbeitgeber dem Arbeitnehmer die Gründe anzugeben, die zu der getroffenen sozialen Auswahl geführt haben.

III. Kollektives Arbeitsrecht

1. Tarifparteien

381 In Deutschland wird das Arbeitsrecht durch die sog. Tarifparteien geprägt. Auf Grundlage von Art. 9 III GG, wonach es jedermann gestattet ist, Vereinigungen zu bilden, die sich für die Förderung und Wahrung guter Arbeitsbedingungen einsetzen, haben sich große (privatrechtliche) Arbeitnehmerverbände (Gewerkschaften) und Arbeitgeberverbände gebildet. Sie beeinflussen die Gestaltung der Arbeitsverhältnisse erheblich und

bestimmen maßgeblich die Aushandlung von Löhnen, Urlaubszeiten und Kündigungsregelungen. Denn die Arbeitnehmer- und Arbeitgeberverbände schließen die Tarifverträge zur Regelung dieser Bereiche ab. Die Tarifverträge gelten zwar grundsätzlich nur zwischen den Vertragsparteien, können jedoch auch allgemeine Gültigkeit erlangen.

2. Arbeitskampf

Zur Durchsetzung ihrer Interessen steht sowohl den Arbeitnehmern als auch den Arbeitgebern das Recht (Art. 9 III GG) zu, in den sog. Arbeitskampf zu treten. Arbeitnehmer können durch Streik kollektiven Druck ausüben, Arbeitgebern steht das Mittel der Aussperrung zur Verfügung. Dies gilt natürlich nicht unbegrenzt, sondern muss dem Verhältnismäßigkeitsgrundsatz genügen. Danach müssen zunächst Verhandlungen geführt werden, bevor der Arbeitskampf aufgenommen werden darf. 382

Unter einem *Streik* versteht man die Verweigerung der vertraglich vereinbarten Arbeitsleistungen. Streiks sind nur rechtmäßig, wenn sie unter gewerkschaftlicher Autorisierung geführt werden, sonst sind sie als „wilde Streiks" unzulässig. Während des Streiks ruht das Arbeitsverhältnis, die Beschäftigten müssen keine Arbeitsleistungen erbringen, die Arbeitgeber für die Dauer des Streiks kein Arbeitsentgelt bezahlen. Gewerkschaftlich organisierte Arbeitnehmer erhalten von den Gewerkschaften für die Dauer der Streikteilnahme eine finanzielle Streikunterstützung. 383

Während die Arbeitnehmer in den Streik treten können, steht den Arbeitgebern im Arbeitskampf im Rahmen der Chancengleichheit das Mittel der *Aussperrung* zur Verfügung. Als Aussperrung bezeichnet man die vorübergehende Freistellung von Arbeitnehmern von der Arbeitspflicht durch einen Arbeitgeber in einem Arbeitskampf. Verfügt der Arbeitgeber eine Aussperrung, dann ist der Arbeitnehmer nicht mehr verpflichtet, seine Arbeitsleistung zu erbringen, und der Arbeitgeber muss den Lohn nicht mehr bezahlen. Die Aussperrung als Antwort der Arbeitgeberseite auf einen Streik nennt man *Abwehraussperrung*. Sie soll die Kosten des Streiks für die Gewerkschaften erhöhen, da diese dann mehr Streikgelder bezahlen müssen. Neben der Abwehraussperrung gibt es theoretisch auch die *Angriffsaussperrung*, in der die Arbeitgeberverbände versuchen, ihrerseits tarifvertragliche Änderungen zu erzwingen. 384

3. Mitbestimmung

385 Zum kollektiven Arbeitsrecht gehört in Deutschland auch das *Mitbestimmungsrecht* der Arbeitnehmer. Gegenstand der betrieblichen Mitbestimmung sind Fragen der Betriebsordnung, der Gestaltung der Arbeitsplätze, der Arbeitsabläufe und der Arbeitsumgebung. Die betriebliche Mitbestimmung ist im Betriebsverfassungsgesetz geregelt. Dort werden beispielsweise Informations-, Anhörungs-, und Mitwirkungsrechte der Arbeitnehmervertretung geregelt, aber auch Rechte für einzelne Arbeitnehmer.

386 Das Organ der betrieblichen Mitbestimmung ist der von den Arbeitnehmern gewählte *Betriebsrat* (§§ 1, 7–41 BetrVerfG). Aufgabe des Betriebsrats ist es, die Interessen der Arbeitnehmer zu vertreten. Der Betriebsrat hat bei betriebsbezogenen Entscheidungen (Entlassung von Mitarbeitern, Arbeitszeiten, Produktionsfragen usw.) ein Mitspracherecht im Unternehmen (§§ 74–113 BetrVerfG). Auch werden in der Regel Gesellschaftsorgane des Unternehmens, wie Aufsichtsrat und Vorstand, mit Vertretern der Arbeitnehmer besetzt.

G. Handelsrecht

I. Sonderrecht der Kaufleute

387 Das Handelsrecht enthält das Sonderrecht der Kaufleute. Kaufleute sind Personen, die gewerbsmäßig Geschäfte tätigen, eine Ware einkaufen oder verkaufen, um beim Verkauf einen finanziellen Gewinn zu erzielen.

388 Das Handelsgesetzbuch (HGB) trägt den Bedürfnissen des Handelsverkehrs Rechnung. Da ein Kaufmann in der Regel geschäftserfahren ist, bedarf er nicht des gleichen Schutzes wie ein normaler Bürger. Die Regelungen des Handelsgesetzbuchs dienen auch der Beschleunigung des Geschäftsverkehrs.

II. Kaufmann

389 Kaufmann im Sinne dieses Gesetzbuchs ist, wer ein Handelsgewerbe betreibt (§ 1 HGB, sog. *Vollkaufmann*). Ein *Handelsgewerbe* ist jeder Gewerbebetrieb, der nach Art oder Umfang einen in kaufmännischer Weise eingerichteten Geschäftsbetrieb erfordert (§ 1 II HGB); damit sind etwas größere Unternehmen gemeint. Solche Gewerbebetriebe sind in das Handelsregister (s. u. IV.) einzutragen (§ 29 HGB). Kleinere Unternehmen mit

einem Gewerbe, das nicht den Umfang nach § 1 II HGB hat, erhalten gemäß § 2 HGB die Eigenschaft als Kaufmann (sog. *Kannkaufmann*), wenn sie von dem Unternehmer (freiwillig) in das Handelsregister eingetragen werden. Umgekehrt gilt: Ist eine Firma im Handelsregister eingetragen, kann sich der Gewerbebetreibende nicht darauf berufen, dass sein Gewerbe kein Handelsgewerbe sei (sog. *Fiktivkaufmann*, § 5 HGB). Wer zudem durch zurechenbares Verhalten den Anschein erweckt, Kaufmann zu sein, obwohl er gerade nicht die rechtlichen Voraussetzungen der Kaufmannseigenschaft aufweist, muss sich grundsätzlich durch diese Rechtsscheinsetzung wie ein Kaufmann behandeln lassen (sog. *Scheinkaufmann*).

III. Handelsgeschäft

Handelsgeschäfte (§§ 343 ff. HGB) sind alle Geschäfte eines Kaufmanns, 390 die zum Betrieb seines Handelsgewerbes (Gewerbebetrieb), also nicht zum privaten Bereich gehören. Es muss immer mindestens ein Kaufmann an dem Rechtsgeschäft beteiligt sein.

Für Handelsgeschäfte gelten wichtige Besonderheiten neben den allge- 391 meinen Bestimmungen des BGB. Zum Beispiel gilt das Schweigen auf ein Angebot eines Geschäftspartners als Annahme, es bedarf insofern also keiner ausdrücklichen Willenserklärung (§ 362 I 1 HS 2 HGB). Außerdem kann ein Käufer auch dann gutgläubig erwerben, wenn er weiß, dass der kaufmännische Veräußerer nicht der Eigentümer der Sache ist. Dies ist der Fall, wenn der Käufer glaubt, dass der Veräußerer aufgrund einer Erlaubnis des Eigentümers verfügen darf (§ 366 I HGB). Im BGB reicht dieser Glaube nicht aus, der Käufer muss vielmehr an die Eigentümerstellung des Veräußerers glauben.

IV. Handelsfirma und Handelsregister

Jeder Kaufmann ist in Deutschland dazu verpflichtet, eine Firma zu führen. 392 Die *Firma* ist der Name, unter dem der Kaufmann seine Handelsgeschäfte betreibt und seine Unterschrift abgibt (§ 17 I HGB). Unter dieser Firma kann er klagen, aber auch verklagt werden (§ 17 II HGB), und diese Firma ist das, was in das Handelsregister eingetragen wird.

Das *Handelsregister* ist ein öffentliches Verzeichnis, das Eintragungen 393 über die angemeldeten Kaufleute in einer bestimmten Region führt. In der

Regel enthält der Eintrag im Handelsregister Informationen über die Firma, den Sitz, Niederlassung und Zweigniederlassungen, den Gegenstand des Unternehmens, vertretungsberechtigte Personen, die Rechtsform des Unternehmens sowie das Grund- oder Stammkapital. Der Eintrag erfüllt wichtige Funktionen für den Handelsverkehr. Jedermann kann in das Register Einsicht nehmen und sich so über den Kaufmann informieren, mit dem er Geschäfte machen will. Ist eine Tatsache im Handelsregister eingetragen und bekanntgemacht worden, so muss ein Dritter diese Tatsache gegen sich gelten lassen (§ 15 II HGB). Solange eine in das Handelsregister einzutragende Tatsache nicht eingetragen und bekanntgemacht ist, kann sie von demjenigen, in dessen Angelegenheiten sie einzutragen war, einem Dritten nicht entgegengesetzt werden. Eine Ausnahme gilt nur dann, wenn sie dem Dritten bekannt war (§ 15 I HGB).

V. Kaufmännische Vollmacht

394 Aus praktischen Gründen kann ein Kaufmann einem anderen eine Vollmacht erteilen, damit er für ihn im Gewerbe tätig werden kann. Dabei sind zwei kaufmännische Vollmachten zu unterscheiden.

395 Einerseits kann eine *Handlungsvollmacht* erteilt werden, die dazu ermächtigt, alle gewöhnlichen Geschäfte und Rechtshandlungen, die das Handelsgewerbe betreffen, vorzunehmen (§§ 54 ff. HGB). Diese Bevollmächtigung ähnelt der Stellvertretung im BGB (s. o. A.VI.2.). Andererseits kann aber auch eine *Prokura* (§§ 48 ff. HGB) erteilt werden, die weit über die Handlungsvollmacht hinausgeht. Diese erlaubt, alle gerichtlichen und außergerichtlichen Geschäfte und Rechtshandlungen eines Handelsgewerbes auszuführen (§ 49 HGB). Eine Beschränkung des Umfangs der Prokura ist Dritten gegenüber unwirksam (§ 50 I HGB). Wegen des besonderen Umfangs der Prokura kann sie nur vom Inhaber des Handelsgeschäfts oder seinem gesetzlichen Vertreter ausdrücklich erteilt (§ 48 I HGB) sowie jederzeit widerrufen werden (§ 52 I HGB).

H. Gesellschaftsrecht

396 Das Gesellschaftsrecht regelt das Recht der privaten Personenvereinigungen. Dabei bedeutet privat, dass die Vereinigungen nicht öffentlich-rechtlich, sondern privatrechtlich strukturiert sind. Die Vereinigungen unterteilen

sich in Körperschaften (Vereine) und Personengesellschaften. Alle gesellschaftsrechtlichen Vereinigungen werden zur Erreichung eines bestimmten gemeinsamen Zwecks durch ein Rechtsgeschäft (Gesellschaftsvertrag) oder Satzung gegründet und haben meist den Betrieb eines wirtschaftlichen Unternehmens zum Gegenstand. Es gibt aber auch ideelle Vereinigungsziele. Das Recht zur Gründung und zur Betätigung solcher Vereinigungen und Gesellschaften ist auch verfassungsrechtlich gewährleistet (Art. 9 I, 2 I GG).

In Deutschland gibt es eine Vielzahl von derartigen Gesellschaften. Jede Gesellschaftsform versucht auf andere Weise, den Bedürfnissen der Gesellschaftsgründer (Gesellschafter) und der Schutzbedürftigkeit des Dritten gerecht zu werden, der der Gesellschaft als Vertragspartner gegenüber steht. Für die Gesellschafter ist es von Interesse, möglichst unkompliziert eine Gesellschaft gründen zu können und wirtschaftlich kein zu großes Risiko einzugehen. Die Gläubiger auf der Gegenseite möchten hingegen abgesichert sein, falls die Gesellschaft zahlungsunfähig wird, bevor sie ihre Verbindlichkeiten erfüllt hat. 397

I. Gesellschaftsformen

Die Gesellschafter können frei wählen, welche Vereinigungsart zur Erreichung 398 des Zwecks ihres Zusammenschlusses am besten geeignet ist (*Freiheit der Rechtsformwahl*). Allerdings müssen sie sich für eine der vom Gesellschaftsrecht zugelassenen Rechtsformen entscheiden; eigene neue Gesellschaftsformen zu gründen, ist unzulässig (*numerus clausus der Vereinigungsformen*). Dadurch sollen Dritte, die mit der Vereinigung Verträge abschließen, geschützt werden. Dritte sollen wissen, wie die Vereinigung rechtlich organisiert ist und wer für die Gesellschaftsverbindlichkeiten haftet.

II. Personen- und Kapitalgesellschaften

1. Differenzierung

Es wird zwischen Personengesellschaften und Kapitalgesellschaften unterschieden. Der wichtigste Unterschied zwischen beiden besteht darin, dass bei der Gründung einer *Personengesellschaft* kein neues Rechtssubjekt geschaffen wird. Die Gesellschafter selbst bleiben Rechtsträger des gemeinschaftlichen Gesellschaftsvermögens und handeln im Rechtsverkehr namens 399 der Gesellschaft für diese. Die Personengesellschaft ist also keine eigenständige juristische Person. Bei der Gründung einer *Kapitalgesellschaft* hingegen entsteht als neues Rechtsgebilde eine juristische Person. Sie nimmt am Rechtsverkehr unabhängig von den Gesellschaftern mittels ihres Vorstands oder ihrer Geschäftsführers kraft eigener Rechtssubjektivität teil.

400   Bei *Personengesellschaften* stehen die Personen, die die Gesellschafter sind, im Vordergrund. Die Gesellschaft hängt von deren persönlichen Einsatz ab, da sie eben nicht unabhängig von ihnen besteht. Sie stellen ihre Arbeitskraft, ihr Know-how, ihre Kreditfähigkeit oder ähnliches zur Verfügung. Die *Kapitalgesellschaften* basieren hauptsächlich auf der Bereitstellung von finanziellem Kapital durch die Gesellschafter.

401   Die gesellschaftsrechtlichen Regelungen unterscheiden zwischen Innen- und Außenverhältnis. Das *Innenverhältnis* betrifft die Struktur der Gesellschaft und die Beziehung der Gesellschafter untereinander. Das *Außenverhältnis* betrifft die Beziehungen der Gesellschaft gegenüber Dritten im Rechtsverkehr.

2. Personengesellschaft

402 Zu den Personengesellschaften gehören die Gesellschaft bürgerlichen Rechts, die Offene Handelsgesellschaft, die Kommanditgesellschaft und die Partnerschaftsgesellschaft.

a) Gesellschaft bürgerlichen Rechts

403 Die Gesellschaft bürgerlichen Rechts, geregelt im BGB, ist ein Zusammenschluss von mindestens zwei Personen durch einen Gesellschaftsvertrag zur Erreichung eines gemeinsamen Zwecks (§ 705 BGB). Die Gesellschafter verpflichten sich, den vereinbarten Zweck der Gesellschaft zu fördern. Zweck der GbR darf es nicht sein, ein Handelsgewerbe zu betreiben. Ansonsten darf sie jeden legalen Zweck verfolgen, der nach Ansicht der Gesellschafter gemeinsam leichter erreicht werden kann. Eine Gesellschaft bürgerlichen Rechts ist beispielsweise auch eine Fahrgemeinschaft unter Privatleuten.

aa) Rechtsfähigkeit

404 Ob die GbR selbst rechtsfähig ist, war lange Zeit umstritten, weil dies nicht gesetzlich festgelegt ist. Inzwischen ist anerkannt, dass die GbR, obwohl sie als Personengesellschaft keine eigene Rechtssubjektivität hat, einige Rechte

und Pflichten besitzt. Sie selbst (nicht die Gesellschafter als rechtsfähige Personen) kann deshalb auch klagen und verklagt werden.

bb) Geschäftsführung

Im Verhältnis unter den Gesellschaftern (Innenverhältnis) gilt der Grundsatz der Gesamtgeschäftsführungsbefugnis. Die Gesellschafter beschließen gemäß § 709 I BGB jede Maßnahme zur Umsetzung des Gesellschaftszwecks gemeinsam. Allerdings können die Gesellschafter sich auch im Gesellschaftsvertrag auf einen oder mehrere Gesellschafter als Geschäftsführer einigen (Privatautonomie) (§ 710 BGB). 405

cc) Vertretung

Auch bei Vertretung der Gesellschaft gegenüber Dritten (Außenverhältnis) gilt der Grundsatz der Gesamtvertretungsbefugnis, sodass nur alle Gesellschafter zusammen eine für die Gesellschaft wirksame Willenserklärung abgeben können (§ 709 I BGB). Wenn jedoch einem Gesellschafter die Geschäftsführung innerhalb der Gesellschaft anvertraut wurde, so kann dieser die Gesellschaft im Zweifel auch allein nach außen vertreten (§ 714 BGB). 406

dd) Vermögen

Das Vermögen der Gesellschaft, das sie durch Beiträge ihrer Gesellschafter erlangt oder selbst erwirtschaftet, stellt ein sog. Gesamthandvermögen dar. Es gehört also allen Gesellschaftern anteilslos gemeinsam und ist von deren jeweiligem Privatvermögen strikt zu trennen. Der einzelne Gesellschafter kann über das Gesellschaftsvermögen nicht allein verfügen, auch nicht über seinen rechnerischen Anteil. Diese Regelung des § 719 I BGB ist unabdingbar, das heißt die Gesellschafter können sie nicht im Gesellschaftsvertrag verändern oder abschaffen. 407

ee) Haftung

Für Verpflichtungen der GbR gegenüber Dritten haftet diese mit dem Gesellschaftsvermögen (§ 718 BGB). Da sie aber kein eigenes Rechtssubjekt ist, sondern durch ihre Gesellschafter rechtserheblich handelt, haften auch alle Gesellschafter persönlich (§ 128 HGB analog) und unmittelbar für alle rechtsgeschäftlichen Verbindlichkeiten der Gesellschaft und zwar als Gesamtschuldner. Darin liegt für die Gesellschafter der Nachteil der GbR. 408

Allerdings ist die Gründung der GbR an keine finanziellen Mindesteinlagen geknüpft, die den Gesellschaftsgläubigern als Haftungsmasse zur Verfügung steht. Die Gesellschaftsgläubiger werden dadurch geschützt, dass sie auch auf das Privatvermögen der Gesellschafter zurückgreifen können (§ 739 BGB).

b) Offene Handelsgesellschaft

409 Eine Gesellschaft, deren Zweck auf den Betrieb eines Handelsgewerbes unter gemeinschaftlicher Firma gerichtet ist, ist eine Offene Handelsgesellschaft, wenn bei keinem der Gesellschafter die Haftung gegenüber den Gesellschaftsgläubigern beschränkt ist (§ 105 I HGB). Die OHG stellt das handelsrechtliche Sondermodell der GbR dar. Die entscheidenden Unterschiede zur GbR sind im Handelsgesetzbuch festgeschrieben. So ist es, anders als bei der GbR, gerade der Zweck einer OHG, ein Handelsgewerbe zu betreiben. Zur Gründung einer OHG bedarf es zwar, wie bei der GbR, eines Gesellschaftsvertrages, allerdings muss die OHG auch in das Handelsregister eingetragen werden, um für Dritte als Teilnehmer am Handelsverkehr erkennbar zu sein. Darin müssen auch die Gesellschafter namentlich verzeichnet werden (§ 106 HGB).

aa) Rechtsfähigkeit

410 Eine OHG kann gemäß § 124 I HGB unter ihrer Firma selbst Verbindlichkeiten eingehen und klagen. Eine juristische Person ist sie aber als Personengesellschaft trotzdem nicht.

bb) Geschäftsführung

411 Das Rechtsverhältnis der Gesellschafter untereinander richtet sich zunächst nach dem Gesellschaftsvertrag (§ 109 HS 1 HGB). Zur Führung der Geschäfte der Gesellschaft sind alle Gesellschafter berechtigt und verpflichtet (§ 114 I HGB). Ist im Gesellschaftsvertrag die Geschäftsführung einem Gesellschafter oder mehreren Gesellschaftern übertragen, so sind die übrigen Gesellschafter von der Geschäftsführung ausgeschlossen (§ 114 II HGB). Steht die Geschäftsführung hingegen allen oder mehreren Gesellschaftern zu, so ist jeder von ihnen allein zu handeln berechtigt; widerspricht jedoch ein anderer geschäftsführender Gesellschafter der Vornahme einer Handlung, so muss diese unterbleiben (§ 115 I HGB). Die Befugnis zur

Geschäftsführung erstreckt sich auf alle Handlungen, die der gewöhnliche Betrieb des Handelsgewerbes der Gesellschaft mit sich bringt (§ 116 I HGB).

cc) Vertretung

Zur Vertretung der Gesellschaft ist jeder Gesellschafter ermächtigt, wenn er nicht durch den Gesellschaftsvertrag von der Vertretung ausgeschlossen ist (§ 125 I HGB). Im Gesellschaftsvertrag kann bestimmt werden, dass alle oder mehrere Gesellschafter nur in Gemeinschaft zur Vertretung der Gesellschaft ermächtigt sein sollen (Gesamtvertretung, § 125 II 1 HGB). 412

dd) Haftung

Die Gesellschaft haftet gemäß § 124 HGB mit ihrem Gesellschaftsvermögen, und die Gesellschafter haften für die Verbindlichkeiten der Gesellschaft den Gläubigern als Gesamtschuldner persönlich. Eine entgegenstehende Vereinbarung ist Dritten gegenüber unwirksam (§ 128 HGB). Der Gläubiger hat damit ein Wahlrecht, ob er gegen die Gesellschaft oder die Gesellschafter vorgehen möchte. 413

c) Kommanditgesellschaft

Die Kommanditgesellschaft (§ 161 I HGB), deren Zweck es ebenfalls ist, ein Handelsgewerbe zu betreiben, unterscheidet sich von der OHG im Wesentlichen dadurch, dass die Haftung für Verbindlichkeiten der KG nicht alle Gesellschafter in gleicher Weise trifft. 414

aa) Haftung

Während der Komplementär, wie der Gesellschafter einer OHG, voll haftet (§§ 161 II, 128 HGB), haftet der Kommanditist grundsätzlich nur beschränkt bis zur Höhe seiner gesellschaftsvertraglich festgelegten Haftsumme. Er haftet nicht mit seinem gesamten Privatvermögen, sondern nur mit dem Anteil, den er in die Gesellschaft investiert hat (§ 161 I HGB). Dafür ist er aber von der Geschäftsführung ausgeschlossen und kann die Kommanditgesellschaft nicht im Rechtsverkehr vertreten (§ 170 HGB). Auf diese Weise können sich die Komplementäre ein größeres Einlagekapital für ihre Gesellschaft verschaffen, ohne in ihrem Handlungsspielraum eingeschränkt zu sein, während die Kommanditisten, ohne ein allzu großes 415

Risiko einzugehen, Gewinn erzielen können. Wer Kommanditist ist, muss sich allerdings für Dritte aus dem Handelsregister ergeben (§ 162 HGB).

bb) GmbH & Co. KG

416 Die GmbH & Co. KG ist eine Sonderform der Kommanditgesellschaft und somit auch eine Personengesellschaft. Anders als bei einer typischen KG ist der persönlich und unbegrenzt haftende Gesellschafter (Komplementär) keine natürliche Person, sondern eine GmbH (s. u. 3.a.). Auf diese Weise sollen Haftungsrisiken für die hinter der Gesellschaft stehenden Personen begrenzt werden.

3. Kapitalgesellschaft

417 Kapitalgesellschaften sind vor allem die Gesellschaft mit beschränkter Haftung und die Aktiengesellschaft.

a) Gesellschaft mit beschränkter Haftung
aa) Gründung

418 Die GmbH ist eine Kapitalgesellschaft und wird durch einen Gesellschaftsvertrag gegründet. Dieser bedarf der notariellen Beurkundung. Grundsätzlich bedarf es zur Gründung mehrerer Gesellschafter, allerdings ist es auch möglich, eine sog. Einmanngesellschaft zu gründen. Zur Gründung muss die GmbH in das Handelsregister eingetragen werden (§ 10 GmbHG). Eine GmbH kann nur gegründet werden, wenn die Gesellschafter schon im Voraus mindestens 25.000 € als Stammkapital der Gesellschaft einzahlen (§ 5 I GmbHG). Diese Einlage kann der Gesellschaft nicht wieder durch ihre Gesellschafter entzogen werden (Einlagerückgewährverbot); sie dient den Gläubigern der Gesellschaft als Haftungsmasse, während die Gesellschafter für die Schulden der Gesellschaft grundsätzlich nicht persönlich haften.

419 In Deutschland ist die GmbH die beliebteste Gesellschaftsform, um ein Unternehmen zu gründen, weil durch die beschränkte Haftung kein unkontrollierbares Risiko eingegangen wird und die notwendige Kapitaleinlage von 25.000 € bei einem guten Geschäftsmodell durch einen Kredit finanziert werden kann. Eine Gesellschaft, die hingegen mit einem niedrigeren Stammkapital gegründet wird, muss die Bezeichnung „Unternehmergesellschaft (haftungsbeschränkt)" oder „UG (haftungsbeschränkt)" führen.

bb) Rechtsfähigkeit

Die GmbH ist eine juristische Person. Sie hat unabhängig von ihren Gesell- 420
schaftern eine eigene Rechtspersönlichkeit (§ 13 GmbHG).

cc) Organe

Die GmbH ist durch eine Gesellschafterversammlung (§ 48 GmbHG), einen 421
Aufsichtsrat (§ 52 GmbHG) und einen oder mehrere Geschäftsführer (§ 6
GmbHG) gesetzlich strukturiert.

Die Gesellschafterversammlung ist das oberste Beschlussorgan der 422
GmbH. In ihr sind alle Gesellschafter vertreten. Das Stimmgewicht der
Gesellschafter (§ 47 GmbHG) richtet sich dabei nach der Höhe des Beitrags,
den sie zum Stammkapital beigesteuert haben.

Der Aufsichtsrat setzt sich zu einem Drittel aus Vertretern der Arbeit- 423
nehmer und zu zwei Dritteln aus Arbeitgebervertretern zusammen. Ein
Aufsichtsrat ist allerdings erst ab einer Unternehmensgröße von 500 Arbeitnehmern verpflichtend. Übersteigt die Anzahl der Arbeitnehmer die 2000,
ist der Aufsichtsrat je zur Hälfte von Arbeitgebern und Arbeitnehmern zu
besetzen.

dd) Geschäftsführung

Zur Leitung der täglichen Geschäfte wird ein Geschäftsführer bestellt; 424
die Gesellschaft muss einen oder mehrere Geschäftsführer haben (§ 6
I GmbHG). Zu Geschäftsführern können Gesellschafter oder andere Personen bestellt werden. Die Bestellung erfolgt entweder im Gesellschaftsvertrag oder nach Maßgabe der Bestimmungen des dritten Abschnitts des
GmbH-Gesetzes (§ 6 III GmbHG). Die Geschäftsführung wird durch den
Aufsichtsrat überwacht.

ee) Vertretung

Die Gesellschaft wird durch die Geschäftsführer gerichtlich und außerge- 425
richtlich vertreten (§ 35 I 1 GmbHG). Hat eine Gesellschaft keinen Geschäftsführer (Führungslosigkeit), wird die Gesellschaft für den Fall, dass
ihr gegenüber Willenserklärungen abgegeben oder Schriftstücke zugestellt
werden, durch die Gesellschafter vertreten (§ 35 I 2 GmbHG). Für den Fall,
dass mehrere Geschäftsführer bestellt sind, sind sie alle nur gemeinschaftlich

zur Vertretung der Gesellschaft befugt, es sei denn, dass der Gesellschaftsvertrag etwas anderes bestimmt (§ 35 II 1 GmbHG).

ff) Haftung

426 Die Gesellschafter haften nicht persönlich für Verbindlichkeiten ihrer GmbH, sondern nur die Gesellschaft selbst haftet gemäß § 13 II GmbHG mit ihrem Gesellschaftsvermögen. Anders ist es nur dann, wenn bereits vor der Eintragung in das Handelsregister im Namen der Gesellschaft gehandelt wurde (§ 11 II GmbHG). Auch im Übrigen haften die Gesellschafter nur in Ausnahmefällen (Vermögensvermischung, bewusste Haftungsfreistellung des Gesellschafters zum Nachteil der Gläubiger) persönlich, unbeschränkt und gesamtschuldnerisch mit ihrem gesamten Privatvermögen für Verbindlichkeiten der Gesellschaft (sog. *Durchgriffshaftung*).

427 Gegenüber der Gesellschaft sind die Geschäftsführer zum Ersatz von Zahlungen verpflichtet, die nach Eintritt der Zahlungsunfähigkeit der Gesellschaft oder nach Feststellung ihrer Überschuldung geleistet werden (§ 64 S. 1 GmbHG). Auch haften die Geschäftsführer, die ihre Pflichten verletzen, der Gesellschaft als Gesamtschuldner für den dadurch entstandenen Schaden (§ 43 II GmbHG).

b) Aktiengesellschaft

aa) Gründung

428 Die Aktiengesellschaft wird ebenfalls durch notariell beurkundeten Gesellschaftsvertrag zwischen mehreren natürlichen oder juristischen Personen gegründet (§§ 23–53 AktG). Auch ist es möglich, als Einzelner eine Aktiengesellschaft zu gründen (§ 42 AktG).

429 Zur Gründung einer Aktiengesellschaft bedarf es wie bei der GmbH eines Grundkapitals, es beläuft sich bei der Aktiengesellschaft auf mindestens 50.000 € (§ 7 AktG). Dieses Kapital wird in einzelne Aktien zerlegt, die die Gesellschafter dann als Aktionäre übernehmen. Es wird dabei zwischen Nennwertaktien und Stückaktien unterschieden. Die Nennwertaktien haben einen bestimmten Geldwert von mindestens einem Euro, die Stückaktien dagegen umfassen einen bestimmten Prozentsatz des Stammkapitals, das sich im Laufe der Zeit erhöhen oder herabsetzen kann. Mit diesen Aktien kann gehandelt werden, sodass die Gesellschafter ständig wechseln und nicht festgelegt sind (sog. Streubesitz). Durch den Erwerb von Aktien

erlangt der Aktionär Stimmrecht in der Hauptversammlung und ein Recht auf Gewinnbeteiligung.

bb) Organe

Die Aktiengesellschaft hat drei Organe. Das ist zunächst die Hauptversammlung (§§ 118–149 AktG), an der alle Aktionäre teilnehmen. In der Hauptversammlung machen die Aktionäre ihr Stimmrecht geltend, dessen Gewicht von der Anzahl ihrer Aktien abhängt. Die Hauptversammlung entscheidet jährlich über die Verwendung des Bilanzgewinns. Sie wählt den Aufsichtsrat und entscheidet über Grundlagengeschäfte und die Auflösung der Gesellschaft. Weitere Maßnahmen, die den Gesellschaftern vorbehalten bleiben, sind durch § 119 AktG vorgegeben. Er zählt die Zuständigkeiten der Hauptversammlung auf. Zur Zuständigkeit der Hauptversammlung gehören beispielsweise auch Satzungsänderungen und Maßnahmen der Kapitalbeschaffung. Allerdings kann die Hauptversammlung nicht dem Vorstand als leitendem Organ die Führung der Geschäfte der Gesellschaft vorschreiben. Vielmehr leitet dieser das Unternehmen in eigener Verantwortung (§ 76 I AktG). 430

Der Vorstand (§§ 76–94 AktG) besteht aus mehreren Mitgliedern, die nicht notwendig Aktionäre der Gesellschaft sein müssen (sog. Drittorganschaft). Sie werden durch einen schuldrechtlichen Vertrag, in der Regel einen Dienstvertrag, auf drei Jahre angestellt. 431

Überwacht wird der Vorstand vom Aufsichtsrat (§§ 95–116 AktG). Er bestellt die Mitglieder des Vorstandes und vertritt die Interessen der Gesellschaft gegenüber dem Vorstand. Der Aufsichtsrat einer mitbestimmten Aktiengesellschaft besteht zu gleichen Teilen aus Vertretern der Anteilseigner und der Arbeitnehmer des Unternehmens, wobei seine Mitgliederzahl von der Höhe des Grundkapitals abhängt und auf 21 begrenzt ist. Diese Aufsichtsratsmitglieder werden alle vier Jahre neu von der Hauptversammlung gewählt. 432

cc) Geschäftsführung und Vertretung

Besteht der Vorstand aus mehreren Personen, so sind sämtliche Vorstandsmitglieder nur gemeinschaftlich zur Geschäftsführung befugt (§ 77 AktG). Der Vorstand vertritt die Gesellschaft gerichtlich und außergerichtlich. Hat eine Gesellschaft keinen Vorstand (Führungslosigkeit), wird die Gesellschaft durch den Aufsichtsrat vertreten (§ 78 I AktG). 433

dd) Haftung

434 Wie bei der GmbH, so dient auch bei der AG das Stammkapital, das von den Gesellschaftern zur Gründung aufgebracht werden muss, dem Schutz der Gesellschaftsgläubiger. Dafür ist ihre persönliche Haftung für Schulden der Gesellschaft beschränkt. Für Verbindlichkeiten haftet nur die AG selbst mit ihrem Gesellschaftsvermögen.

435 Jedes Vorstandsmitglied haftet aber der Gesellschaft gegenüber gemäß § 93 AktG persönlich für Schäden, die es der Gesellschaft aufgrund einer schuldhaften Pflichtverletzung (z. B. Verletzung der Sorgfaltspflichten eines ordentlichen und gewissenhaften Geschäftsleiters) zugefügt hat.

III. Verein

436 Eine weitere Form der Personenvereinigung in Deutschland ist der Verein.

1. Gründung

437 Der Verein ist grundsätzlich nicht auf einen wirtschaftlichen Geschäftsbetrieb gerichtet (sog. nicht wirtschaftlicher Verein). Häufigste Erscheinungsform von Vereinen in Deutschland sind deshalb Sportvereine, Kunst- und Wohltätigkeitsvereine. Daneben gibt es aber noch den wirtschaftlichen Verein (§ 22 BGB), dem die Rechtsfähigkeit staatlich verliehen werden muss und der als Rechtsform nur gewählt werden darf, wenn keine andere Vereinigungsform passt (Subsidiarität).

2. Rechtsfähigkeit

438 Die Vereine erlangen Rechtspersönlichkeit als juristische Person durch Eintragung in das Vereinsregister (§ 21 BGB).

3. Organe

439 Die Mitgliederversammlung stellt das Hauptorgan eines Vereins dar. Sie ist für alle Angelegenheiten des Vereins verantwortlich. Der Vorstand wird von den Mitgliedern gewählt und vertritt den Verein gerichtlich und außergerichtlich. Er hat die Stellung eines gesetzlichen Vertreters (§ 26 II 1 BGB).

4. Mitglieder

Wer einem Verein beitritt, hat als Mitglied Mitverwaltungsrechte. Insbesondere hat jedes Mitglied das Recht, an der Mitgliederversammlung teilzunehmen und dort sein Stimmrecht auszuüben (§ 32 BGB). Die weiteren Mitgliedsrechte ergeben sich für den jeweiligen Verein aus seiner Satzung. 440

Der Verein ist aber unabhängig von seinen Mitgliedern. Wechsel, Austritte oder Eintritte von Mitgliedern berühren seinen Bestand nicht. Auch insofern ist der Verein der Prototyp einer juristischen Person. Die Mitgliedschaft ist aber nicht übertragbar und nicht vererblich. Auch kann die Ausübung der Mitgliedschaftsrechte einem anderen überlassen werden (§ 38 BGB). 441

5. Haftung

Die Haftung des Vereins ist in § 31 BGB geregelt. Der Verein ist für jeden Schaden verantwortlich, den der Vorstand oder ein Vorstandsmitglied bei der Ausführung der ihm vom Verein übertragenen Aufgaben verursacht. Der Verein haftet dann als juristische Person mit seinem Vereinsvermögen, die Mitglieder sind davon nicht betroffen. 442

IV. Genossenschaft

Die Genossenschaft kann als eine Mischung aus Kapitalgesellschaft (insbesondere der AG) und Verein betrachtet werden. 443

1. Gründung

Genossenschaften sind Gesellschaften, deren Zweck darauf gerichtet ist, den Erwerb oder die Wirtschaft ihrer Mitglieder oder deren soziale oder kulturelle Belange durch gemeinschaftlichen Geschäftsbetrieb zu fördern (§ 1 I GenG). Besonderes kennzeichnend für eine Genossenschaft ist, dass deren Mitglieder zugleich die Kunden des genossenschaftlichen Unternehmens sind (*Identitätsprinzip*). 444

Eine Genossenschaft muss aus mindestens drei Mitgliedern bestehen (§ 4 GenG). Die Genossenschaft ist in das Genossenschaftsregister des zuständigen Amtsgerichts (Registergericht) einzutragen. Sie muss über eine Satzung mit dem gesetzlich vorgeschriebenen Mindestinhalt verfügen (§§ 6 ff. GenG). 445

446 In der Satzung kann ein Mindestkapital der Genossenschaft bestimmt werden. Es darf durch die Auszahlung des Auseinandersetzungsguthabens von Mitgliedern, die ausgeschieden sind oder einzelne Geschäftsanteile gekündigt haben, nicht unterschritten werden (§ 8a I GenG). Ausscheidende Mitglieder erhalten nur ihr Geschäftsguthaben ausgezahlt. Auf die Rücklagen der Genossenschaft haben sie grundsätzlich keinen Anspruch (§ 73 II GenG).

2. Rechtsfähigkeit

447 Die eingetragene Genossenschaft ist eine juristische Person und kraft Rechtsform Kaufmann (§ 17 GenG).

3. Organe

448 Eine Genossenschaft hat eine Generalversammlung (§ 43 GenG), einen Vorstand (§§ 9 S. 1, 24 GenG) und einen Aufsichtsrat (§§ 9 S. 1, 36 GenG). Es müssen mindestens zwei Vorstandsmitglieder (§ 24 II GenG) und drei Aufsichtsratsmitglieder (§ 36 I GenG) gewählt werden. Bei Genossenschaften mit nicht mehr als 20 Mitgliedern kann durch Bestimmung in der Satzung auf einen Aufsichtsrat verzichtet werden. In diesem Fall nimmt die Generalversammlung die Rechte und Pflichten des Aufsichtsrats wahr, soweit in diesem Gesetz nichts anderes bestimmt ist (§ 9 GenG). Die Generalversammlung beschließt mit der Mehrheit der abgegebenen Stimmen (einfache Stimmenmehrheit), soweit nicht Gesetz oder Satzung eine größere Mehrheit oder weitere Erfordernisse bestimmen (§ 43 II 1 GenG). Jedes Mitglied hat eine Stimme (§ 43 III 1 GenG), sofern nicht die Satzung etwas anders bestimmt.

4. Geschäftsführung und Vertretung

449 Zu den Aufgaben des Vorstands gehört die eigenverantwortliche Leitung der Genossenschaft, also die Geschäftsführung nach innen und die Vertretung nach außen. Hat eine Genossenschaft keinen Vorstand (Führungslosigkeit), wird die Genossenschaft durch den Aufsichtsrat vertreten (§ 24 I 2 GenG). Die Mitglieder des Vorstands sind nur gemeinschaftlich zur Vertretung der Genossenschaft befugt. Die Satzung kann Abweichendes bestimmen (§ 25 I 1 GenG).

5. Haftung

Für die Verbindlichkeiten der Genossenschaft haftet den Gläubigern nur das Vermögen der Genossenschaft (§ 2 GenG). Die Mitglieder der Genossenschaft haften also nicht mit ihrem gezeichneten Anteil. Die Satzung der Genossenschaft kann jedoch bestimmen, dass im Falle einer Insolvenz Nachschusspflichten der Mitglieder bestehen.

450

3. Teil: Strafrecht

A. Allgemeiner Teil

Für ein geordnetes Zusammenleben in der Gesellschaft ist der Schutz der 451
Rechtsgüter (Leben, Gesundheit, Eigentum) unerlässlich. Das ist die Aufgabe des Strafrechts. Dennoch ist das Strafrecht ultima ratio, letztes Mittel, welches erst zur Anwendung kommen darf, wenn andere Konfliktlösungsmöglichkeiten zum Rechtsgüterschutz nicht ausreichend sind.

Das Strafrecht ist ein Teil des Öffentlichen Rechts, denn es regelt 452
Rechtsbeziehungen zwischen Staat und Bürger, die staatliche Strafen zum Gegenstand haben. Meist wird es jedoch aufgrund seiner besonderen Regelungsmaterie als eigenständiges Rechtsgebiet angesehen, zumal es älter als das sonstige öffentliche Recht ist.

Das Strafrecht bestimmt die Voraussetzungen und die Rechtsfolgen eines 453
mit staatlicher Strafe bedrohten Verhaltens. Die Strafbestimmungen sind im Strafgesetzbuch, aber auch in strafrechtlichen Nebengesetzen (Völkerstrafgesetzbuch, Betäubungsmittelgesetz, Wirtschaftsstrafgesetz) enthalten. Das Strafgesetzbuch gliedert sich in zwei Teile; zum einen in einen Allgemeinen Teil (§§ 1–79b StGB), der für alle Straftaten allgemeine Regelungen enthält, und zum anderen in den Besonderen Teil (§§ 80–358 StGB), der die einzelnen Straftatbestände beinhaltet.

Die Straftaten werden in Deutschland unterteilt in Verbrechen und Ver- 454
gehen. Verbrechen stellen rechtswidrige Taten dar, die im Mindestmaß mit einer Freiheitsstrafe von einem Jahr bedroht sind (§ 12 I StGB). Dagegen sind Vergehen rechtswidrige Taten, die nach dem Gesetz mit einer geringeren Freiheitsstrafe als einem Jahr oder mit Geldstrafe bestraft werden (§ 12 II StGB).

I. Prinzipien des Strafrechts

Das *Gesetzlichkeitsprinzip* des Art. 103 II GG besagt, dass eine Tat nur 455
bestraft werden darf, wenn die Strafbarkeit gesetzlich bestimmt war, bevor die Tat begangen wurde. Dies dient dem Schutz des Adressaten, der auf diese Weise Kenntnis hat, welche Gebote und Verbote es in Deutschland

gibt. Ebenso gilt: Für die Begehung einer Straftat gibt es keine Strafe, die nicht gesetzlich verankert ist (vgl. § 1 StGB).

456 Aus dem Gesetzlichkeitsprinzip lassen sich noch weitere Grundsätze ableiten: Um Rechtssicherheit zu gewähren, muss jedes strafbare Verhalten genau bestimmt sein (*Bestimmtheitsgebot*). Das Gebot, dass die Strafbarkeit bestimmt sein muss, richtet sich auch an den Rechtsanwender, etwa den Strafrichter. Eine Erweiterung des Straftatbestandes über den Wortsinn hinaus und zu Lasten des Täters ist unzulässig. Auch eine rückwirkende Strafbegründung oder Strafverschärfung ist nicht zulässig. Wenn das Gesetz ein Handeln zur Zeit der Tat nicht bestraft, darf diese konkrete Handlung auch nach später eingeführter gesetzlicher Regelung nicht zu einer Bestrafung führen (*Rückwirkungsverbot*).

457 Zudem gilt das Verbot analoger Rechtsanwendung. Liegt offenkundig eine Strafbarkeitslücke vor, weil eine als „strafwürdig" einzustufende Handlung nicht direkt einen gesetzlichen Tatbestand erfüllt, so darf der Richter den Handelnden auch dann nicht bestrafen, wenn die Handlung der in einer Strafnorm tatbestandlich erfassten Handlung sehr ähnelt (*Analogieverbot*). Regelungslücken im Strafrecht gehen damit zu Lasten des staatlichen Strafanspruchs. Das Verbot der entsprechenden Rechtsanwendung gilt aber grundsätzlich nur für den Bereich des materiellen Strafrechts. Keinen Verstoß gegen das Analogieverbot stellen ferner Analogien zugunsten des Beklagten dar, wie Rechtfertigungs- oder Schuldausschließungsgründe. Das Analogieverbot wird aus dem Grundsatz „keine Strafe ohne Gesetz" abgeleitet, welcher in Art. 103 II GG bzw. § 1 StGB verankert ist.

II. Wesen der Straftat

458 Eine Straftat setzt sich aus drei Elementen zusammen: Tatbestand, Rechtswidrigkeit und Schuld.

459 Strafbarkeit setzt immer voraus, dass eine Handlung, also menschliches Verhalten, vorliegt. Ein Handeln stellt ein Tun oder Unterlassen (§ 13 StGB) dar. Zum Beispiel kann ein Täter eine Person erschlagen (*aktives Tun*) oder einer durch einen Sturz schwer verletzten Person keine Hilfe leisten (*Unterlassen*). Unter eine Handlung fällt kein Verhalten, welches vom Menschen nicht willentlich gesteuert wurde, wie Reflexbewegungen oder Körperbewegungen im Schlaf.

Eine Handlung ist nur strafbar, wenn sie einen in einem Strafgesetz abs- 460
trakt beschriebenen Tatbestand (z. B. Totschlag) erfüllt und zugleich rechtswidrig sowie schuldhaft ist. Ein Unterlassen ist zudem grundsätzlich nur dann strafbar, wenn das Gesetz die Vornahme einer bestimmten Handlung ausdrücklich vorschreibt (sog. Unterlassungsdelikte).

Im Folgenden soll mit Hilfe eines *Fallbeispiels* auf die einzelnen Elemente 461
einer Straftat näher eingegangen werden.

Die zwei Studenten X und Y geraten am Bahnhof in einen Streit um das 462
entzückende Mädchen Z. Als dabei X erfährt, dass Y und Z schon einmal miteinander geschlafen haben, gerät er völlig außer sich. Aus seiner Wut heraus schlägt X dem Y mit der Faust ins Gesicht, wobei dieser eine Platzwunde davon trägt.

1. Tatbestand

Eine Straftat setzt sich aus dem objektiven und dem subjektiven Tatbestand 463
zusammen. Der objektive Tatbestand hat ausschließlich das Verhalten des Täters, den Schaden des Opfers und die Kausalität zwischen Verhalten und Schaden zum Thema. Dagegen berücksichtigt der subjektive Tatbestand, ob der Täter das Verhalten auch wirklich gewollt hat.

a) Objektiver Tatbestand

aa) Tatbestandsvoraussetzungen

An dem Fallbeispiel: X hat objektiv den Tatbestand einer Körperverletzung 464
nach § 223 I StGB begangen, indem er durch den Faustschlag den Y in seiner Gesundheit (Platzwunde) geschädigt hat.

bb) Kausalität

(1) Äquivalenztheorie

Allerdings müsste der Faustschlag des X auch kausal für die Körperver- 465
letzung gewesen sein. Nach der Äquivalenztheorie ist jede Handlung kausal, die nicht hinweggedacht werden kann, ohne dass der konkrete Erfolg entfiele. Hätte X seinen Kommilitonen nicht geschlagen, wäre auch keine Platzwunde entstanden.

(2) Objektive Zurechnung

466 Die Weite der Kausalität macht jedoch eine Eingrenzung der Zurechnung erforderlich. Denn sonst wäre auch die Geburt des X durch seine Mutter kausal für die Körperverletzung. Denn hätte sie ihn nicht geboren, hätte X den Y nie ins Gesicht schlagen können. Um eine solche Ausuferung des Kausalitätsbegriffs zu vermeiden, schränkt die Lehre der objektiven Zurechnung den Tatbestand wieder ein. Diese verlangt nämlich für den zurechenbaren Erfolg, dass der Täter eine rechtlich missbilligte Gefahr geschaffen hat. Dies ist durch die Geburt des Kindes definitiv nicht der Fall. In dem Faustschlag von X ist aber eine rechtlich missbilligte Gefahr zu sehen. Der objektive Tatbestand ist in unserem Beispielfall geben.

b) Subjektiver Tatbestand

aa) Elemente des Vorsatzes

467 Ein menschliches Verhalten reicht für eine Bestrafung nicht aus. Die Handlung muss auch mit Vorsatz (§ 15 StGB), das heißt mit Wissen und Wollen des Tatbestandes begangen worden sein. Dies setzt voraus, dass der Täter die rechtlich-soziale Bedeutung seiner Handlung zum Zeitpunkt der Tat (§ 16 StGB) erfasst hat. Es reicht dabei aus, dass X möglicherweise nicht die rechtlich zutreffende Bezeichnung für seine Straftat kannte, aber wusste, dass seine Handlung unrecht war.

468 Beim Vorsatz wird zwischen dem direkten Vorsatz (dolus directus) und dem bedingten Vorsatz (dolus eventualis) unterschieden. Bei *direktem Vorsatz* ist die Tatbestandsverwirklichung das Ziel, auf das es dem Täter ankommt. Ein *bedingter Vorsatz* liegt dagegen vor, wenn der Täter die Tatbestandsverwirklichung nicht ausdrücklich will, sondern sie nur für möglich hält, sie aber „billigend in Kauf nimmt". Im Fall ist sich X genauestens darüber im Klaren, dass er mit seinem Faustschlag den Y verletzen wird und er möchte dies auch. Insofern handelte er mit direktem Vorsatz. Direkter Vorsatz fehlt X jedoch, wenn er den Y, der, wie X weiß, an Asthma leidet, in einem Raum ohne Fenster einsperrt, um mit Z ein paar ruhige Stunden zu verbringen. Hierbei will X zwar nicht den Tod des Y herbeiführen, aber er nimmt den Tod billigend in Kauf, um mit Z ungestört zu sein.

469 Bei vielen Delikten reicht allerdings auch *fahrlässiges Handeln* aus, wenn es ausdrücklich gesetzlich bestimmt ist (z. B §§ 222, 227 StGB). Das bedeutet,

dass die im Verkehr erforderliche Sorgfalt nicht beachtet wurde und deshalb ein Schaden entstanden ist (s. u. IV.).

bb) Tatumstandsirrtümer

Wer einem Tatumstandsirrtum unterliegt, handelt gemäß § 16 I 1 StGB nicht 470 vorsätzlich. Dies ist der Fall, wenn jemand bei Begehung einer Tat einen Umstand nicht kennt, der zur Erfüllung eines Tatbestandes führt.

Nach § 176 I StGB wird bestraft, wer sexuelle Handlungen an einer Per- 471 *son unter 14 Jahren vornimmt. Y hat mit der 13-jährigen Z, die er aufgrund ihrer Aussage für 15 Jahre hielt, geschlafen. Y bleibt straflos, da er sich über einen Umstand geirrt hatte und weder vorsätzlich noch fahrlässig handelte.*

(1) Aberratio ictus (Fehlgehen des Schlages)

Eine Aberratio ictus liegt vor, wenn der Erfolg nicht bei dem vom Täter 472 gewollten Objekt eintritt, sondern aus Versehen bei einem anderen, nicht anvisierten und nicht gewollten Objekt.

X will Z erschießen, weil er nicht möchte, dass Y oder ein anderer jemals 473 *wieder mit ihr schläft. Z redet gerade mit ihrem Vater im Garten. X zielt auf Z, trifft aber versehentlich deren Vater tödlich.*

Die Behandlung dieses Irrtums ist nicht unbestritten. Manche sind der 474 Auffassung, dass es unbeachtlich sei, dass der Täter ein anderes als das anvisierte Objekt trifft, sofern es sich um gleichwertige Rechtsgüter handelt. Die Rechtsprechung verneint den Vorsatz in Bezug auf die getroffene Person, weil der Täter durch das Anvisieren seinen Tatbestandsvorsatz auf ein bestimmtes Objekt konkretisiert habe. Sie bestraft deshalb wegen eines versuchten Delikts sowie ggf. wegen eines fahrlässigen Delikts gegen die versehentlich getroffene Person. Demzufolge hat sich X bezüglich Z wegen versuchten Totschlags und in Hinblick auf ihren Vater wegen einer fahrlässigen Tötung strafbar gemacht.

(2) Error in persona (Irrtum über die Person)

Von dem aberratio ictus ist der error in persona abzugrenzen, bei dem über 475 die Identität einer Person oder eines Tatobjekts geirrt wird.

X will Z töten. Er lauert ihr in der Nacht im Garten auf. Er hält aber 476 *versehentlich deren Vater für Z, weil er die Gestalt im Dunkeln nicht richtig erkennen kann. Er schießt und verletzt dabei den Vater tödlich.*

477   Im Gegensatz zum aberratio ictus trifft er hier das Objekt, welches er anvisiert hatte. Sein Schuss geht gerade nicht fehl, sondern er täuscht sich über das Zielobjekt. Sein Vorsatz war dabei aber genau auf die konkrete Person bezogen, die X auch getroffen hat. Der error in persona wird als unbeachtlicher Motivirrtum gewertet, X wollte den Menschen vor sich töten und hat das Ziel, diese konkrete Person zu treffen, auch erreicht. Welche Vorstellung er dabei von der Identität dieser Gestalt hatte, ist unerheblich.

2. Rechtswidrigkeit

478   Es wäre ungerecht, jede Verletzung eines Rechtsguts vollumfänglich zu bestrafen, denn manchmal wird der Tatbestand einer Straftat nur deshalb erfüllt, weil sich der Täter beispielsweise selbst schützen will. Deshalb muss bei der Strafbarkeitsprüfung auch die Rechtswidrigkeit positiv festgestellt werden, das heißt, es darf kein Rechtfertigungsgrund für die Tat gegeben sein. Rechtfertigungsgründe können unter anderem die Notwehr, der rechtfertigende Notstand sowie die Einwilligung sein.

a) Notwehr

479   Dem Notwehrrecht (§ 32 StGB) liegen zwei Prinzipien zugrunde: zum einen das Selbstschutzprinzip und zum anderen das Rechtsbewährungsprinzip. Das *Selbstschutzprinzip* dient dem Angegriffenen, um seine eigenen Rechtsgüter selbst zu schützen. Das *Rechtsbewährungsprinzip* besagt, dass Recht gegen Unrecht verteidigt werden darf.

480   Eine Voraussetzung der Notwehr ist, dass eine Notwehrlage, also ein gegenwärtiger, rechtswidriger Angriff vorliegt. Erst dann darf man eine Notwehrhandlung vornehmen, aber nur gegen die Rechtsgüter des Angreifers und mit dem Willen, seine eigenen Rechtsgüter zu verteidigen (sog. *subjektives Rechtfertigungselement*). Ferner muss die Notwehrhandlung erforderlich sein. Das heißt, diese muss zur Abwehr des Angriffs geeignet sein und zudem das mildeste unter mehreren gleichermaßen wirksamen Verteidigungsmitteln darstellen. Ferner muss die Handlung geboten sein, das heißt, sie darf sich beispielsweise nicht gegen schuldlos Handelnde richten.

481   Im *Ausgangsfall* lag keine Notwehrlage vor, da Y den X vorher nicht angegriffen hat.

Anders wäre der Fall, wenn von X noch ein weiterer Angriff zu erwarten 482
wäre und daraufhin Y, der eine Pistole einstecken hat, auf ihn schießt, obwohl
er sich mit einem Schlag gegen den unterlegenen X hätte wehren können.
    Hier läge zwar eine Notwehrlage vor, der Schuss von Y wäre aber nicht 483
erforderlich, weil dieser nicht das mildeste Mittel darstellt. Schließlich hätte
er dem X auch einen Schlag versetzen können. Der lebensgefährliche Einsatz
einer Schusswaffe darf nur das letzte Verteidigungsmittel sein. Allerdings
muss auch berücksichtigt werden, dass die Flucht kein Verteidigungsmittel
darstellt, da Recht dem Unrecht nicht zu weichen braucht.

b) Rechtfertigender Notstand

Der rechtfertigende Notstand (§ 34 StGB) beruht auf dem *Interessenabwä-* 484
gungsprinzip. Die Rechtfertigung beruht darauf, dass das Interesse an der
Erhaltung eines Gutes das Interesse des durch den Eingriff beeinträchtigten
Gutes überwiegt. Wenn z.B. der Ehemann seine hochschwangere Frau mit
überhöhter Geschwindigkeit ohne Gefährdung anderer Verkehrsteilnehmer
in die Klinik fährt, ist der Gesundheit von Mutter und Kind Vorrang vor
den Verkehrsregeln zu gewähren.
    Für eine Notstandslage muss eine gegenwärtige Gefahr für ein geschütz- 485
tes Rechtsgut gegeben sein. Erst dann darf man eine Notstandshandlung
begehen, die wiederum zur Gefahrenabwehr geeignet sowie erforderlich
sein muss. Ferner muss das geschützte Interesse das beeinträchtigte Interesse überwiegen und der Handelnde muss mit Rettungswillen eingreifen,
also mit dem Ziel, eine Gefahr von sich oder anderen abzuwenden (sog.
subjektives Rechtfertigungselement).

c) Einwilligung

Y sagt zu X: „Du darfst mir ruhig einen Schlag verpassen, damit du dich 486
besser fühlst". Daraufhin holt X aus und schlägt ihn.
    Zwar stellt diese Handlung eine Körperverletzung dar, jedoch ist das Ver- 487
halten durch Einwilligung gerechtfertigt. Dies ist aber nur möglich, wenn über
das Rechtsgut verfügt werden darf und der Einwilligende dispositionsbefugt
ist. Der Einwilligende muss einsichtsfähig sowie urteilsfähig sein und darf keinem Willensmangel unterliegen. Nicht verfügen darf man über das Rechtsgut
Leben, sodass eine Tötung nie durch Einwilligung des Opfers gerechtfertigt
werden kann (§ 216 StGB). Wer aber eine *Körperverletzung mit Einwilligung*

der verletzten Person vornimmt, handelt nur dann rechtswidrig, wenn die Tat trotz der Einwilligung gegen die guten Sitten verstößt (§ 228 StGB).

3. Schuld

a) Schuldunfähigkeit

488 Ein Prinzip im Strafrecht lautet: „Keine Strafe ohne Schuld" (Art. 20 III GG, Art. 28 I GG, Art. 1 I GG, Art. 2 I GG). Ausschlaggebend ist, ob der Täter sein strafbares Verhalten hätte vermeiden können. Die Tat muss ihm nämlich gerade persönlich vorwerfbar sein.

489 Der Schuldvorwurf setzt voraus, dass die Person schuldfähig ist. Schuldunfähig ist, wer bei Begehung der Tat noch nicht 14 Jahre alt ist (§ 19 StGB). Ohne Schuld handelt, wer bei Begehung der Tat wegen einer krankhaften seelischen Störung, wegen einer tiefgreifenden Bewusstseinsstörung oder wegen Schwachsinns oder einer schweren anderen seelischen Abartigkeit unfähig ist, das Unrecht der Tat einzusehen oder nach dieser Einsicht zu handeln (§ 20 StGB). Auch Jugendliche von 14 bis 17 Jahren sind nur bedingt schuldfähig, denn sie müssen reif sowie einsichtsfähig genug sein, um das Unrecht ihrer Tat einzusehen und nach dieser Einsicht zu handeln (§§ 3, 1 II JGG).

490 Wenn der Richter die Schuldunfähigkeit feststellt, scheidet eine Strafe aus. Dem Richter ist es außerdem möglich, die Strafe gemäß § 49 I StGB zu mildern, wenn bei Begehung der Tat entweder die Einsichtsfähigkeit oder die Steuerungsfähigkeit aus biologischen Gründen (wie durch Krankheit, Drogen etc.) erheblich vermindert waren (§ 21 StGB).

b) Entschuldigungsgründe

491 Hat der schuldfähige Täter tatbestandsmäßig sowie rechtswidrig gehandelt, so ist ihm gleichwohl kein Schuldvorwurf zu machen, wenn er sich auf einen Entschuldigungsgrund berufen kann. Dies hat nicht wie bei den Rechtfertigungsgründen zur Folge, dass die Tat von der Rechtsordnung nicht mehr missbilligt wird, vielmehr kann dem Täter diese Tat trotz ihrer Qualifizierung als Unrecht nicht vorgeworfen werden.

aa) Überschreitung der Notwehr

492 Ein intensiver Notwehrexzess liegt vor, wenn der Täter die Grenzen des Erforderlichen überschreitet.

Y wird von X angegriffen. Anstatt sich mit einem Fausthieb oder derglei- 493
chen zu wehren, schießt er ihm aus Verwirrung und Furcht in den Kopf.

Hier hat Y nicht das mildeste, sondern ein über die zulässige Notwehr- 494
handlung hinausgehendes, Verteidigungsmittel gewählt. Dies kann aber
gemäß § 33 StGB entschuldigt werden, wenn der Täter in einer Notwehrlage
bei der Verteidigung das Maß des Erforderlichen aus Verwirrung, Furcht
oder Schrecken überschritten hat.

bb) Entschuldigender Notstand

In existenziellen Zwangslagen ist es unzumutbar, sich normgemäß und rich- 495
tig zu verhalten. Aus diesem Grunde ist der entschuldigende Notstand nach
§ 35 StGB entstanden.

X und Y sind in Seenot geraten, können sich aber auf ein Holzstück im 496
Wasser retten, welches allerdings nur eine Person tragen kann. X stößt
seinen Kommilitonen Y herunter, damit nicht beide ertrinken.

Damit eine Notstandslage vorliegt, muss eine gegenwärtige Gefahr für 497
Leib, Leben oder körperliche Bewegungsfreiheit des Täters, eines Angehörigen oder einer dem Täter nahestehenden Person gegeben sein. Dem Täter
muss die Gefahr bewusst sein und er muss mit dem Willen zur Gefahrenabwendung handeln. Dabei muss die Abwehrhandlung geeignet und zugleich
das relativ mildeste Mittel sein.

cc) Übergesetzlicher Notstand

Ein entschuldigend wirkender übergesetzlicher, d. h. nicht gesetzlich nor- 498
mierter Notstand liegt vor, wenn jede Handlung des Täters, egal wie er sich
entscheidet, eine rechtswidrige und nicht zu entschuldigende Tat darstellt.
Es muss eine gegenwärtige Gefahr für ein höchstbedeutsames Rechtsgut
vorliegen und die Handlung muss das letzte sowie einzig verfügbare Rettungsmittel sein. Erforderlich ist, dass der Täter aufgrund des Wissens der
Notstandslage aus schwerer Gewissensnot handelt. § 35 StGB ist nicht
anwendbar, wenn es sich nicht um eine Gefahr für Leib, Leben oder körperliche Bewegungsfreiheit des Täters, eines Angehörigen oder einer dem
Täter nahestehenden Person handelt.

Schwierige und umstrittene Beispielsfälle: Ein Bahnmitarbeiter leitet ei- 499
nen vollbesetzten Zug, der auf eine eingestürzte Brücke zurollt, auf ein Nebengleis, auf dem zwei Gleisarbeiter arbeiten. Er erkennt, dass die Insassen

sterben würden, wenn der Zug nicht umgeleitet wird, weiß aber, dass die Gleisarbeiter, die er nicht mehr warnen kann, sterben werden. Oder: Ein weiterer Fall wäre der Abschuss eines vollbesetzten, von Terroristen entführten Flugzeuges, das über einer Großstadt zum Absturz gebracht werden soll.

c) *Irrtümer*

aa) Verbotsirrtum

500 Vom Tatumstandsirrtum ist der Verbotsirrtum (§ 17 StGB) zu unterscheiden. Hier weiß nämlich der Täter, was er tatbestandlich tut, denkt aber irrig, es sei erlaubt.

501 *Y schläft mit der 13-jährigen Z. Dabei weiß er aber nicht, dass sein Vorgehen strafrechtlich verboten ist (§ 176 I StGB).*

502 Abhängig von der Vermeidbarkeit des Irrtums mindert sich der Schuldvorwurf nach § 17 S. 2 StGB. Nur wenn sich ausnahmsweise herausstellt, dass ein Verbotsirrtum für den Täter unvermeidbar war, liegt ein schuldloses Handeln vor, welches nicht unter Strafe gestellt werden kann (§ 17 S. 1 StGB).

bb) Irrtum über Rechtfertigungsgründe

(1) Erlaubnisirrtum

503 Vom Erlaubnisirrtum spricht man, wenn der Täter die rechtlichen Grenzen eines anerkannten Rechtfertigungsgrundes verkennt oder an das Bestehen eines Rechtfertigungsgrundes glaubt, welchen es gar nicht gibt.

504 *Y wird von X ins Gesicht geschlagen. Y geht davon aus, dass er sich nun mit Hilfe jedes beliebigen Verteidigungsmittels wehren darf.*

505 Hier weiß Y, dass man eine andere Person nicht verletzen darf. Jedoch glaubt er, dass er sich nun im Rahmen der Notwehr mit jedem Verteidigungsmittel, sogar einem Schuss, wehren darf, obwohl nur das mildeste Verteidigungsmittel zulässig ist. Wiederum führt nur die Unvermeidbarkeit des Irrtums zum Strafausschluss.

(2) Erlaubnistatbestandsirrtum

506 Dagegen liegt ein Erlaubnistatbestandsirrtum vor, wenn jemand über die tatsächlichen Voraussetzungen eines anerkannten Rechtfertigungsgrundes irrt.

507 *X geht nach Hause. Auf dem Weg kommt ihm Y entgegen. Dabei bekommt es X mit der Angst zu tun, weil er irrtümlich glaubt, Y möchte ihn angreifen. X schlägt Y deswegen nieder, obwohl Y sich nur entschuldigen wollte.*

In diesem Fall weiß X, was er rechtlich im Rahmen der Notwehr darf und 508
nicht darf. Er irrt aber über den wahren Sachverhalt, der ihn aber nicht zu
einer Notwehrhandlung berechtigt. Überaus umstritten ist, wie dieser Irrtum
zu bewerten ist. Die überwiegende Ansicht lässt den Vorsatzschuldvorwurf
gemäß § 16 StGB analog entfallen und damit die Schuld.

III. Unterlassen

1. Echte Unterlassungsdelikte

Echte Unterlassungsdelikte sind Tatbestände, die nur durch ein Unterlas- 509
sen verwirklicht werden können (Unterlassene Hilfeleistung, § 323c StGB,
Nichtanzeige geplanter Straftaten, 138 StGB).

2. Unechte Unterlassungsdelikte

In § 13 StGB wird zudem das Unterlassen dem Handeln gleichgestellt. Wer es 510
unterlässt, einen Erfolg abzuwenden, der zum Tatbestand eines Strafgesetzes
gehört, ist nach diesem Gesetz strafbar, wenn er rechtlich dafür einzustehen
hat, dass der Erfolg nicht eintritt, und wenn das Unterlassen der Verwirklichung des gesetzlichen Tatbestandes durch ein Tun entspricht (§ 13 StGB).

Im Rahmen des objektiven Tatbestands hat beim Unterlassungsdelikt aber 511
eine Abgrenzung des positiven Tuns vom Unterlassen zu erfolgen. Die Abgrenzung ist umstritten. Grundsätzlich führt jede gewillkürte Körperbewe-
gung zur Annahme einer aktiven Handlung. Ansonsten kommt es darauf an,
ob der Schwerpunkt der Vorwerfbarkeit im Tun oder im Unterlassen liegt.

Ein Unterlassen ist für einen Erfolg nur dann ursächlich, wenn die ob- 512
jektiv gebotene Handlung nicht hinzugedacht werden kann, ohne dass der
konkret eingetretene Erfolg mit an Sicherheit grenzender Wahrscheinlichkeit entfiele (sog. *hypothetische Kausalität*), und wenn der Erfolg dem Täter
objektiv zurechenbar ist.

Nach § 13 I StGB muss der Täter zudem rechtlich dafür einzustehen haben, 513
dass der Erfolg nicht eintritt. Das ist der Fall, wenn der Täter eine *Garantenstellung* zur Vermeidung des eingetretenen Erfolges hat. Es gibt Garantenstellungen, die daraus entstehen, dass eine Person verpflichtet ist, Gefahren von
bestimmten vertrauten Personen (Ehepartner, Kinder, Gefahrengemeinschaft)
abzuwehren (*Beschützergarant*), sowie Garantenstellungen, die daraus entstehen, dass eine Person Gefahren, die von einer bestimmten Gefahrenquelle

ausgehen (schadensnahes rechtswidriges Vorverhalten, Beherrschung von Gefahrenquellen), abschirmen soll (*Überwachergarant*). Rechtlich gefordert werden kann aber nur, was dem Normadressaten in der Gefahrensituation physisch-real möglich ist. Des Weiteren muss nach der *Entsprechungsklausel* „das Unterlassen der Verwirklichung des gesetzlichen Tatbestandes entsprechen" (§ 13 I StGB).

514 Im subjektiven Tatbestand werden der Vorsatz hinsichtlich des objektiven Tatbestandes und die Kenntnis über die Tatsachen, die die Garantenstellung begründen, gefordert. Der Täter müsste zudem rechtswidrig und schuldhaft gehandelt haben.

IV. Fahrlässigkeit

515 Das Strafrecht sieht eine Strafbarkeit für fahrlässiges Handeln nach § 15 StGB nur vor, wenn dieses ausdrücklich mit Strafe bedroht wird. Bei der Fahrlässigkeit geht es um die Frage, ob dem Täter sein Verhalten auch zum Vorwurf gemacht werden kann. Konnte jedoch der Täter nach seinen individuellen Kenntnissen und Fähigkeiten gar nicht erkennen oder vermeiden, dass sein Verhalten zur Tatbestandsverwirklichung führt, ist ihm strafrechtlich kein Vorwurf für sein Verhalten zu machen.

516 Es ist zwischen bewusster und unbewusster Fahrlässigkeit zu unterschieden. Bei der *bewussten Fahrlässigkeit* rechnet der Handelnde mit dem möglichen Eintritt einer Rechtsgutverletzung, vertraut aber pflichtwidrig und vorwerfbar darauf, dass der Schaden nicht eintreten wird. Nimmt der Handelnde den Erfolg billigend in Kauf, liegt hingegen bedingter Vorsatz (dolus eventualis) vor (s. o. II.1.b.aa.). Die *unbewusste Fahrlässigkeit* ist dadurch gekennzeichnet, dass der Handelnde den Erfolg nicht voraussieht, aber ihn doch bei der im Verkehr erforderlichen und ihm zumutbaren Sorgfalt hätte voraussehen und verhindern können. Die Unterscheidung von bewusster und unbewusster Fahrlässigkeit ist für die Strafzumessung relevant. Die *Leichtfertigkeit* entspricht dem Begriff der *groben Fahrlässigkeit* des BGB, es wird dabei jedoch auf die persönlichen Fähigkeiten des Täters abgestellt.

517 Auch die Fahrlässigkeitstat folgt dem dreigliedrigen Verbrechensaufbau: Tatbestandsmäßigkeit, Rechtswidrigkeit und Schuld. Die Tatbestandsmäßigkeit des Fahrlässigkeitsdelikts kennt aber keine Trennung zwischen

objektivem und subjektivem Tatbestand, da es bei ihr am Vorsatz fehlt. Anstelle des subjektiven Tatbestands sind andere Kriterien zu berücksichtigen:

Beim Fahrlässigkeitsdelikt ist im Rahmen des Tatbestands neben der Kausalität die *objektive Sorgfaltspflichtverletzung* zu prüfen. Eine objektive Sorgfaltspflichtverletzung liegt vor, wenn die im Verkehr erforderliche Sorgfalt außer Acht gelassen wird, zu der der Täter nach den Umständen verpflichtet ist. 518

Das Fahrlässigkeitsdelikt verlangt dabei zudem die *objektive Vorhersehbarkeit* der Tatbestandsverwirklichung. Der Erfolg und der Kausalverlauf sind objektiv vorhersehbar, wenn sie für einen Durchschnittsbetrachter (nach seinen Fähigkeiten und seinem Können) nicht so sehr außerhalb der Lebenserfahrung stehen, dass mit ihnen nicht gerechnet werden muss. 519

Schließlich ist die *objektive Zurechnung* des wesentlichen Kausalverlaufs und des Erfolgseintritts zu würdigen. In diesem Rahmen wird der *Pflichtwidrigkeitszusammenhang* geprüft, also ob der Erfolg gerade auf die Pflichtwidrigkeit des Verhaltens zurückzuführen ist. Die Strafbarkeit ist dann zu verneinen, wenn der Erfolg auch bei pflichtgemäßem Verhalten eingetreten wäre. Der Erfolg müsste also bei rechtmäßigem Alternativverhalten für den Täter unvermeidbar gewesen sein. Hierbei genügt bereits die ernsthafte Möglichkeit, dass der Erfolg auch bei sorgfaltsgemäßem Handeln eingetreten wäre. Zusätzlich muss nach dem Schutzzweckzusammenhang die Sorgfaltsnorm, gegen die verstoßen worden ist, gerade dazu dienen, den eingetretenen Erfolg zu verhindern. 520

Bei Fahrlässigkeitsdelikten fällt die *Rechtswidrigkeit* ebenso weg, wie bei Vorsatzdelikten, wenn Rechtfertigungsgründe eingreifen. 521

Im Rahmen der *Schuld* ist zu fragen, ob der Täter auch subjektiv sorgfaltspflichtwidrig handelte. Dies beinhaltet die subjektive Vorhersehbarkeit des Erfolgseintritts. Bei der *Unzumutbarkeit* normgemäßen Verhaltens handelt es sich um einen ungeschriebenen Entschuldigungsgrund. 522

V. Versuch

1. Nichtvollendung der Straftat

Bisher wurde davon ausgegangen, dass die Strafbarkeit einer Handlung die Erfüllung aller Tatbestandsmerkmale voraussetzt, die Straftat also vollendet ist. Nun gibt es aber auch Fälle, in denen ein Täter den festen Vorsatz 523 hat, eine bestimmte Straftat zu begehen, mit der Ausführung der Tat auch beginnt, sie aber nicht bis zu Ende durchführen (vollenden) kann, weil er aus irgendwelchen Gründen daran gehindert wird. Ein solcher Versuch ist dann strafbar, wenn die versuchte Tat gesetzlich unter Strafe gestellt ist (§ 22 StGB); das ist bei Verbrechen immer der Fall (§ 23 I StGB).

524 Der Täter muss den *Tatentschluss*, also Vorsatz und eventuell erforderliche Absichten, zur Tat gehabt haben und zur Tat unmittelbar angesetzt haben. Unmittelbares Ansetzen liegt dann vor, wenn der Täter subjektiv die Schwelle zum „Jetzt geht es los" überschreitet und objektiv derart zur Angriffshandlung ansetzt, dass seine Handlung ohne wesentliche Zwischenakte unmittelbar in die Tatbestandsverwirklichung übergeht oder im unmittelbaren räumlichen und zeitlichen Zusammenhang mit ihr steht (*unmittelbares Ansetzen zur Tatbestandsverwirklichung*). Der Täter muss wiederrum rechtswidrig sowie schuldhaft gehandelt haben und darf nicht von der Tat zurückgetreten sein.

525 *Nachdem X den Y geschlagen hat, möchte er zu einem erneuten festen Stoß in die Magengrube ausholen, er trifft jedoch versehentlich daneben, weil er stolpert.*

526 X hat den subjektiven Tatbestand vollständig verwirklicht, weil er die Absicht hatte, den Y noch einmal zu verletzen. Der objektive Tatbestand hingegen wurde nur teilweise verwirklicht, da er dem Y keinen Schaden zugefügt hatte. Ein unmittelbares Ansetzen zur Tatbestandsverwirklichung erfolgte aber, denn X holte bereits aus und hätte bei ungestörtem Fortgang die Tatbestandshandlung erfüllt, wäre er nicht gestolpert. Die Rechtsordnung sieht auch in der erfolglosen Umsetzung eines kriminellen Willens eine strafwürdige Auflehnung gegen das Recht und bestraft deshalb die versuchte Tat. Dies gilt für Verbrechen grundsätzlich, für Vergehen nur, wenn es explizit festgeschrieben ist.

2. Rücktritt

527 Der Rücktritt vom Versuch nach § 24 StGB hebt die Strafe auf. Der Rücktritt ist aber nur möglich, wenn der Versuch nicht ohnehin bereits fehlgeschlagen ist, der Täter also davon ausgeht, dass der Erfolg nicht mehr oder nur noch mit einem erneuten Versuch eintreten kann.

528 Wenn der Versuch *noch nicht beendet* ist, genügt für einen Rücktritt das freiwillige Aufgeben der Tat. Unbeendet ist der Versuch, wenn nach Ansicht

des Täters nach der letzten Ausführungshandlung noch nicht alles Erforderliche zur Herbeiführung des Erfolges getan wurde. Ist der Versuch *bereits beendet*, muss der Täter alles tun, um die Tatvollendung doch noch zu verhindern, damit ein Rücktritt vorliegt. Beendet ist der Versuch, wenn der Täter davon ausgeht, alles getan zu haben, was nach seiner Vorstellung zur Herbeiführung des tatbestandlichen Erfolges notwendig bzw. ausreichend ist. Die Aufgabe bzw. das Verhindern der Tat muss immer freiwillig, also aus autonomen Motiven geschehen.

X wollte Y lebensgefährlich verletzen und würgt ihn, damit dieser einen Erstickungstod erleidet. Als er merkt, dass Y jeden Moment sterben wird, beatmet er ihn, um doch noch zu verhindern, dass der Tod eintritt. 529

VI. Täterschaft und Teilnahme

Nach den §§ 25 ff. StGB ist zwischen den Beteiligungsformen Täterschaft und Teilnahme zu unterscheiden. Als grobe Leitlinie kann der Täter als Zentralgestalt des Rechtsgutangriffs angesehen werden. Täter ist jeweils derjenige, der die Tat begeht (§ 25 I Var. 1 StGB). Dagegen ist der Teilnehmer eine Randfigur, da die Teilnahme von der Tat eines anderen Täters abhängig ist. 530

1. Täterschaft

a) Mittelbare Täterschaft

Neben der Alleintäterschaft (§ 25 I Var. 1 StGB) gibt es die mittelbare Täterschaft, bei der jemand die Tat durch einen anderen begeht (§ 25 I Var. 2 StGB). Hierbei setzt der mittelbare Täter einen anderen als Werkzeug ein, damit dieser die Tat durch ihn gesteuert vornimmt. 531

Ein paar Wochen später hat sich X immer noch nicht damit abgefunden, dass sich Y mehrmals mit Z getroffen hat. Aus diesem Grunde reicht X einem gemeinsamen Freund eine Flasche mit Gift und sagt, dass er sie Y geben soll. Dieser übergibt ein paar Minuten später die Flasche dem Y in dem Glauben, es sei Wasser. Y trinkt einen Schluck daraus und wird vergiftet. 532

Obwohl der Kommilitone die letzte ausschlaggebende Handlung vorgenommen hat, hatte X aufgrund seines überlegenen Wissens die Tatherrschaft und hat so die Tat durch den Kommilitonen begangen. 533

b) Mittäterschaft

534 Die Mittäterschaft setzt nach § 25 II StGB eine gemeinschaftliche Tatbegehung voraus. Mehrere Täter wirken dabei bewusst und gewollt aufgrund eines gemeinsamen Tatplans zusammen.

535 *X erzählt von den Treffen zwischen Y und Z einem Kommilitonen. Da sein Kommilitone auch ein Auge auf Z geworfen hat, ist er ebenso außer sich wie X. Deswegen beschließen beide, den Y dafür zu bestrafen. Sie lauern Y auf und schlagen so lange auf ihn ein, bis er stirbt.*

2. Teilnahme

a) Anstiftung

536 Wenn jemand eine andere Person gemäß § 26 StGB anstiftet, dann heißt das, dass er beim Haupttäter den Tatentschluss durch Willensbeeinflussung hervorruft.

537 *X erzählt seinem Freund, dass er Z gerne mal ein teure Handtasche schenken würde, er könne sich das aber bedauerlicherweise nicht leisten. Daraufhin schlägt sein Freund vor, dass er mit einem Baseballschläger in die nächste Tankstelle einbrechen solle, um dort das notwendige Geld zu entwenden. So führte X die Tat aus.*

b) Beihilfe

538 Im Gegensatz zur Anstiftung, also der Beeinflussung einer anderen Person, fördert man im Rahmen der Beihilfe (§ 27 StGB) die Haupttat (Erleichterung, Verstärkung, Rat).

539 *X erzählt seinem Vetter, dass er von Z, seitdem diese mit Y geschlafen hat, nichts mehr wissen möchte. Außerdem wolle er nicht, dass irgendjemand anderes ihr jemals nochmal so nahe kommt. Aus diesem Grunde möchte er sie erschießen. Sein Vetter erzählt ihm, dass er leicht in ihr Haus eindringen könne, weil ihr Haustürschlüssel unter dem Fußabtreter liege. Er fährt X mit dem Auto zu Z's Wohnung und wartet vor der Wohnung, bis X die Tat ausführt.*

VII. Rechtsfolgen der Straftat

540 Es werden zwei Hauptgruppen der Deliktsfolgen unterschieden: Die Strafen, die an die Schuld des Täters anknüpfen (§§ 46 ff. StGB), und die Maßregeln

der Besserung und Sicherung (§§ 61 ff. StGB), die den Täter bessern und die Allgemeinheit vor ihn schützen sollen.

Als *Strafe* kommt entweder die Freiheitsstrafe oder die Geldstrafe in Betracht sowie als einzige Nebenstrafe das Fahrverbot. Die *Freiheitsstrafe* ist entweder zeitig oder lebenslang (§§ 38, 39 StGB). Das Mindestmaß der zeitigen Freiheitsstrafe beträgt einen Monat, ihr Höchstmaß ist fünfzehn Jahre (§ 38 II StGB). Bei besonders schwerwiegenden Fällen kann aber, wie bei Mord (§ 211 StGB) und Völkermord (§ 6 I VStGB), auch eine lebenslange Freiheitsstrafe ausgesprochen werden. Bei lebenslanger Freiheitsstrafe bedarf es allerdings wegen der Verfassungsgarantie der Menschenwürde (Art. 1 I GG) einer konkreten sowie realisierbaren Chance, irgendwann wieder in Freiheit leben zu können. Für die meisten Täter bedeutet eine lebenslange Freiheitsstrafe daher keine Strafe bis zum Tod, sondern auf unbestimmte Zeit. 541

Die *Geldstrafe* wird in einer Summe von Tagessätzen gefordert, dabei spiegelt die Anzahl der Tagessätze den Schuldgehalt der Tat wieder und die unterschiedliche Höhe berücksichtigt die persönlichen und wirtschaftlichen Verhältnisse (ob Kinder zu versorgen sind etc.) der Täter. 542

Als *Maßregel der Besserung und Sicherung* (§ 61 StGB) kann unter Berücksichtigung der Verhältnismäßigkeit (§ 62 StGB) angeordnet werden: die Unterbringung in einer Erziehungsanstalt (§ 64 StGB) neben einer Bestrafung wegen Rauschtat oder Volltrunkenheit, die Unterbringung in einem psychiatrischen Krankenhaus (§ 63 StGB) bei Schuldunfähigkeit wegen beispielsweise mangelnder Einsichtsfähigkeit sowie die Sicherungsverwahrung (§ 66 ff. StGB) bei besonders gefährlichen Straftätern, um die Allgemeinheit vor Straftaten zu schützen. 543

Leitlinie der Strafzumessung (im Rahmen des gesetzlichen Strafrahmens) ist die Schuld des Täters nach § 46 I 1 StGB. Jedoch sind stets die Wirkungen zu berücksichtigen, die infolge der Strafe für das künftige Leben des Täters in der Gesellschaft zu erwarten sind (§ 46 I 2 StGB). Zudem wird bei der Strafzumessung beachtet, ob der Täter versucht hat, den Schaden beim Opfer wieder gut zu machen (*Täter-Opfer-Ausgleich*, § 46a StGB). 544

Außerdem hat das Gericht die Möglichkeit, eine Strafe zur Bewährung (§§ 56 ff. StGB) auszusetzen, sodass der Täter bei positiver Sozialprognose auf freiem Fuß bleiben kann, solange er keine weiteren Auffälligkeiten zeigt. 545

B. Besonderer Teil

546 Im besonderen Teil des Strafgesetzbuches werden die einzelnen Vergehen und Verbrechen aufgezählt und deren Strafrahmen aufgeführt (§§ 80–358 StGB). Genauere Ausführungen über die verschiedenen Delikte würden hier allerdings zu weit führen, deswegen soll lediglich ein kurzer Überblick über einige dieser Delikte gegeben werden.

I. Delikte gegen das Leben und die körperliche Unversehrtheit

1. Tötungsdelikte

547 Die Ausgangsform des Tötungsdelikts bildet der Totschlag nach § 212 StGB. Nach diesem Tatbestand ist *Totschläger*, wer einen Menschen tötet, ohne Mörder zu sein.

548 *Mörder* ist nämlich nur, wer einen anderen Menschen auf besonders verwerfliche Art und Weise tötet (§ 211 StGB). Dies ist der Fall, wenn jemand etwa aus niederen Beweggründen (z. B. aus Habgier oder zur Befriedigung des Geschlechtstriebes) tötet. Dies ist auch der Fall, wenn die Tötungshandlung besonders grausam oder heimtückisch ist, oder es das Ziel der Tötung war, eine andere Straftat zu verdecken oder zu ermöglichen.

549 *Totschlag* wird nicht unter fünf Jahren bestraft (§ 212 I StGB). Die fahrlässige Tötung, beispielsweise bei einem Verkehrsunfall, wird mit Freiheitsstrafe bis zu fünf Jahren oder mit einer Geldstrafe bestraft (§ 222 StGB). Gegen einen *Mörder* kann eine lebenslange Freiheitsstrafe verhängt werden (§ 211 StGB).

2. Körperverletzungsdelikte

550 In Deutschland wird die (einfache) *Körperverletzung* (§ 223 StGB) mit einer Freiheitsstrafe bis zu fünf Jahren bestraft oder mit einer Geldstrafe. Wenn dagegen die Tathandlung oder das Tatmittel zu einer erhöhten Gefährlichkeit führt, kann eine Freiheitsstrafe von zehn Monaten bis zu zehn Jahren verhängt werden (*gefährliche Körperverletzung*, § 224 StGB). Erleidet die verletzte Person besonders schwere Verletzungen, beispielsweise den Verlust eines Auges oder eines wichtiges Glieds des Körpers, liegt eine *schwere Körperverletzung* vor (§ 226 StGB). Dann beläuft sich der Strafrahmen von

einem Jahr bis zu zehn Jahren. Hat am Ende die Körperverletzung auch noch den Tod zur Folge (§ 227 StGB), wird der Täter mit einer Freiheitsstrafe nicht unter drei Jahren bestraft (*Körperverletzung mit Todesfolge*).

Wer durch Fahrlässigkeit die Körperverletzung einer anderen Person 551 verursacht, wird mit Freiheitsstrafe bis zu drei Jahren oder mit Geldstrafe bestraft (§ 229 StGB).

II. Vermögensdelikte

1. Diebstahl

Einen Diebstahl (§ 242 StGB) begeht, wer eine fremde bewegliche Sache 552 wegnimmt, um sich eine eigentümerähnliche Position zu verschaffen. Wer einen Diebstahl begeht, kann mit Geldstrafe oder einer Freiheitsstrafe bis zu fünf Jahren verurteilt werden.

Sachen sind alle körperlichen Gegenstände (§ 90 BGB). Auf Tiere sind die 553 Vorschriften für Sachen entsprechend anzuwenden, sofern nichts anderes bestimmt ist (§ 90a S. 2 BGB). Beweglich sind Sachen, die fortbewegt werden können. Fremd sind Sachen, die im Alleineigentum, Miteigentum oder Gesamthandseigentum einer anderen Person stehen.

Als Wegnahme im Sinne des § 242 StGB wird der Bruch fremden Ge- 554 wahrsams und die Schaffung neuen, nicht notwendigerweise tätereigenen Gewahrsams verstanden.

Der Täter eines Diebstahls muss vorsätzlich gehandelt haben, wobei Even- 555 tualvorsatz (dolus eventualis) genügt. Weiterhin muss der Täter in der Absicht gehandelt haben, die Sache sich oder einem Dritten rechtswidrig zuzueignen. Die Zueignungsabsicht besteht aus einer Aneignungs- und einer Enteignungskomponente. Dies ist immer dann der Fall, wenn die Zueignung objektiv im Widerspruch zur Eigentumsordnung steht. Der Dieb muss also die Absicht haben, über die Sache wie ein Eigentümer zu verfügen; will er sie hingegen nur zerstören, dann ist kein Diebstahl gegeben. Die Rechtswidrigkeit der beabsichtigten Zueignung verlangt, dass der Täter keinen fälligen und durchsetzbaren Anspruch auf Übereignung sowie kein Aneignungsrecht hat.

Neben dem einfachen Diebstahl nach § 242 StGB kennt das Strafgesetz- 556 buch weitere Regelbeispiele (§ 243 StGB) für besonders *schwere Fälle* des Diebstahls.

2. Unterschlagung

557 Nach § 246 I StGB macht sich strafbar, wer sich eine fremde bewegliche Sache rechtswidrig zueignet. Im Gegensatz zum Diebstahl (§ 242 StGB) ist somit nicht notwendig, dass der Täter Gewahrsam bricht. Der Zueignungswille, welcher wie beim Diebstahl als Aneignung und Enteignung zu verstehen ist, muss objektiv manifestiert werden. Jeder Täter, der einen Diebstahl oder einen Raub begeht, begeht immer zugleich auch eine Unterschlagung. Diese tritt jedoch nach überwiegender Ansicht formell als subsidiär zurück. Die Unterschlagung ist damit ein Auffangdelikt der Eigentums- und Vermögensdelikte.

3. Raub und raubähnliche Delikte

558 Raub ist die Wegnahme einer fremden beweglichen Sache mittels Gewalt gegen eine Person oder unter Androhung einer gegenwärtigen Gefahr für Leib und Leben mit der Absicht, die Sache sich oder einem Dritten rechtswidrig zuzueignen (§ 249 StGB). Der Raub setzt sich also zusammen aus Diebstahl und Nötigung (mit Gewalt oder durch Drohung mit einem empfindlichen Übel zu einer Handlung, Duldung oder Unterlassung drängen: § 240 I StGB). Qualifiziert wird der Raub als *schwerer Raub*, wenn der Täter oder ein anderer Beteiligter am Raub eine Waffe oder ein anderes gefährliches Werkzeug bei sich führt (§ 250 I Nr. 1a StGB), oder sonst ein Werkzeug oder Mittel bei sich führt, um den Widerstand einer anderen Person durch Gewalt oder Drohung mit Gewalt zu verhindern oder zu überwinden (§ 250 I Nr. 1b StGB), oder eine andere Person durch die Tat in die Gefahr einer schweren Gesundheitsschädigung bringt (§ 250 I Nr. 1c StGB), oder der Täter den Raub als Mitglied einer Bande, die sich zur fortgesetzten Begehung von Raub oder Diebstahl verbunden hat, unter Mitwirkung eines anderen Bandenmitglieds begeht (§ 250 I Nr. 2 StGB). Verursacht der Täter durch den Raub wenigstens leichtfertig den Tod eines anderen Menschen, liegt *Raub mit Todesfolge* vor. Leichtfertigkeit ist als eine Form der besonders schweren Fahrlässigkeit zu verstehen.

559 Beim *räuberischen Diebstahl* (§ 252 StGB) setzt der Täter Gewalt gegen eine Person ein, die dazu dient, im Besitz der bereits weggenommenen Sache zu bleiben.

Wer einen Menschen rechtswidrig mit Gewalt oder durch Drohung mit 560
einem empfindlichen Übel zu einer Handlung, Duldung oder Unterlassung
nötigt und dadurch dem Vermögen des Genötigten oder eines anderen
Nachteil zufügt, begeht eine *Erpressung* (§ 253 I StGB).

Wird die Erpressung durch Gewalt gegen eine Person oder unter Anwen- 561
dung von Drohungen mit gegenwärtiger Gefahr für Leib oder Leben begangen, liegt *räuberische Erpressung* vor (§§ 253, 255 StGB). Beim Raub nimmt
der Täter selbst eine Sache weg, bei der räuberischen Erpressung nötigt er
also das Opfer zur Aushändigung der Sache. Nach der Rechtsprechung
genügt für §§ 253, 255 StGB die Nötigung zur Duldung einer Wegnahme.
Die Rechtswissenschaft dagegen fordert eine Vermögensverfügung.

Wer einen Menschen entführt oder sich eines Menschen bemächtigt, um 562
die Sorge des Opfers um sein Wohl oder die Sorge eines Dritten um das Wohl
des Opfers zu einer Erpressung (§ 253 StGB) auszunutzen, oder wer die von
ihm durch eine solche Handlung geschaffene Lage eines Menschen zu einer
solchen Erpressung ausnutzt, begeht einen *erpresserischen Menschenraub*
(§ 239a StGB).

4. Betrug

Betrug begeht, wer in der Absicht, sich oder einem Dritten einen rechts- 563
widrigen Vermögensvorteil zu verschaffen, das Vermögen eines anderen
dadurch beschädigt, dass er durch Vorspiegelung falscher oder durch Ent-
stellung oder Unterdrückung wahrer Tatsachen einen Irrtum erregt oder
unterhält (§ 263 I StGB). Aufgrund des Irrtums muss der Getäuschte eine
Vermögensverfügung vornehmen. Aus der Vermögensverfügung muss sich
ein Vermögensschaden ergeben. Dabei ist es unerheblich, ob der Getäuschte
und der Geschädigte identisch sind. Der Vermögensschaden wird anhand
einer Gesamtsaldierung der Vermögenslagen vor und nach der Vermögensverfügung berechnet.

5. Hehlerei

Wer eine Sache, die ein anderer gestohlen oder sonst durch eine gegen frem- 564
des Vermögen gerichtete rechtswidrige Tat erlangt hat, ankauft oder sonst
sich oder einem Dritten verschafft (*Verschaffungshehlerei*), sie absetzt oder
abzusetzen hilft (*Absatzhehlerei*), um sich oder einen Dritten zu bereichern

(Bereicherungsabsicht), begeht eine Hehlerei (§ 259 I StGB). Die Hehlerei ist eine Anschlussstraftat an eine zuvor begangene, gegen fremdes Vermögen gerichtete Straftat.

III. Straftaten gegen Sachwerte

565 Eine *Sachbeschädigung* begeht, wer rechtswidrig eine fremde Sache beschädigt oder zerstört (§ 303 I StGB). Ebenso wird bestraft, wer unbefugt das Erscheinungsbild einer fremden Sache nicht nur unerheblich und nicht nur vorübergehend verändert (§ 303 II StGB). Neben der Sachbeschädigung stehen die gesonderten Tatbestände des § 303a StGB (*Datenveränderung*) und des § 303b StGB (*Computersabotage*), da Daten keine Sachen im Rechtssinn sind.

566 Eine *Brandstiftung* begeht, wer fremde Sachwerte in Brand setzt oder durch eine Brandlegung ganz oder teilweise zerstört (§ 306 StGB). Die Brandstiftung gehört zu den gemeingefährlichen Straftaten (§§ 306–323c StGB).

IV. Ehrverletzungsdelikte

567 *Beleidigung* ist die Kundgabe von Missachtung oder Nichtachtung gegenüber dem Beleidigten oder Dritten (§ 185 StGB). Beleidigt werden kann eine natürliche und juristische Person, aber auch eine Personenmehrheit, die eine rechtlich anerkannte gesellschaftliche oder wirtschaftliche Funktion erfüllt und einen einheitlichen Willen bilden kann (z.B. die Polizei, die Soldaten). Die Kundgabe muss ehrverletzend sein. Bloße Unhöflichkeiten oder Taktlosigkeiten reichen nicht aus. Wird eine bloße Tatsache behauptet und nicht ein Werturteil geäußert, so liegt darin keine Beleidigung, wenn die Tatsache nachweislich wahr ist. Anders ist es aber dann, wenn sich die Beleidigung aus den Umständen ergibt, unter denen die Tatsache geäußert wurde (§ 192 StGB).

568   *Üble Nachrede* begeht, wer gegenüber einem Dritten eine Tatsache behauptet oder verbreitet, welche einen anderen verächtlich zu machen oder in der öffentlichen Meinung herabzuwürdigen geeignet ist (§ 186 StGB). Objektive Bedingung der Strafbarkeit ist, dass die Wahrheit der Tatsache nicht erweislich ist. Eine *Verleumdung* begeht, wer wider besseres Wissen gegenüber einem Dritten eine Tatsache behauptet oder verbreitet, die

nachweislich nicht der Wahrheit entspricht und welche geeignet ist, einen anderen verächtlich zu machen oder in der öffentlichen Meinung herabzuwürdigen oder dessen Kredit zu gefährden (§ 187 StGB).

V. Urkundendelikte

Eine *Urkundenfälschung* nach § 267 StGB begeht, wer zur Täuschung im Rechtsverkehr eine unechte Urkunde herstellt, eine echte Urkunde verfälscht oder eine unechte oder verfälschte Urkunde gebraucht. Eine Urkunde ist jede verkörperte menschliche Gedankenerklärung, die zum Beweis im Rechtsverkehr geeignet und bestimmt ist und einen Aussteller erkennen lässt. Eine Urkunde ist echt, wenn die verkörperte Erklärung von dem aus der Urkunde ersichtlichen Aussteller herrührt. 569

Die *Fälschung technischer Aufzeichnungen* zur Täuschung im Rechtsverkehr steht nach § 268 StGB unter Strafe. 570

VI. Aussagedelikte

Schutzgut der Aussagedelikte nach §§ 153 ff. StGB ist die staatliche Rechtspflege, die vor unnötiger und kosten- und zeitintensiver Inanspruchnahme durch falsche Aussagen bewahrt werden muss. 571

Eine *falsche uneidliche Aussage* (§ 153 StGB) begeht, wer vor Gericht oder vor einer anderen zur eidlichen Vernehmung von Zeugen oder Sachverständigen zuständigen Stelle uneidlich falsch aussagt. Zur eidlichen Vernehmung nicht befugt sind die Staatsanwaltschaft und die Polizei (§ 161a I 3 StPO). 572

Einen *Meineid* begeht, wer vor Gericht oder vor einer anderen zur Abnahme von Eiden zuständigen Stelle falsch schwört (§ 154 I StGB). Täter kann neben Zeugen oder Sachverständigen auch eine Partei im Zivilprozess sein. 573

VII. Straftaten gegen die öffentliche Ordnung

Zu den Straftaten gegen die öffentliche Ordnung zählt beispielsweise der *Hausfriedensbruch* (§ 123 StGB). Der Tatbestand des Hausfriedensbruchs wird erfüllt durch das vorsätzliche Eindringen gegen den Willen des Berechtigten in näher bestimmte Räumlichkeiten oder das Sich-nicht-Entfernen aus diesen Räumlichkeiten trotz der Aufforderung eines Berechtigten. 574

Räumlichkeiten sind Wohnungen, Geschäftsräume und sonstige befriedete Besitztümer oder abgeschlossene Räume, die für Zwecke des öffentlichen Dienstes oder Verkehrs bestimmt sind. Ein Einverständnis des berechtigten Hausrechtsinhabers schließt allerdings bereits den Tatbestand des Hausfriedensbruchs aus.

4. Teil: Gerichtsverfahrensrecht

A. Justizgarantien

Es gehört zu den unbedingten Elementen eines Rechtsstaats, dass jedermann 575
in Fällen bestrittenen Rechts Zugang zu unabhängigen staatlichen Gerichten
hat, die über den Rechtsstreit durch rechtskräftiges Urteil, d. h. letztverbindlich entscheiden. Die Möglichkeit des Gerichtszugangs ist im Grundgesetz
verfassungsrechtlich garantiert (*Justizgewährgarantie*):

Gemäß Art. 19 IV GG steht jedem, der durch einen Akt der öffentlichen 576
Gewalt, z. B. durch einen behördlichen Verwaltungsakt, in seinen eigenen,
subjektiven Rechten verletzt sein könnte, der „Rechtsweg offen", das heißt, er
kann sich in seiner Sache mit einer Klage gegen den öffentlichen Rechtsträger,
dem der Verwaltungsakt zuzurechnen ist, an die Gerichte wenden, um dort effektiven Rechtsschutz zu erlangen. Wenn es um Rechtsstreitigkeiten zwischen
Privatpersonen (natürliche Personen oder juristische Personen des Privatrechts) über zivilrechtliche Ansprüche geht, dann verpflichtet das allgemeine
Rechtsstaatsprinzip der Verfassung (Art. 20 III GG) den Staat dazu, auch
hierfür den Zugang zu Gerichten und effektiven Rechtsschutz zu gewähren.

Aus der verfassungsrechtlichen Justizgewährgarantie folgt daher die Not- 577
wendigkeit zur Errichtung einer staatlichen Gerichtsbarkeit und zur Regelung des gerichtlichen Verfahrens. In Deutschland ist die Gerichtsbarkeit
im Wesentlichen in *fünf Gerichtszweige* (Gerichtsbarkeiten, Rechtswege)
gegliedert (vgl. Art. 95 I GG): die ordentliche Gerichtsbarkeit (sie umfasst
die Zivil- und die Strafgerichte), die Verwaltungsgerichtsbarkeit, die Finanzgerichtsbarkeit, die Arbeitsgerichtsbarkeit und die Sozialgerichtsbarkeit.

In welchem Rechtsweg (Gerichtszweig) ein Rechtsstreit geführt werden 578
kann, das heißt, welche Gerichtsbarkeit *zuständig* ist, entscheidet sich nach
dem Inhalt oder Gegenstand des Rechtsstreits. Zum Beispiel gehören die
bürgerlich-rechtlichen Streitigkeiten vor die Zivilgerichte (§ 13 GVG), die
verwaltungsrechtlichen Streitigkeiten sind von der Verwaltungsgerichtsbarkeit (im Verwaltungsrechtsweg) zu entscheiden (§ 40 I VwGO). In den
verschiedenen Gerichtszweigen sind die jeweils obersten Gerichte Bundesgerichte (s. Art. 95 I GG), alle anderen Gerichte sind von den Ländern
eingerichtet (s. Art. 92 GG).

579 Zu diesen Gerichtszweigen gehört nicht das Bundesverfassungsgericht. Die *Verfassungsgerichtsbarkeit des Bundes* ist keine Fachgerichtsbarkeit (kein „Rechtsweg"), sondern ist für die Entscheidung spezifischer verfassungsrechtlicher Streitigkeiten zuständig, die im Grundgesetz im Bundesverfassungsgerichtsgesetz und ausnahmsweise auch in anderen Gesetzen ausdrücklich und abschließend geregelt sind. Das Bundesverfassungsgericht steht daher auch über den anderen Gerichten und kontrolliert diese, aber nur soweit, wie es um die Wahrung des Verfassungsrechts des Grundgesetzes geht (s. auch oben 1. Teil, 1. Abschnitt, B.II.5.).

580 Für alle Gerichte gilt: Die Richter sind *nur dem Gesetz* unterworfen; sie müssen persönlich und sachlich *unabhängig* sein (Art. 97, 98 GG); ihre konkrete *Zuständigkeit* zur Entscheidung eines Rechtsstreits muss nach allgemein-abstrakten Kriterien durch Gesetze und Geschäftsverteilungspläne *im Voraus bestimmt* sein (Art. 101 I GG). Das bedeutet, dass insbesondere jede Einflussnahme der Exekutive auf die richterliche Rechtsprechung verboten ist.

581 Im Übrigen ist das *gerichtliche Verfahrensrecht*, also das Recht des Gerichtsprozesses, für jeden Gerichtszweig und für das Bundesverfassungsgericht in jeweils eigenen Gesetzen geregelt. Der wichtigste allgemeine Verfahrensgrundsatz ist, dass jedermann vor Gericht den Anspruch auf *rechtliches Gehör* hat (Art. 103 I GG). Auch sind die Verhandlungen vor Gericht einschließlich der Verkündung der Urteile und Beschlüsse grundsätzlich *öffentlich* (§ 169 GVG).

B. Verfassungsprozessrecht

I. Zuständigkeit des Bundesverfassungsgerichts

582 Das Bundesverfassungsgericht entscheidet nur über spezifische verfassungsrechtliche Streitfragen und nur in den Verfahren, die ihm durch das Grundgesetz (Art. 93 GG), das Bundesverfassungsgerichtsgesetz (§ 13 BVerfGG) und ggf. andere Gesetze zugewiesen sind. Im Wesentlichen sind das Streitigkeiten zwischen Staatsorganen des Bundes, zwischen Bund und Ländern sowie zwischen Bürger und Staat. (Zu Stellung und Funktion des Bundesverfassungsgerichts s. o. 1. Teil, 1. Abschnitt, B.II.5.).

583 Die Zuständigkeit der beiden Senate des Bundesverfassungsgerichts für die einzelnen Verfassungsstreitverfahren ist in § 14 I, II BVerfGG geregelt; danach entscheidet der *Erste Senat* im Wesentlichen in Grundrechtssachen, der *Zweite Senat* im Wesentlichen in Streitigkeiten über verfassungsrechtliche Rechte

und Pflichten zwischen Staatsorganen und zwischen Bund und Ländern. Die Verteilung der Streitsachen innerhalb eines Senats auf die einzelnen Richter als Berichterstatter erfolgt aufgrund des jährlich vorab zu beschließenden Geschäftsverteilungsplans (§ 15a II BVerfGG; zur Berufung von Kammern in jedem Senat s. u. III.4. zur Verfassungsbeschwerde).

Die Senate entscheiden in der Regel mit einfacher Mehrheit; bei Stimmengleichheit kann eine Verletzung der Verfassung im gegebenen Streitfall nicht festgestellt werden (§ 15 IV BVerfGG). 584

II. Verfahrensarten

Zu den praktisch wichtigsten Entscheidungszuständigkeiten des Bundesverfassungsgerichts gehören: 585

Das *Organstreitverfahren* (Art. 93 I Nr. 1 GG, § 13 Nr. 5 BVerfGG): Hier entscheidet das Bundesverfassungsgericht über die Auslegung des Grundgesetzes bei Streitigkeiten über verfassungsrechtliche Rechte und Pflichten von obersten Bundesorganen. 586

Die *abstrakte Normenkontrolle* (Art. 93 I Nr. 2 GG, § 13 Nr. 6 BVerfGG): Hier geht es um die Vereinbarkeit von Bundes- oder Landesgesetzen mit dem Grundgesetz auf Antrag der Bundesregierung, einer Landesregierung oder eines Viertels der Mitglieder des Bundestages. 587

Der *Bund-Länder-Streit* (Art. 93 I Nr. 3, 4 GG, § 13 Nr. 7, 8 BVerfGG): Gegenstand des Verfahrens sind hier Meinungsverschiedenheiten über Rechte und Pflichten im Verhältnis von Bund und Ländern. 588

Die *konkrete Normenkontrolle* (Art. 93 I Nr. 5 i. V. m. Art. 100 GG, §§ 13 Nr. 11, 12, 13 BVerfGG): Hier entscheidet das Bundesverfassungsgericht über die Gültigkeit eines Gesetzes, wenn ein Fachgericht dieses Gesetz in einem konkreten Rechtsstreit für verfassungswidrig hält und daher die Frage, ob es gültig ist, dem Bundesverfassungsgericht vorlegen muss. 589

Die *Wahlprüfungsbeschwerde* (Art. 93 I Nr. 5 i. V. m. Art. 41 II GG, §§ 13 Nr. 3 BVerfGG): Nach vorheriger Befassung des Bundestages (Art. 41 I GG) entscheidet das Bundesverfassungsgericht auf Beschwerde von Wahlberechtigten, ob bei der Wahl des Deutschen Bundestag Fehler unterlaufen sind und ob deshalb die Wahl für ungültig erklärt werden muss. 590

Das *Parteiverbot* (Art. 93 I Nr. 5 i. V. m. Art. 21 II GG, § 13 Nr. 2 BVerfGG): Das Bundesverfassungsgericht entscheidet darüber, ob eine politische Partei 591 darauf ausgerichtet ist, die freiheitliche demokratische Grundordnung zu beeinträchtigen oder zu beseitigen oder den Bestand der Bundesrepublik Deutschland zu gefährden, und daher verfassungswidrig und verboten ist.

592 Die *Verfassungsbeschwerde* (Art. 93 I Nr. 4a GG, § 13 Nr. 8a BVerfGG): s. folgend.

III. Die Verfassungsbeschwerde

593 Die Verfassungsbeschwerde ist der Rechtsbehelf, mit dem jedermann (auch) vor dem Bundesverfassungsgericht rügen kann, durch die öffentliche Gewalt in einem seiner Grundrechte – oder in einem seiner in Art. 20 IV, 33, 38, 101, 103 und 104 GG verbürgten Rechte – verletzt zu sein.

594 Als spezifisch verfassungsgerichtlicher Rechtsbehelf steht die Verfassungsbeschwerde eigenständig neben den fachgerichtlichen Rechtsschutzmöglichkeiten, die durch das Grundgesetz gewährleistet sind (vgl. oben A.). Selbstverständlich müssen auch alle Fachgerichte im „Rechtsweg" (Zivilgerichte, Strafgerichte, Verwaltungsgerichte, Finanzgerichte, Arbeitsgerichte, Sozialgerichte) Rechtsschutz gegen behauptete Grundrechtsverletzungen gewähren (Art. 19 IV i. V. m. Art. 1 III GG). Die Verfassungsbeschwerde zum Bundesverfassungsgericht ist lediglich die letzte Möglichkeit (ultima ratio) für den Fall, dass einer behaupteten Grundrechtsverletzung im fachgerichtlichen „Rechtsweg" nicht abgeholfen worden ist, oder für den Fall, dass gegen den Akt der öffentlichen Gewalt keine fachgerichtliche Klagemöglichkeit eröffnet ist.

595 Es gibt daher zwei Arten von Verfassungsbeschwerden:

1. Die Urteilsverfassungsbeschwerde

596 Die Urteilsverfassungsbeschwerde richtet sich gegen ein letztinstanzliches Urteil eines Fachgerichts mit der Behauptung, das Urteil sei unter Verstoß gegen ein oder mehrere Grundrechte des unterlegenen Beschwerdeführers ergangen bzw. es habe die Bedeutung seiner Grundrechtsposition bei der Entscheidung der fachgerichtlichen Streitsache grundlegend verkannt. Daraus folgt, dass jemand, der sich in einem konkreten Fall durch ein staatliches Handeln in seinen Grundrechten verletzt sieht, immer erst dann Verfassungsbeschwerde erheben kann, wenn er zuvor alle Möglichkeiten, dagegen Rechtsschutz durch die zuständigen Fachgerichte (bis zur letzten

Instanz) zu erlangen, erfolglos ausgeschöpft hat (vgl. § 90 II BVerfGG und allgemeine Subsidiarität der Verfassungsbeschwerde).

Für die Einlegung der Verfassungsbeschwerde besteht dann eine Frist von einem Monat nach Zustellung der (letzten) fachgerichtlichen Entscheidung. 597

2. Die Rechtssatzverfassungsbeschwerde

Richtet sich hingegen die Verfassungsbeschwerde gegen ein Gesetz oder einen sonstigen Hoheitsakt, gegen den ein „Rechtsweg" nicht offensteht, so bedarf es folgerichtig keiner vorherigen Rechtswegerschöpfung vor den Fachgerichten. In diesem Fall kann die Verfassungsbeschwerde innerhalb der Frist von einem Jahr seit Inkrafttreten des Gesetzes oder dem Erlass des Hoheitsaktes erhoben werden. 598

Allerdings gilt es hier besonders, die folgende Voraussetzung zu beachten: 599

3. Gegenwärtige und unmittelbare Selbstbetroffenheit

In jedem Fall ist eine Verfassungsbeschwerde nur zulässig, das heißt das Bundesverfassungsgericht wird über die behauptete Grundrechtsverletzung nur entscheiden, wenn der Beschwerdeführer durch den angegriffenen Akt der öffentlichen Gewalt selbst, gegenwärtig und unmittelbar betroffen ist. 600

Diese Voraussetzung ist bei Urteilsverfassungsbeschwerden regelmäßig gegeben. Bei Verfassungsbeschwerden gegen Gesetze hingegen muss der Beschwerdeführer besonders qualifiziert und plausibel geltend machen können, (1) dass und wie er selbst in seiner Person – nicht (nur) ein anderer – durch das Gesetz in seiner grundrechtlichen Freiheit beeinträchtigt wird, (2) dass diese Beeinträchtigung gegenwärtig ist – nicht schon vergangen oder erst zukünftig –, und (3) dass die Grundrechtsbeeinträchtigung unmittelbar durch das Gesetz stattfindet – nicht erst durch dessen Anwendung bzw. dessen Vollzug im Einzelfall. 601

4. Annahmeverfahren

Über Verfassungsbeschwerden entscheidet nicht immer und sogleich der dafür zuständige Senat (mit acht Richtern) des Bundesverfassungsgerichts. Stattdessen wird mit der Verfassungsbeschwerde zunächst eine (nach Geschäftsverteilungsplan, vgl. § 15a BVerfGG) zuständige *Kammer* des Senats befasst. Diese Kammer ist mit drei Richtern besetzt. 602

603   Die Kammer kann die Annahme der Verfassungsbeschwerde ablehnen, wenn sie offensichtlich unbegründet ist, oder sie kann die Verfassungsbeschwerde annehmen und ihr dann auch stattgeben, wenn das zum Schutz der geltend gemachten Grundrechte angezeigt ist und die Verfassungsbeschwerde offensichtlich begründet ist. Die Kammerentscheidungen müssen einstimmig ergehen. Nur die Entscheidung über die Verfassungswidrigkeit eines Gesetzes bleibt dem Senat vorbehalten. Die Einzelheiten sind in §§ 93a ff. BVerfGG geregelt.

C. Verwaltungsprozessrecht

I. Die Zuständigkeit der Verwaltungsgerichte

604   Die Zuständigkeit der Verwaltungsgerichte und das verwaltungsgerichtliche Verfahren sind in der Verwaltungsgerichtsordnung (VwGO) – als Bundesgesetz, Art. 74 I Nr. 1 GG – geregelt. Danach entscheiden die Verwaltungsgerichte (die Verwaltungsgerichtsbarkeit, der Verwaltungsgerichtszweig) über alle öffentlich-rechtlichen Streitigkeiten nichtverfassungsrechtlicher Art, das heißt über *alle verwaltungsrechtlichen Streitigkeiten*, wenn nicht die Streitigkeit durch Bundesgesetz ausdrücklich einer anderen Gerichtsbarkeit zugewiesen ist (§ 40 I VwGO). Hier geht es also vor allem um Streitigkeiten über die Rechtmäßigkeit eines Verwaltungshandelns zwischen dem Bürger und der öffentlichen Verwaltung oder zwischen selbstständigen Rechtsträgern innerhalb der Verwaltung.

605   Die Verwaltungsgerichtsbarkeit ist dreigliedrig aufgebaut: (1) das Verwaltungsgericht, (2) das Oberverwaltungsgericht (in einigen Bundesländern: Verwaltungsgerichtshof), (3) das Bundesverwaltungsgericht. In der Regel (nicht immer!) bedeutet das, dass ein Rechtsstreit über drei aufeinander folgende Instanzen gehen kann: Auf die Eingangsinstanz beim Verwaltungsgericht (§ 45 VwGO) kann die Berufungsinstanz beim Oberverwaltungsgericht folgen (§§ 124 ff. VwGO) und auf diese die Revisionsinstanz beim Bundesverwaltungsgericht (§§ 132 ff. VwGO). Insofern spricht man auch von der instanziellen oder *sachlichen Zuständigkeit*.

606   Welches konkrete Verwaltungsgericht in der ersten Instanz in einem Streitfall entscheiden darf und muss, bemisst sich nach der *örtlichen Zuständigkeit*. Sie ist in § 52 VwGO geregelt.

Beim Verwaltungsgericht entscheidet grundsätzlich eine Kammer aus 607
drei Berufsrichtern und zwei ehrenamtlichen Richtern über einen Rechtsstreit (§ 5 III VwGO). Sehr häufig ist die Sache aber einem Einzelrichter zur Entscheidung übertragen (§ 6 VwGO). Welche Kammer und welcher Richter konkret für eine Streitsache zuständig ist, muss dabei vorher in einem Geschäftsverteilungsplan nach abstrakten Kriterien generell bestimmt sein (wegen Art. 101 I GG).

II. Beteiligte des Verwaltungsprozesses

Beteiligte am verwaltungsgerichtlichen Verfahren sind der Kläger, der Beklag- 608
te, der Beigeladene sowie der Vertreter des Bundesinteresses beim Bundesverwaltungsgericht oder der Vertreter des öffentlichen Interesses (§§ 35–37 VwGO), falls er von seiner Beteiligungsbefugnis Gebrauch macht (§ 63 VwGO). Das Gericht kann aber, solange das Verfahren noch nicht rechtskräftig abgeschlossen oder in höherer Instanz anhängig ist, andere Personen, deren rechtliche Interessen durch die Entscheidung berührt werden, beiladen (§ 65 I VwGO); ggf. muss das Gericht sogar einen oder mehrere Dritte beiladen (§ 65 II VwGO). Der Beigeladene kann nach § 66 VwGO selbstständig in dem Prozess zwischen Kläger und Beklagtem tätig werden, um seine Interessen oder Rechte zu wahren. Ein Beispiel: Ein Nachbar klagt gegen die Bauverwaltung mit dem Antrag, die von ihr dem Bauherrn erteilte Baugenehmigung aufzuheben, weil sie nach Ansicht des Nachbarn seine Rechte verletze. Hier muss der Bauherr beigeladen werden; er kann in dem Prozess für den Bestand der Baugenehmigung kämpfen.

III. Verfahren

1. Klagearten und Urteile

Um Rechtsschutz durch die Verwaltungsgerichte (im Verwaltungsrechts- 609
weg, § 40 I VwGO) zu erlangen, stellt die VwGO verschiedene Klage- oder Antragsarten zur Verfügung. Dementsprechend unterscheiden sich die Urteile, die auf die verschiedenen Klagen oder Anträge ergehen können. Die wichtigsten sind:

Anfechtungsklagen beantragen die Aufhebung eines (belastenden) Ver- 610
waltungsakts (§ 42 I VwGO). Ist eine solche Klage – nach den formalen

Voraussetzungen der VwGO für eine solche Klage – zulässig, und ist die Klage auch begründet, weil der angefochtene Verwaltungsakt nach Erkenntnis des Gerichts rechtswidrig ist und der Kläger dadurch in seinen Rechten verletzt wird, hebt das Gericht den Verwaltungsakt auf (§ 113 I 1 VwGO) und beendet damit dessen Wirksamkeit (§ 43 II VwVfG).

611 *Verpflichtungsklagen* werden dann erhoben, wenn es dem Kläger darum geht, einen (begünstigenden) Verwaltungsakt zu erlangen, der ihm aber bislang von der Behörde verweigert worden ist (§ 42 I VwGO). Hat diese Klage Erfolg, dann verurteilt das Gericht die beklagte Behörde (bzw. deren Rechtsträger), den begehrten Verwaltungsakt zu erlassen (§ 113 V VwGO).

612 Anfechtungs- und Verpflichtungsklagen können nur erhoben werden, wenn der Kläger zuvor vergeblich bei den Verwaltungsbehörden ein *Widerspruchsverfahren* durchgeführt hat (§§ 68 ff. VwGO).

613 *Feststellungsklagen* zielen auf die Klärung und Feststellung eines gegenwärtigen oder zukünftigen Rechtsverhältnisses zwischen Bürger und Verwaltung (§ 43 VwGO), z. B. die Zugehörigkeit zu einer bestimmten Gemeinde als Gemeindebürger.

614 *Allgemeine Leistungsklagen* sind Klagen, mit denen gegen die Verwaltung die Unterlassung und Beseitigung (einschließlich Wiedergutmachung) einer Realhandlung oder die Vornahme einer solchen Realhandlung begehrt werden kann, z. B. die Beseitigung von Grundstücksschäden durch Bauarbeiten der Verwaltung oder die Auszahlung eines Geldbetrages.

615 *Normenkontrollanträge* richten sich gegen Satzungen oder andere nichtgesetzliche Rechtsvorschriften, die die Verwaltung erlassen kann (§ 47 VwGO). Auch schon durch eine abstrakte Rechtsvorschrift, nicht erst durch ihren konkreten Vollzug mittels eines Verwaltungsakts, kann ein Bürger unmittelbar in seinen Rechten verletzt sein oder absehbar verletzt werden. Hält das (Ober-)Verwaltungsgericht die Rechtsvorschrift wegen Verstoßes gegen höherrangiges Recht für ungültig, so erklärt es sie für unwirksam/nichtig.

2. Verfahrensgrundsätze

616 Neben den Grundsätzen der Öffentlichkeit (§ 169 GVG) und des rechtlichen Gehörs (Art. 103 I GG), die in jedem Gerichtsverfahren zu beachten sind (s. o. A.), gelten für den Verwaltungsprozess noch weitere gesetzliche Verfahrensgrundsätze (*Verfahrensmaxime*):

Nach der *Dispositionsmaxime* entscheiden Kläger und Beklagter über 617
den Beginn und das Ende eines ohne Urteil oder Beschluss endenden Prozesses, indem eine Klage erhoben oder ein Antrag gestellt sein muss (§ 90 VwGO), eine Klage aber auch zurückgenommen werden kann (§ 92 VwGO) oder die Beteiligten (z. B. nach Vergleich) den Streit für erledigt erklären können (§ 161 II VwGO). Dementsprechend darf ein Urteil nicht über das Klagebegehren hinausgehen (§ 88 VwGO).

Nach dem *Amtsermittlungsgrundsatz* hat das Gericht die Tatsachen des 618
Sachverhalts, über den es rechtlich entscheiden soll, von Amts wegen, also selbst zu ermitteln (§ 86 I VwGO). Das ist anders als im zivilgerichtlichen Verfahren, in dem die Parteien des Rechtsstreits über den Sachverhalt bestimmen, von dem das Gericht für seine Entscheidung auszugehen hat. Anders als im Zivilprozess ist daher das Verwaltungsgericht nicht an das Vorbringen der Beteiligten gebunden (§ 86 I 2 VwGO). Damit hängt zusammen, dass das Gericht die Beteiligten zum Zwecke einer sachdienlichen Prozessführung unterstützen soll (§ 86 III VwGO).

Weitere Verfahrensgrundsätze sind: die *Mündlichkeit* des Prozesses 619
(§ 101 VwGO) und die *Unmittelbarkeit* des Urteils durch die Richter, die an der zugrundeliegenden Verhandlung teilgenommen haben (§ 112 VwGO).

3. Gang des Verfahrens

Das verwaltungsgerichtliche Verfahren beginnt mit der Erhebung der Klage 620
oder des Antrags (§ 90 VwGO, §§ 81, 82 VwGO). Beachte: Vor Erhebung einer Anfechtungs- oder einer Verpflichtungsklage muss der Kläger in der Regel, das heißt wenn nichts anderes gesetzlich bestimmt ist, ohne Erfolg ein Widerspruchsverfahren vor den zuständigen Verwaltungsbehörden durchgeführt haben (§§ 68 ff. VwGO). Nach Zustellung der Klage an den Beklagten (§ 85 VwGO) und sachdienlichen, vorbereitenden Anordnungen an die Beteiligten (§§ 86 III, IV, 87, 87b, 93, 94 VwGO) lädt das Gericht zur mündlichen Verhandlung (§ 102 VwGO), in der es die Streitsache mit den Beteiligten tatsächlich und rechtlich erörtert (§§ 103, 104 I, II VwGO). Dabei kann auch förmlich Beweis erhoben werden, um einen streitigen Sachverhalt aufzuklären (§ 96 VwGO). Nach Schluss der mündlichen Verhandlung (§ 104 III 1 VwGO) tritt das Gericht zu (nicht öffentlicher) Beratung zusammen und entscheidet nach seiner freien, aus dem Gesamtergebnis des

Verfahrens gewonnenen Überzeugung (§ 108 VwGO). Dann verkündet es schließlich „Im Namen des Volkes" das Urteil (§§ 107, 116, 117 I 1 VwGO). Das Urteil ist später schriftlich abzufassen (§ 117 VwGO) und den Beteiligten zuzustellen (§ 116 I 2 VwGO).

IV. Kosten des Verwaltungsprozesses

621 Der nach dem Urteil unterliegende Beteiligte des Verwaltungsprozesses hat die Kosten des Verfahrens zu tragen (§§ 154 I, 162 VwGO). Ist der Klage nur zum Teil stattgegeben worden, sind die Kosten verhältnismäßig zu teilen (§ 155 I VwGO). Über die Kosten hat das Gericht im Urteil – oder in einem eigenen Beschluss – zu entscheiden (§ 161 I VwGO).

V. Vollstreckung

622 Sofern das verwaltungsgerichtliche Urteil vollstreckungsfähig ist, richtet sich die Vollstreckung nach §§ 167 ff. VwGO i. V. m. §§ 704 ff. ZPO.

D. Zivilprozessrecht

623 Das Zivilprozessrecht umfasst alle gesetzlichen Bestimmungen, die den formalen Ablauf von gerichtlichen Zivilverfahren regeln. Jede private Rechtsperson, insbesondere jede natürliche Person kann vor den Zivilgerichten einen zivilrechtlichen Anspruch, der ihr bislang vom Anspruchsgegner nicht erfüllt wurde, geltend machen. Stellt das Gericht in seinem Urteil das Bestehen des Anspruchs positiv fest, so hat der Kläger einen vollstreckbaren Titel, mit dem er gegen die andere Partei vorgehen kann. Die wichtigsten Rechtsquellen des deutschen Zivilprozessrechts sind die Zivilprozessordnung (ZPO) sowie das Gerichtsverfassungsgesetz (GVG).

I. Zuständigkeit der Zivilgerichte

624 Nach der Gerichtsorganisation der Bundesrepublik Deutschland (mit fünf Gerichtszweigen, vgl. Art. 95 I GG, s. o. A.) gehören die zivilrechtlichen (oder: bürgerlichen) Rechtsstreitigkeiten vor die Zivilgerichte. Die Zivilgerichte sind – neben den Strafgerichten – Teil der sog. ordentlichen Gerichtsbarkeit (vgl. § 13 GVG).

Die Zivilgerichtsbarkeit ist grundsätzlich dreistufig aufgebaut, das heißt, 625
jeder zivilrechtliche (bürgerliche) Streitfall kann nacheinander in bis zu drei
Instanzen vor Gericht verhandelt und entschieden werden. Das Gericht der
höchsten (dritten) Instanz ist der Bundesgerichtshof; er entscheidet über das
Rechtsmittel der Revision gegen Urteile der zweiten Instanz (Berufungsinstanz) (§ 133 GVG i. V. m. § 542 I ZPO). Die Gerichte der ersten Instanz in
Zivilsachen sind entweder die Amtsgerichte (§ 23 GVG) oder die Landgerichte (§ 71 I GVG). Die Berufung gegen ein Urteil eines Amtsgerichts findet
dann vor den Landgerichten statt (§ 72 I GVG i. V. m. § 511 ZPO), die
Berufung gegen ein Urteil eines Landgerichts vor den Oberlandesgerichten
(§ 119 I Nr. 2 GVG i. V. m. § 511 ZPO). Im Hinblick auf diese Verteilung
der gerichtlichen Instanzen spricht man auch von der *sachlichen Zuständigkeit* eines Gerichts (vgl. § 1 ZPO).

Demgegenüber gibt die *örtliche Zuständigkeit* Auskunft darüber, welches 626
konkrete Amts- oder Landgericht für die Entscheidung in einem Streitfall
zuständig ist. Das nennt man auch den Gerichtsstand. Grundsätzlich gilt
der allgemeine Gerichtsstand, der sich nach dem Wohnsitz des Beklagten
richtet (§§ 12, 13 ZPO).

II. Wichtigste Beteiligte des Zivilprozesses

Jeder Prozess hat zwei Parteien: Der Kläger verlangt vom Gericht Rechts- 627
schutz gegen den Beklagten. Dazu müssen diese allerdings parteifähig sowie
prozessfähig sein (§§ 50 ff. ZPO). Unter bestimmten Umständen können
auch Dritte an dem Rechtsstreit beteiligt werden (§§ 64 ff. ZPO).

Als Rechtsberater der eigenen Partei fungiert der Rechtsanwalt, der die 628
Interessen seines Mandanten aufgrund eines privatrechtlichen Vertrages
wahrnimmt. In Prozessen vor den Landgerichten und Oberlandesgerichten und vor dem Bundesgerichtshof müssen sich die Parteien durch einen
Rechtsanwalt vertreten lassen (§ 78 ZPO).

III. Verfahren

1. Verfahrensgrundsätze

Da auch der Zivilprozess kein Geheimverfahren sein darf, ist die Verhand- 629
lung grundsätzlich öffentlich (*Grundsatz der Öffentlichkeit*). § 169 GVG

sieht vor, dass Verhandlungen vor dem erkennenden Gericht einschließlich der Verkündung der Entscheidungen (Urteile, Beschlüsse) grundsätzlich öffentlich zu erfolgen haben.

630 Auch müssen Verhandlung, Beweisaufnahme und Urteilsverkündung grundsätzlich mündlich erfolgen, damit dem Öffentlichkeitsgrundsatz genügt wird, da die Akten der Öffentlichkeit nicht bekannt sind (*Grundsatz der Mündlichkeit*). In Anwaltsprozessen wird zwar die mündliche Verhandlung durch Schriftsätze vorbereitet, doch kann nach § 128 I ZPO Grundlage der Entscheidung nur sein, was in der Verhandlung mündlich vorgetragen wurde. Anwälte müssen daher in der mündlichen Verhandlung gemäß § 137 III ZPO auf ihre vorbereitenden Schriftsätze Bezug nehmen.

631 Der Rechtsstreit ist in der Regel in einem umfassend vorbereiteten Termin zur mündlichen Verhandlung (Haupttermin) zu erledigen (*Konzentrationsmaxime*). Der Vorsitzende bestimmt daher entweder einen frühen ersten Termin zur mündlichen Verhandlung (§ 275 ZPO) oder veranlasst ein schriftliches Vorverfahren (§ 276 ZPO). Die Güteverhandlung und die mündliche Verhandlung sollen so früh wie möglich stattfinden (§ 272 ZPO). Die Güteverhandlung dient der Herbeiführung einer einvernehmlichen Erledigung des Rechtsstreits. Sie geht gemäß § 278 II ZPO der mündlichen Verhandlung zum Zwecke der gütlichen Beilegung des Rechtsstreits voraus. Das Gericht hat in der Güteverhandlung den Sach- und Streitstand mit den Parteien unter freier Würdigung aller Umstände zu erörtern und, soweit erforderlich, Fragen zu stellen. Die erschienenen Parteien sollen hierzu persönlich gehört werden. Häufig geschieht diese einvernehmliche Erledigung durch den Abschluss eines Vergleichs. Sie kann jedoch auch darin liegen, dass die beklagte Partei die Forderung anerkennt oder die klagende Partei auf die Forderung verzichtet oder die Klage zurücknimmt.

632 Die *Dispositionsmaxime* bringt zum Ausdruck, dass die Parteien gemäß § 308 ZPO Herren des Verfahrens sind und demnach über den Gegenstand bestimmen können. Daher ist das Gericht nicht befugt, einer Partei etwas zuzusprechen, was nicht beantragt ist (§ 308 I 1 ZPO).

633 Die Parteien haben im Zivilprozessrecht die notwendigen Tatsachen dem Gericht vorzutragen und zu beweisen (*Verhandlungsmaxime*). Die Parteien können also ihren Tatsachenvortrag bis zur letzten mündlichen Verhandlung erweitern, ändern oder ergänzen. Nur die von den Parteien vorgetragenen Tatsachen bilden die Entscheidungsgrundlage (*Beibringungsgrundsatz*).

Das Gericht hat demzufolge alles als gegeben hinzunehmen, was nicht von den Parteien bestritten wird (§ 138 III ZPO). Die Verhandlungsmaxime hat zudem Auswirkungen auf die Beweisaufnahme, da nur über entscheidungserhebliche und zwischen den Parteien streitige Tatsachen Beweis erhoben wird; unbestrittene Tatsachen hingegen werden auch ohne Beweis als wahr unterstellt. Das Gericht hat aber darauf hinzuwirken, dass die Parteien sich rechtzeitig und vollständig über alle erheblichen Tatsachen erklären, insbesondere ungenügende Angaben zu den geltend gemachten Tatsachen ergänzen, die Beweismittel bezeichnen und die sachdienlichen Anträge stellen (§ 139 I 2 ZPO). Außerdem sind die Parteien verpflichtet, nur solche Erklärungen abzugeben, die nach ihrer Meinung der Wahrheit entsprechen sowie vollständig sind (*Wahrheitspflicht*, § 138 I ZPO).

Nach dem *Grundsatz des beiderseitigen Gehörs* gemäß § 138 II ZPO muss der Richter immer beide Parteien anhören. Er darf nicht lediglich aufgrund der Angaben einer Partei entscheiden, sondern muss ebenfalls die Gegenposition berücksichtigen. 634

Die mündliche Verhandlung muss vor dem Gericht stattfinden, das den Rechtsstreit entscheidet (*Grundsatz der Unmittelbarkeit*). Aus diesem Grund kann nach § 309 ZPO das Urteil nur von denjenigen Richtern gefällt werden, welche der dem Urteil zugrunde liegenden Verhandlung beigewohnt haben. Wird während der Verhandlung ein Richter ausgetauscht, so müssen Anträge und Tatsachenvorträge, nicht aber die Beweisaufnahme, in der nächsten mündlichen Verhandlung vor dem neuen Richter wiederholt werden. 635

Zudem sind die mündliche Verhandlung, die Beweisaufnahme und Urteilsverkündung in einem Zuge durchzuführen, um den *Grundsatz der Einheitlichkeit* zu wahren. Unabhängig von der Anzahl der Verhandlungstage handelt es sich also bei dem Verfahren prozessual um *eine* mündliche Verhandlung. 636

2. Gang des Verfahrens

Der Zivilprozess beginnt mit der Einreichung einer Klageschrift bei Gericht und deren Zustellung an den Klagegegner (Beklagten) durch das Gericht (§§ 253, 261 I ZPO). Bevor eine mündliche Gerichtsverhandlung stattfindet, soll versucht werden, die Streitigkeit durch eine gemeinsame Einigung zu 637 beseitigen. Das Gericht soll zunächst versuchen, den Streit zu schlichten, um die Sache zu erledigen, ohne dass eine Partei als Verlierer aus dem Verfahren hervorgeht (sog. *Güteverhandlung*, § 278 II ZPO).

638   Wenn diese Methode nicht zu einer Beilegung des Rechtsstreits führt, werden zur weiteren Vorbereitung der mündlichen Verhandlung das Erscheinen der Parteien durch den Richter angeordnet und Auskünfte von Behörden angefordert (§ 273 ZPO). Im Anschluss findet der sog. frühe erste Termin (§ 275 ZPO) statt, in dem das Verfahren entweder schon abgeschlossen werden kann oder weitere Anordnungen zur Vorbereitung des Haupttermins getroffen werden. Auch kann das Gericht den Parteien eine Mediation oder ein anderes Verfahren der außergerichtlichen Streitbeilegung vorschlagen (§ 278a ZPO).

639   Der Haupttermin bildet das Zentrum der mündlichen Verhandlung. Hier findet die streitige Auseinandersetzung der Parteien – sowohl über Tatsachen, als auch über Rechtsfragen – und die Erörterung mit dem Gericht statt; über streitige Tatsachen wird, sofern erforderlich, eine Beweisaufnahme durchgeführt (§ 279 II ZPO). Sofern sich die Parteien nicht doch im Wege eines Vergleichs einigen (§ 278 VI ZPO) oder die Sache für erledigt erklären (§ 91a ZPO) oder die Klage zurückgenommen wird (§ 269 ZPO), ergeht schließlich noch im Haupttermin (oder in einem sofort anzusetzenden späteren Termin) das Urteil des Gerichts (§§ 300, 310 ZPO).

640   Das Urteil stellt zwischen den Parteien die materielle Rechtslage mit Wirkung gegenüber Dritten (§ 322 ZPO) fest. Es wird mündlich verkündet (§ 311 ZPO), ist schriftlich abzufassen, muss neben der Urteilsformel die wesentlichen Entscheidungsgründe enthalten (§ 313 ZPO) und ist den Parteien zuzustellen (§ 317 ZPO). Neben den Urteilen, die das Gericht nach seiner Würdigung der Sach- und Rechtslage getroffen hat (§ 286 ZPO), gibt es auch Versäumnis-, Anerkenntnis- und Verzichtsurteile. Ein Versäumnisurteil ergeht, wenn der Kläger oder der Beklagte nicht zur mündlichen Verhandlung erschienen ist (§§ 330 ff., 313b ZPO). Ein Anerkenntnisurteil ergeht, wenn der Beklagte den Anspruch des Klägers anerkennt (§ 307 ZPO). Ein Verzichtsurteil ergeht, wenn der Kläger auf den von ihm geltend gemachten Anspruch verzichtet (§ 306 ZPO).

641   Die wichtigste Funktion zivilgerichtlicher Urteile ist, dass sie vollstreckbar sind, sobald gegen sie ein Rechtsmittel (z. B. Berufung in die nächste Instanz) nicht mehr erhoben werden kann oder sie für vorläufig vollstreckbar erklärt

worden sind (§§ 704 ff. ZPO). Das heißt, der in dem Urteil festgestellte Anspruch kann nach den Rechtsvorschriften der Zwangsvollstreckung gegen den verurteilten Anspruchsgegner (Schuldner) zwangsweise durchgesetzt werden, wenn dieser den Anspruch nicht erfüllt.

3. Beweismittel

Zu den wichtigsten Beweismitteln im Zivilprozess gehört der *Zeugenbeweis* 642 (§§ 373–401 ZPO). Zeugen sind Personen, die aufgrund eigener Wahrnehmung über Geschehensabläufe oder Tatsachen berichten können. Der *Sachverständige* (§§ 402–414 ZPO) kann dem Gericht durch sein spezielles Wissen auf einem bestimmten Gebiet weiterhelfen. Als *Augenscheinbeweis* versteht man jede Tatsache, die das Gericht selbst durch Hören oder Sehen wahrnimmt (§§ 371–372a ZPO). Auch *Urkunden* (Beglaubigungen, Verträge etc.) können durch Vorlegung als Beweismittel dienen (§§ 415–444 ZPO). Die *Parteivernehmung* (§§ 445–455 ZPO) kann von der einen Partei beantragt werden, wenn diese den Beweis nicht anders erbringen kann als durch Befragung der anderen Partei.

IV. Mahnverfahren

Das Mahnverfahren (§§ 688 ff. ZPO) hat in Deutschland eine große prak- 643 tische Bedeutung. Es dient der vereinfachten und schnelleren Durchsetzung von Geldforderungen. Der Gläubiger eines Anspruchs auf Geldzahlung hat die günstige Möglichkeit, bei den Amtsgerichten ohne Klageerhebung, also auch ohne Urteil, einen sog. Mahnbescheid gegen den Schuldner zu beantragen. Das Gericht erteilt den Mahnbescheid, mit dem der Schuldner zur Begleichung der Forderung aufgefordert wird, ohne dass geprüft wird, ob dem Antragsteller der Zahlungsanspruch tatsächlich zusteht. Wenn der Schuldner daraufhin nicht innerhalb von zwei Wochen die geforderte Geldzahlung leistet oder Widerspruch erhebt, kann der Gläubiger auf der Grundlage des Mahnbescheids vom Gericht sogar einen Vollstreckungsbescheid erhalten. Dieser Vollstreckungsbescheid steht einem Versäumnisurteil gleich, so dass der Gläubiger zur Erfüllung seiner Forderung die Zwangsvollstreckung gegen den Schuldner betreiben kann (§§ 700 I, 794 I Nr. 4 ZPO). Das Mahnverfahren eignet sich also für die Durchsetzung von Geldforderungen, deren Berechtigung nicht in Streit steht. Wenn der Schuldner jedoch rechtzeitig Widerspruch gegen den Mahnbescheid (oder Einspruch gegen den Vollstreckungsbescheid) einlegt, geht das Mahnverfahren in das normale gerichtliche Streitverfahren über, in dem über das Bestehen des Anspruchs durch Urteil entschieden wird.

V. Kosten des Zivilprozesses

644 Die Kosten eines Rechtsstreits hat grundsätzlich die unterliegende Partei zu tragen, insbesondere Kosten, die der Gegenpartei entstanden sind, soweit sie zur zweckentsprechenden Rechtsverfolgung oder Rechtsverteidigung notwendig waren (§ 91 I 1 ZPO).

VI. Zwangsvollstreckung

645 Kommt der vom Gericht verurteilte Beklagte seinen Pflichten aus einem Urteil nicht nach, kann der Kläger die Zwangsvollstreckung zur Durchsetzung seines Rechts gegen den Schuldner betreiben. Der Anspruch des Klägers wird dann dadurch befriedigt, dass er durch staatliche Machtmittel durchgesetzt wird. Voraussetzung hierfür ist in der Regel ein rechtskräftiges Urteil, das den Anspruch gerichtlich bestätigt (§ 704 ZPO); ein anderer Vollstreckungstitel ist z. B. der Vollstreckungsbescheid am Ende eines erfolglosen Mahnverfahrens (§ 794 I Nr. 4 ZPO). Das Recht der Zwangsvollstreckung ist in §§ 704 ff. ZPO geregelt. Es gibt drei Arten von Zwangsvollstreckungen: die Zwangsvollstreckung von Geldforderungen (§§ 803–882a ZPO), die Zwangsvollstreckung zur Erwirkung der Herausgabe von Sachen und die Zwangsvollstreckung zur Erwirkung eines Handelns oder Unterlassens (§§ 883–898 ZPO). Im Verlauf einer eingeleiteten Zwangsvollstreckung kann es zu weiteren gerichtlichen Rechtsstreitigkeiten über die Zulässigkeit der Zwangsvollstreckung kommen.

646 Am umfangreichsten ist die Zwangsvollstreckung wegen *Geldforderungen* geregelt. Hiernach ist es dem Gläubiger möglich, zur Befriedigung seines Zahlungsanspruchs auf das gesamte, bewegliche oder unbewegliche Vermögen des Schuldners Zugriff zu nehmen, einschließlich auf solche Forderungen, die der Schuldner gegen Dritte hat. Die Zwangsvollstreckung wird aber nicht vom Gläubiger persönlich, sondern auf seinen Antrag hin von einem Gerichtsvollzieher durchgeführt (§§ 753 f. ZPO). So erfolgt beispielsweise die Zwangsvollstreckung wegen einer Geldforderung durch

Pfändung einer beweglichen Sache. Dabei nimmt ein Gerichtsvollzieher eine Sache des Schuldners in Besitz. Anschließend wird die Sache versteigert und der Erlös geht an den Kläger.

Wenn hingegen eine Sache *herausgegeben* werden soll, kann ein Gerichtsvollzieher dem Schuldner die Sache wegnehmen und sie dem Gläubiger übergeben. Ein *Handeln oder Unterlassen* wird häufig durch die Verhängung von Ordnungsgeld erzwungen.

E. Strafprozessrecht

Während der Zivilprozess der Durchsetzung privater Interessen dient, dient der Strafprozess dem Interesse der Allgemeinheit an der Einhaltung der Normen des materiellen Strafrechts. Im Strafverfahren wird ermittelt, ob und von wem ein Straftatbestand verwirklicht wurde, und bestimmt, welche Sanktionen den Täter deshalb treffen. Zuständig dafür sind die Strafgerichte als Teil der ordentlichen Gerichtsbarkeit.

Zunächst umfasst das gerichtliche Strafverfahren das Erkenntnisverfahren. In diesem wird eine begangene Straftat verfolgt und ein Gerichtsverfahren eingeleitet, das entweder mit der Verurteilung zu einer Geld- oder Freiheitsstrafe oder mit einem Freispruch endet. Nach einer Verurteilung kann das Vollstreckungsverfahren stattfinden, in dem die Strafe vollzogen wird.

Die zentralen Gesetze sind die Strafprozessordnung, das Gerichtsverfahrensgesetz sowie die Strafvollstreckungsordnung. Neben diesen Gesetzen gibt es allerdings noch das Jugendgerichtsgesetz, welches die Persönlichkeitsentwicklung junger Menschen berücksichtigt.

I. Erkenntnisverfahren

1. Zuständigkeit

Im Strafprozess sind für die *örtliche Zuständigkeit* des Strafgerichts der Wohnsitz des Angeschuldigten (§ 8 I StPO) sowie der Tatort (§ 7 I StPO) ausschlaggebend. Für die Klärung der *sachlichen Zuständigkeit* (§ 1 StPO) ist die Schwere der Strafe von maßgeblicher Bedeutung. Dem *Amtsgericht* als Strafgericht ist es lediglich erlaubt, eine Freiheitsstrafe bis zu vier Jahren zu verhängen (§ 24 GVG). Wenn die zu erwartende Freiheitsstrafe bei Vergehen (§ 12 I StGB) nicht höher als zwei Jahre ist, entscheidet der

Strafrichter am Amtsgericht alleine (§ 25 GVG), andernfalls das sog. Schöffengericht (§§ 28 ff. GVG). Dagegen ist das *Landgericht* für alle Verbrechen (im Mindestmaß mit einer Freiheitsstrafe von einem Jahr oder darüber, § 12 I StGB) zuständig, die nicht zur Zuständigkeit des Amtsgerichts gehören. Außerdem darf das Landgericht im Gegensatz zum Amtsgericht die Unterbringung in einem psychiatrischen Krankenhaus oder die Sicherungsverwahrung anordnen (§ 74 I GVG).

652 Die Strafurteile werden beim Landgericht entweder durch Strafkammern oder – bei schweren Verbrechen – durch sog. Schwurgerichte gefällt (§ 74 I, II StPO). Die Strafkammern sind auch zuständig für Berufungen gegen Urteile des Strafrichters und des Schöffengerichts (§ 74 III GVG). Hingegen verhandeln und entscheiden die *Oberlandesgerichte* über ganz bestimmte Verbrechen im ersten Rechtszug, insbesondere über solche Verbrechen, die den Bestand oder die Sicherheit des Staates oder die Geltung von Verfassungsgrundsätzen beeinträchtigen (§ 120 GVG). Auch sind die Oberlandesgerichte für die Revision gegen Berufungsurteile der Strafkammern zuständig (§ 121 I Nr. 1 GVG). Der *Bundesgerichtshof* ist in Strafsachen schließlich zuständig für die Verhandlung und Entscheidung über Revisionen gegen erstinstanzliche Urteile der Oberlandesgerichte (§ 135 I GVG).

2. Wichtigste Beteiligte des Strafverfahrens

653 Ein *Verdächtiger* ist diejenige Person, gegen die ein Anfangsverdacht einer Straftat besteht (§ 152 II StPO). Zum *Beschuldigten* wird der Verdächtige, wenn gegen ihn von der Staatsanwaltschaft ein Ermittlungsverfahren betrieben wird. Durch Erhebung einer Anklage der Staatsanwaltschaft oder Amtsanwaltschaft wird ein Beschuldigter zum *Angeschuldigten* (§ 157 StPO). Der Angeschuldigte wird schließlich *Angeklagter* (§ 157 StPO), wenn durch das zuständige Gericht die Eröffnung des Hauptverfahrens (§ 203 StPO) gegen ihn beschlossen wurde.

654 Der *Verteidiger* ist dafür zuständig, dem Angeklagten beizustehen und dessen Interessen zu vertreten, da nach dem Rechtsstaatsprinzip jeder ein Recht auf eine faire Verhandlung hat, unabhängig davon, welche Straftat er begangen hat.

655 Im Gegensatz zum Zivilprozessrecht ist im Strafprozessrecht die *Staatsanwaltschaft* verpflichtet, den Sachverhalt zu erforschen (§ 160 I StPO),

sobald sie von dem Verdacht einer Straftat erfährt. Erhärtet sich dieser Verdacht, muss die Staatsanwaltschaft als Vertreter des Rechtsstaats Klage erheben und diese vor Gericht vertreten. Jedoch ist die Staatsanwaltschaft bei der Strafverfolgung nicht auf sich allein gestellt, da Polizei sowie Hilfsbeamte und Behörden ihr unterstützend zur Seite stehen und von sich aus verpflichtet sind, Ermittlungen aufzunehmen (§ 163 I StPO). Am Strafprozess sind also beteiligt: der Angeklagte, sein Verteidiger sowie der Staatsanwalt als Vertreter der Anklage.

3. Verfahren
a) Prinzipien des Strafprozesses

Das *Offizialprinzip* besagt, dass der Staat grundsätzlich die Pflicht zur Strafverfolgung von Amts wegen hat. Das heißt, dass es gerade nicht wie im Zivilprozessrecht darauf ankommt, ob der Geschädigte das Strafverfahren selbst möchte. 656

Es ist die generelle Pflicht der Staatsanwaltschaft nach dem *Legalitätsprinzip*, Ermittlungen wegen aller verfolgbaren Straftaten bei Anfangsverdacht aufzunehmen (§ 152 II StPO). Ohne Bedeutung ist der Wille des Betroffenen. 657

Im Strafverfahren obliegt es den staatlichen Organen, Anklage zu erheben. Dabei wird die Strafverfolgung von der Staatsanwaltschaft vorgenommen, während die Urteilsfindung Aufgabe des Gerichts ist. Dieser als *Akkusationsprinzip* bekannte Grundsatz soll Rechtssicherheit gewährleisten. 658

Im Strafverfahren hat ferner das Gericht die Wahrheit von Amts wegen zu erforschen. Hierbei muss das Gericht nicht den Behauptungen der Verfahrensbeteiligten Glauben schenken, sondern kann, anders als im Zivilprozessrecht, auch eigene Beweismittel heranziehen (*Untersuchungsgrundsatz*). Natürlich ist es für das Gericht schwer oder oftmals unmöglich, die tatsächliche Wahrheit herauszufinden, aber es ist dazu verpflichtet, den Sachverhalt so gut wie eben möglich aufzuklären. Das Strafgericht muss daher gemäß § 244 II StPO zur Erforschung der Wahrheit die Beweisaufnahme von Amts wegen auf alle Tatsachen und Beweismittel erstrecken, die für die Urteilsfindung von Bedeutung sind. 659

Nach dem *Anklagegrundsatz* (§ 151 StPO) wird eine gerichtliche Untersuchung durch Erhebung der Klage eröffnet. Dabei gilt die *freie richterliche Beweiswürdigung* (§ 261 StPO). Wenn das Gericht nach dem Ergebnis 660 des Strafverfahrens nicht gänzlich von der Schuld des Angeklagten überzeugt ist, darf es ihn nach dem Grundsatz „*Im Zweifel für den Angeklagten*" („*in dubio pro reo*") nicht verurteilen.

661 Weitere Prinzipien des Strafprozesses sind wie im Zivilprozess die *Unmittelbarkeit* (vgl. §§ 226 und 250 StPO) sowie die *Öffentlichkeit* (vgl. §§ 169 S. 1 GVG, Art. 6 I EMRK) und *Mündlichkeit* einer Gerichtsverhandlung, die *Gewährung rechtlichen Gehörs* (Art. 103 GG), das Gebot eines *fairen Strafverfahrens* (vgl. Art. 20 III GG, Art. 6 EMRK), der *Grundsatz des gesetzlichen Richters* (Art. 101 GG) und der *Beschleunigungsgrundsatz* (vgl. Art. 20 III GG, Art. 6 EMRK).

b) Gang des Verfahrens

662 Das Strafverfahren lässt sich in drei Abschnitte unterteilen: das Ermittlungsverfahren, das Zwischenverfahren und das Hauptverfahren.

aa) Ermittlungsverfahren

663 Das Ermittlungsverfahren oder Vorverfahren (§§ 151–177 StPO) beginnt, wenn eine Straftat angezeigt oder ein Strafantrag gestellt wird (§ 158 I StPO) oder die Polizei ein strafbares Verhalten beobachtet oder den Erfolg einer Straftat feststellt.

664 Zur Erhebung der öffentlichen Klage ist die Staatsanwaltschaft nach dem *Legalitätsprinzip* berufen (§ 152 I StPO). Sie ist, soweit nicht gesetzlich ein anderes bestimmt ist, verpflichtet, wegen aller verfolgbaren Straftaten einzuschreiten, sofern zureichende tatsächliche Anhaltspunkte vorliegen (§ 152 II StPO). Eine Ausnahme bilden *reine Antragsdelikte*. Sie erfordern den Antrag des Verletzten. Die meisten Antragsdelikte im deutschen Recht sind allerdings eine Mischung aus Antrags- und Offizialdelikt. Eine Verfolgung kann auch stattfinden, obwohl kein Strafantrag vorliegt, wenn die Staatsanwaltschaft das besondere öffentliche Interesse an der Strafverfolgung bejaht.

665 Im Rahmen des Ermittlungsverfahrens wird Belastungsmaterial und Entlastungsmaterial gesammelt. Die Staatsanwaltschaft ist also gehalten, nicht nur belastende, sondern auch entlastende Umstände zu erforschen und diese gleichermaßen zu berücksichtigen. Außerdem sollen diejenigen Beweise schnell besorgt werden, welche ansonsten verloren gehen können. Beispielsweise werden unverzüglich Spuren gesichert, der Blutalkoholgehalt gemessen oder erkrankte Zeugen vernommen.

Die StPO erlaubt im Rahmen des Ermittlungsverfahrens eine Reihe von 666
Zwangsmaßnahmen, die zwar einen Eingriff in ein Grundrecht darstellen, aber wegen der Wichtigkeit der Sicherung von Beweismaterial sowie der Aufdeckung von Straftaten unerlässlich sind. Unter anderem sind Durchsuchungen von Räumen trotz der Beeinträchtigung des Grundrechts der Unverletzlichkeit der Wohnung (Art. 13 II GG) zulässig, wenn sie gemäß § 105 StPO grundsätzlich durch einen Richter oder bei Gefahr im Verzug durch die Staatsanwaltschaft angeordnet werden. Auch können gemäß § 94 StPO Gegenstände, die als Beweismittel für die Untersuchung von Bedeutung sein können, sichergestellt werden. Wenn diese nicht freiwillig herausgegeben werden, beschlagnahmt sie generell der Richter durch Anordnung. Allerdings wäre die Sicherstellung gefährdet, wenn erst auf die Anordnung eines Richters gewartet werden müsste. Deshalb dürfen auch die Staatsanwaltschaft oder ihre Ermittlungspersonen Beweise sicherstellen, wenn Gefahr im Verzug besteht. Ansonsten wäre die Gefahr zu groß, dass wichtige Beweise verloren gehen.

Mangels hinreichenden Tatverdachts kann gemäß § 170 II StPO die 667
Staatsanwaltschaft das Verfahren einstellen. Gemäß § 153 StPO kann die Staatsanwaltschaft trotz hinreichenden Tatverdachts das Verfahren auch bei Geringfügigkeit einstellen, wenn es ein Vergehen (§ 12 II StGB) zum Gegenstand hat. Dem Beschuldigten können bei einem Vergehen auch Auflagen und Weisungen erteilt werden, die geeignet sind, das öffentliche Interesse an der Strafverfolgung zu befriedigen, sodass von der Erhebung der öffentlichen Klage abgesehen werden kann. Die Schwere der Schuld darf aber dabei nicht entgegenstehen (§ 153a I StPO).

bb) Zwischenverfahren

Kommt die Staatsanwaltschaft durch ihre Erforschungen zu der Überzeu- 668
gung, dass ein hinreichender Tatverdacht gegen den Beschuldigten besteht, reicht sie eine Anklageschrift beim zuständigen Gericht ein.

Zum Schutze des Angeschuldigten prüft das Gericht im Zwischenverfah- 669
ren (§§ 199–211 StPO) anhand der Ergebnisse des Ermittlungsverfahrens, ob ein hinreichender Tatverdacht besteht. Erscheint der Angeschuldigte auch nach Auffassung des Gerichts einer Straftat hinreichend verdächtig, beschließt das Gericht die Eröffnung des Hauptverfahrens und lässt die Anklage zu. Besteht kein Verdacht einer Straftat oder ist die ermittelte Tat

aus Rechtsgründen nicht verfolgbar, hat die Eröffnung des Hauptverfahrens zu unterbleiben. So wird ein Angeschuldigter vor den starken unnötigen Belastungen einer öffentlichen Hauptverhandlung bewahrt, wenn diese ohnehin mit einem Freispruch enden würde.

cc) Hauptverfahren

670 Das Hauptverfahren im Strafprozess (§§ 212–295 StPO) gliedert sich in die Vorbereitung der Hauptverhandlung, also die Ladung der Beteiligten usw., und in die mündliche Verhandlung vor dem Gericht, die den Schwerpunkt des Verfahrens bildet.

671 Zunächst wird in der Hauptverhandlung die Sache aufgerufen sowie die Anwesenheit aller Beteiligten festgestellt. Sodann wird der Anklagesatz verlesen (§ 243 III StPO). Dem folgt die Vernehmung des Angeklagten zur Sache; dieser kann die Aussage jedoch auch verweigern. Danach folgt die Beweisaufnahme (§ 244 I StPO). Dies geschieht beispielsweise durch Zeugen, die die Tat beobachtet haben, oder durch Schriftstücke, die Hinweise über bestimmte Sachverhalte geben können. Nach Abschluss der Beweisaufnahme erhält die Staatsanwaltschaft das Wort für einen Schlussvortrag, der die Beweisaufnahme würdigt und einen Antrag auf Freispruch oder Bestrafung beinhaltet; ebenfalls hält der Verteidiger ein entsprechendes Plädoyer. Danach hat der Angeklagte die Gelegenheit, noch einmal etwas zum Abschluss zu sagen, das „letzte Wort", § 258 II StPO, bevor die Richter sich geheim über den Fall beraten und schließlich das Urteil verkünden. Als letzter Akt der Hauptverhandlung wird der Angeklagte über die Rechtsmittel belehrt, mit denen er sich gegen das erfolgte Urteil zur Wehr setzen kann.

4. Beweismittel

672 Ein Zeuge muss Auskünfte über Tatsachen geben (§§ 48 ff. StPO), die er gehört, beobachtet oder gefühlt hat (*Zeugenaussage*). Er muss vor Gericht erscheinen, denn Zeuge zu sein ist Bürgerpflicht. Anderenfalls kann ein Ordnungsgeld, aber auch Ordnungshaft gegen den Zeugen verhängt werden. Vor der Aussage muss der Richter den Zeugen darauf hinweisen, dass der Zeuge die Wahrheit zu sagen hat. Sagt der Zeuge nicht die Wahrheit, macht er sich wegen einer Falschaussage oder wegen Meineids strafbar. Möglicherweise hat der Zeuge aber ein Zeugnisverweigerungsrecht (§§ 52,

53, 53a StPO), z.B. wenn er einem bestimmten Beruf angehört oder mit dem Angeklagten verwandt ist, oder er kann auch ein Auskunftsverweigerungsrecht haben (§ 55 StPO). Für eventuellen Verdienstausfall und die Anfahrtskosten gibt es das Zeugengeld.

Ein *Sachverständiger* kann vom Gericht beauftragt werden, ein Gutachten in einem bestimmten Fall anzufertigen (§§ 72 ff. StPO). In diesem Fall wird auf die Sachkunde und Berufserfahrung des Sachverständigen zurückgegriffen. 673

Unter einer *Augenscheinnahme* wird jede sinnliche Wahrnehmung verstanden (§ 86 StPO). Filme, Fotos, Videos und Tonbänder können dabei als Beweis in Augenschein genommen werden. 674

Urkunden und Schriftstücke, die als Beweise dienen sollen (§§ 249 ff. StPO), können grundsätzlich (§§ 252 ff. StPO) in der Hauptverhandlung verlesen werden (*Urkundsbeweis*). 675

5. Kosten des Strafprozesses

Der Angeklagte hat die Kosten für das Verfahren zu tragen, wenn er für die Tat verurteilt oder ihm eine Maßregel zur Besserung und Sicherung auferlegt wurde. Wird die Eröffnung des Hauptverfahrens abgelehnt, wird er freigesprochen oder das Verfahren eingestellt, trägt grundsätzlich der Staat die Kosten, auch für die Auslagen des Angeklagten (z. B. für den Verteidiger). 676

II. Strafvollstreckung

Das Strafvollstreckungsrecht regelt die Maßnahmen, die dem Vollzug eines rechtskräftigen Urteils dienen, so beispielsweise die Einforderung einer Geldstrafe oder der Vollzug einer freiheitsentziehenden Maßnahme. Die Strafvollstreckung setzt also die tatsächliche Einleitung und die Überwachung der Strafe durch. Sie wird in den §§ 449–463d StPO behandelt. 677

1. Ziele der Strafe

Das wesentliche Ziel, welches mit einer Strafe erreicht werden soll, ist vorrangig der Begehung von Straftaten durch Abschreckung entgegenzuwirken, um die Gesellschaft zu schützen (*Generalprävention*). Die Strafe soll auch zur Besserung des Täters und seiner Resozialisierung führen (*Spezialprävention*). Außerdem wird eine Freiheitsstrafe verhängt, damit der Täter aus seinem 678 sozialen Umfeld gerissen wird, welches ihn möglichwise erst zu der Straftat verleitet hat. Die verhängte Strafe soll natürlich auch dem Opferinteresse und der gerechten *Vergeltung* zum Ausgleich von Unrecht dienen sowie dem Täter die Möglichkeit geben, seine Schuld zu *sühnen*.

2. Ziele der Maßregeln der Besserung und Sicherung

679 Maßregeln der Besserung und Sicherung hingegen sind keine Strafen. Sie sollen aber auch die Allgemeinheit vor weiteren Straftaten schützen, indem sie auf die Gefährlichkeit des Täters reagieren. Solche Maßnahmen können daher insbesondere gegen rückfallgefährdete oder Serientäter verhängt werden. Mögliche Maßregeln (§ 61 StGB) sind die Unterbringung in einer psychiatrischen Klinik, die Unterbringung in einer Entziehungsanstalt, die Unterbringung in der Sicherungsverwahrung, die Führungsaufsicht, die Entziehung der Fahrerlaubnis und das Berufsverbot.

3. Ziel des Strafvollzugs

680 Die Bedingungen des Vollzugs von Freiheitsstrafen in den Gefängnissen (Justizvollzugsanstalten) und von freiheitsentziehenden Maßregeln der Besserung und Sicherung sind im Strafvollzugsgesetz (StVollzG) geregelt. Das wesentliche Ziel dieser gesetzlichen Vollzugsbedingungen ist es, den Gefangenen darauf vorzubereiten, künftig in sozialer Verantwortung wieder ein Leben ohne Straftaten zu führen.

5. Teil: Europarecht

Das deutsche Recht kann heutzutage nicht mehr unabhängig vom europäischen Unionsrecht betrachtet werden, da sich dieses inzwischen nahezu auf jedes nationale Rechtsgebiet der Mitgliedstaaten der Europäischen Union auswirkt. Deshalb ist es unerlässlich, auch einen Einblick in den Aufbau und das Recht der Europäischen Union zu geben. 681

A. Europäische Integration
I. Ideen zur Entwicklung einer Integration
1. *Föderalistische Methode*

Die Bestrebungen nach einer föderalistischen Einigung Europas sind nach einer Ansicht Ausdruck einer Philosophie der Geschichte, die die Erfahrungen der Vergangenheit mit den Wünschen für die Zukunft verbindet. Danach zeigen die Erfahrungen der Vergangenheit, dass die einzig wirkliche europäische Lösung nur in der politisch umfassenden, föderalistischen Einigung Europas bestehen könne. Daher bezeichnen die Föderalisten die Gründung der Europäischen Union als das wichtigste Projekt. Sie werde nicht als Selbstzweck empfunden, sie sollte es den Völkern Europas vielmehr ermöglichen, ihre Probleme gemeinsam besser zu lösen. 682

Der Vorteil der föderalistischen Methode liegt darin, dass sie eine in sich schlüssige und umfassende Konzeption der europäischen Integration aufweisen kann, auch wenn sie nur logisch und nicht pragmatisch ist. Die föderalistische Methode zeichnet die Phasen der Verwirklichung des Integrationsprozesses auf und legt die Maßnahmen fest, die während jeder Phase getroffen werden müssen. Die Methode führt damit konsequent zur Verwirklichung der Europäischen Föderation, wenn der Einigungsplan stufenweise eingehalten wird. Die Methode nennt auch das angestrebte Ziel, nämlich eine Einigung föderativer Natur, so dass die Entwicklung final definiert und vorgezeichnet ist. Da allerdings die Methode zu wenig auf die Realität Rücksicht nimmt, scheiterten alle Versuche, die sich ihrer bedienten. 683

2. Funktionelle Methode

684 Die funktionelle Methode trat erstmals in Erscheinung, als der französische Außenminister Robert Schuman am 9. Mai 1950 in einer Regierungserklärung die Errichtung einer zumindest deutsch-französischen Organisation betreffend die Kohle- und Stahl-Produktion bekannt gab. Die funktionelle Methode ist dadurch gekennzeichnet, dass sie keinen Gesamtplan verfolgt. Sie begnügt sich mit Teilergebnissen und führt dementsprechend nur zu Teilgemeinschaften. Diese haben jeweils nur eine begrenzte Zielsetzung und lassen die nationalen Entscheidungsgremien im Großen und Ganzen unberührt, da nur auf dem jeweils betroffenen Sachgebiet ein gewisser Souveränitätsverzicht stattfindet. Es ist keineswegs sicher, ob dieser Prozess tatsächlich zu einer Vollintegration Europas führen wird.

685 Die funktionelle Methode ist Ausdruck der Auffassung, dass die Politik die Kunst der Verwirklichung des Möglichen ist. Der Vorteil der funktionellen Methode ist, dass sie Fortschritte dort anstrebt, wo diese möglich sind, und die einander widersprechenden nationalen Interessen wenigstens partiell auf einen gemeinsamen Nenner gebracht werden. Sie ist allerdings eine Methode, bei der häufig nicht klar ist, welcher der nächste Integrationsschritt sein soll und wie das Ziel der Integration aussieht, ob also der Weg zu einer Föderation führt.

II. Geschichte der Integration

686 Die Europäische Union ist heute ein Staatenverbund aus 28 europäischen Staaten: Belgien, Bulgarien, Dänemark, Deutschland, Estland, Finnland, Frankreich, Griechenland, Irland, Italien, Kroatien, Lettland, Litauen, Luxemburg, Malta, Niederlande, Österreich, Polen, Portugal, Rumänien, Schweden, Slowakei, Slowenien, Spanien, Tschechien, Ungarn, (vorläufig noch) Vereinigtes Königreich von Großbritannien und Nordirland, und Zypern.

687 Die Entwicklung der europäischen Integration begann 1951 mit der Gründung der Gemeinschaft für Kohle und Stahl (EGKS). Sie sollte die Handelsbedingungen auf diesem Gebiet zwischen Deutschland, Frankreich, Italien, Belgien, Niederlande und Luxemburg verbessern. Bald schon, 1957, wurde diese Montanunion durch die Europäische Wirtschaftsgemeinschaft (EWG) ergänzt. Außerdem wurde die Europäische Atomgemeinschaft (EURATOM) gegründet. Ziel der Organisationen war es, zwischen den Mitgliedstaaten

dieser Verträge einen einheitlichen Binnenmarkt zu schaffen, um so den Handel zwischen den Mitgliedstaaten zu vereinfachen und die Wirtschaftskraft aller zu erhöhen. Zudem sollte, basierend auf den Erfahrungen des Zweiten Weltkrieges, durch diese enge Kooperation der Frieden in Europa für die Zukunft gesichert werden.

Der Binnenmarkt sollte durch die Abschaffung von Handelshemmnissen 688 wie Zölle, durch freien Dienst-, Personen- und Kapitalverkehr und durch eine gemeinsame Handelspolitik nach außen erreicht werden. Zur Durchsetzung dieses Vorhabens wurden eigene europäische Institutionen geschaffen: die Kommission, die eigene Rechte hat und im Interesse der Integration handelt, der Ministerrat, der sich aus den Fachministern der Staaten zusammensetzt und in erster Linie die Interessen der Mitgliedstaaten vertritt, die Parlamentarische Versammlung, die den Interessen der Bürger der Mitgliedstaaten Gewicht verleihen soll, und ein Gerichtshof.

Um ebenfalls von der Wirtschaftskooperation zu profitieren, traten im 689 Laufe der Jahre immer mehr Staaten der EWG bei.

Durch mehrere weitere Vertragsänderungen wurde die Zusammenarbeit 690 zunehmend vertieft und ausgeweitet. Die bedeutendste Änderung geschah 1992 durch den Vertrag von Maastricht, der der europäischen Kooperation einen neuen institutionellen Rahmen gab. Die Europäische Union wurde als Dachorganisation ohne Völkerrechtssubjektivität gegründet, um deutlich zu machen, dass die Gemeinschaft nicht länger nur eine Wirtschaftsgemeinschaft, sondern nun auch eine politische und soziale Union sein sollte. Sie umfasste drei Säulen: die drei Gemeinschaften und Völkerrechtssubjekte EGKS, EWG und EURATOM stellten die erste Säule dar. Daneben standen zwei Politikbereiche, die Gemeinsame Außen-und Sicherheitspolitik als zweite Säule und die Zusammenarbeit im Bereich von Justiz und Innerem als dritte Säule. Zudem wurde in diesem Vertrag nach langer Vorbereitung die Einführung einer gemeinsamen Währung für das Jahr 1999 als Buchgeld und ab dem Jahr 2002 als Bargeld festgelegt: der Euro.

Angesichts der immer stärkeren europäischen Integration und der Not- 691 wendigkeit größerer Handlungsfähigkeit der Union wurde durch den Vertrag von Lissabon 2009 die Institution der Europäischen Union nochmals gestärkt. Die drei Säulen wurden endgültig zu einer Europäischen Union zusammengeschlossen. Deren Grundlage ist der Vertrag über die Europäische Union und der Vertrag über die Arbeitsweise der Europäischen Union. Beide

Verträge bilden gleichrangig das Primärrecht der EU (Art. 1 Uabs. 3 EUV), und hinzukommt – ebenfalls gleichrangig – die Charta der Grundrechte der Europäischen Union (Art. 6 I EUV). Die Europäische Union trat damit an die Stelle der Europäischen Gemeinschaft, deren Rechtsnachfolgerin sie ist (Art. 1 Uabs. 3 EUV), und ihr wurde eigene Rechtspersönlichkeit, also Völkerrechtssubjektivität zuerkannt (Art. 47 EUV). Die EU ist also nicht mehr nur ein Vertrag zwischen ihren Mitgliedstaaten, sondern ein von ihnen, durch Vertrag geschaffenes, unabhängiges rechtsfähiges Gebilde, das gegenüber anderen Staaten handlungsfähig ist. Sie kann selbst Verträge schließen, diplomatische Beziehungen unterhalten und Mitglied in internationalen Organisationen werden.

692 Nach innen, im Verhältnis zu ihren Mitgliedstaaten organisiert und gewährleistet die EU nicht nur einen Binnenmarkt mit freiem Waren-, Niederlassungs-, Dienstleistungs- und Kapitalverkehr, einheitlichen Wettbewerbsregeln und (zum Teil) einheitlicher Währung (Art. 3 III, IV EUV, Art. 26 ff., 101 ff., 127 ff. AEUV), sondern handelt auch in vielen andern Politikbereichen (sog. Interne Politiken) an Stelle der und für die Mitgliedstaaten. So sichert die Union z. B. ihren Bürgern einen einheitlichen Raum der Freiheit, der Sicherheit und des Rechts, in dem der freie Personenverkehr ohne Binnengrenzen gewährleistet ist (Art. 3 II EUV, Art. 67 ff. AEUV). Auch ist jeder Bürger eines Mitgliedstaats zugleich ein Unionsbürger (Art. 9 S. 2, 3 EUV), dem unabhängig von seiner Zugehörigkeit zu einem Mitgliedstaat verschiedene gleiche Rechte gewährt sind (Art. 18 ff. AEUV). Die EU ist aber selbst kein Staat. Daher ist die Unionsbürgerschaft auch keine Staatsbürgerschaft, sondern tritt zur nationalen Staatsbürgerschaft hinzu.

693 Die EU hat sich inzwischen zu einem weltweit anerkannten Wirtschafts- und Handelspartner entwickelt. Durch eine Vielzahl von internationalen Verträgen, meist handelspolitischer Art, mit fast allen Staaten der Welt ist sie nun fest in das internationale System eingebunden.

III. Verfassungsrechtliche Grundlage

694 Verfassungsrechtliche Grundlage für die Mitwirkung der Bundesrepublik Deutschland an der europäischen Integration ist Art. 23 I GG. Dazu kann die Bundesrepublik (nationale) Hoheitsrechte zur Ausübung auf die

Europäische Union übertragen (Art. 23 I 2 GG). Diese Übertragung von Hoheitsrechten geschieht durch die Ratifikation der europäischen Verträge, die der Zustimmung des Bundestages und des Bundesrates durch Gesetz bedarf (Art. 23 I 2, 59 II GG). Durch dieses Zustimmungsgesetz gelten die europäischen Verträge nicht nur (völkerrechtlich) zwischen den Mitgliedstaaten, sondern auch innerstaatlich innerhalb der Bundesrepublik Deutschland. Deshalb sind auch gewisse Rechtsakte, die die Union aufgrund der Verträge erlässt (sekundäres Recht), in der Bundesrepublik Deutschland unmittelbar wirksam (Zustimmungsgesetz als „Rechtsanwendungsbefehl" oder „Brücke" für die innerstaatliche Geltung).

B. Institutionelles Unionsrecht

I. Rechts- und Geschäftsfähigkeit

Neben ihrer Völkerrechtssubjektivität besitzt die Europäische Union nach Art. 335 AEUV in jedem Mitgliedstaat die weitestgehende Rechts- und Geschäftsfähigkeit, die juristischen Personen jeweils in den Mitgliedstaaten zuerkannt ist. Sie kann insbesondere bewegliches und unbewegliches Vermögen erwerben und veräußern sowie vor Gericht stehen. Zu diesem Zweck wird sie von der Kommission vertreten (Art. 335 AEUV). 695

II. Kompetenzen

1. Kompetenzbereiche

a) Ausschließliche Zuständigkeit

Übertragen die Verträge der Union für einen bestimmten Bereich eine ausschließliche Zuständigkeit, so kann *nur* die Union gesetzgeberisch tätig werden und verbindliche Rechtsakte erlassen. Die Mitgliedstaaten dürfen in einem solchen Fall nur tätig werden, wenn sie von der Union hierzu ermächtigt werden, oder um Rechtsakte der Union durchzuführen (Art. 2 I AEUV). Die Union hat die ausschließliche Zuständigkeit beispielsweise in den Bereichen der Zollunion, für die Festlegung der für das Funktionieren des Binnenmarkts erforderlichen Wettbewerbsregeln, für die Währungspolitik mit Wirkung für die Mitgliedstaaten, deren Währung der Euro ist, und für die gemeinsame Handelspolitik (Art. 3 I AEUV). 696

b) Geteilte Zuständigkeit

697 Übertragen die Verträge der Union für einen bestimmten Politikbereich eine mit den Mitgliedstaaten geteilte Zuständigkeit, so können die Union *und* die Mitgliedstaaten in diesem Bereich gesetzgeberisch tätig werden und verbindliche Rechtsakte erlassen. Die Mitgliedstaaten sind aber nur zuständig, sofern und soweit die Union ihre Zuständigkeit nicht ausgeübt hat. Die Mitgliedstaaten dürfen ihre Zuständigkeit erneut wahrnehmen, sofern und soweit die Union entschieden hat, ihre Zuständigkeit nicht mehr auszuüben (Art. 2 II AEUV). Die von der Union mit den Mitgliedstaaten geteilte Zuständigkeit erstreckt sich beispielsweise auf den Binnenmarkt, den Bereich der Sozialpolitik, den wirtschaftlichen, sozialen und territorialen Zusammenhalt, die Landwirtschaft und Fischerei, die Umwelt, den Verbraucherschutz, die transeuropäischen Netze und die Energie (Art. 4 II AEUV).

c) Gemeinsame Außen- und Sicherheitspolitik

698 Die Union ist nach Maßgabe des Vertrags über die Europäische Union dafür zuständig, eine gemeinsame Außen- und Sicherheitspolitik einschließlich der schrittweisen Festlegung einer gemeinsamen Verteidigungspolitik zu erarbeiten und zu verwirklichen (Art. 2 IV AEUV).

d) Maßnahmen zur Unterstützung, Koordinierung oder Ergänzung der Maßnahmen der Mitgliedstaaten

699 In bestimmten Bereichen ist die Union nach Maßgabe der Verträge dafür zuständig, Maßnahmen zur Unterstützung, Koordinierung oder Ergänzung der Maßnahmen der Mitgliedstaaten durchzuführen, ohne dass dadurch die Zuständigkeit der Union für diese Bereiche an die Stelle der Zuständigkeit der Mitgliedstaaten tritt (Art. 2 V Uabs. 1 AEUV). Eine Harmonisierung der Rechtsvorschriften der Mitgliedstaaten darf aber in diesen Bereichen nicht erfolgen (Art. 2 V Uabs. 2 AEUV).

2. Grundsätze zur Wahrnehmung der Kompetenzen

700 Für die Wahrnehmung der Kompetenzen der EU gelten folgende Prinzipen, die in den Gründungverträgen festgeschrieben sind:

701 Nach dem *Prinzip der begrenzten Einzelermächtigung* (Art. 5 II EUV) reicht die Rechtssetzungskompetenz der EU immer nur so weit, wie dies der

EU von den Mitgliedstaaten in den Verträgen ausdrücklich eingeräumt ist. Die EU hat nicht das Recht, sich außerhalb der Verträge selbst eine Kompetenz zu schaffen.

Auch darf sie nach dem *Subsidiaritätsgrundsatz* (Art. 5 III Uabs. 1 EUV) keine Regelungen in den Bereichen, die nicht in ihre ausschließliche Zuständigkeit fallen, erlassen, wenn eine nationale oder gar regionale Regelung besser geeignet wäre, das gewünschte Ziel zu erreichen. 702

Ist eine Regelung der Union danach zulässig, darf sie nicht über das erforderliche Maß hinausgehen (*Verhältnismäßigkeitsgrundsatz*, Art. 5 IV Uabs. 1 EUV). 703

Im Übrigen besteht immer die *Verpflichtung zur loyalen Zusammenarbeit* zwischen EU und Mitgliedstaaten (Art. 4 III EUV). 704

III. Organe der Union

Damit die Union ihre Aufgaben erfüllen kann, wurde sie mit verschiedenen Organen ausgestattet (Art. 13 EUV). 705

1. Europäischer Rat

Der Europäische Rat (Art. 15 EUV, Art. 235 f. AEUV) setzt sich aus allen Regierungsoberhäuptern der Mitgliedstaaten sowie dem Präsidenten des Europäischen Rates und dem Präsidenten der Kommission zusammen und gibt die Richtlinien für die Politik der EU vor. Der Europäische Rat ist nicht an der alltäglichen Rechtssetzung der EU (Sekundärrecht) beteiligt, sondern dient als übergeordnete Institution dazu, die entscheidenden Kompromisse zwischen den einzelnen Mitgliedstaaten zu finden und Impulse für die weitere Entwicklung der Union zu setzen. Seine Aufgaben und Funktionsweise sind in Art. 15 EUV und Art. 235 f. AEUV festgeschrieben. Der Europäische Rat trifft sich mindestens zwei Mal pro Halbjahr zu Gipfeltreffen. In Krisensituationen werden Sondertreffen einberufen. Geleitet werden diese Treffen vom Präsidenten des Europäischen Rates, den es seit dem Vertrag von Lissabon gibt. 706

2. Der Rat

Vom Europäischen Rat zu unterscheiden ist der Rat der Europäischen Union (Art. 16 EUV, Art. 237–243 AEUV). Der Rat der Europäischen Union ist ein Ministerrat. Damit ist zunächst der Allgemeine Rat gemeint, der sich 707 aus den Außenministern aller Mitgliedstaaten zusammensetzt. Zusätzlich besteht der Rat für jedes Fachgebiet (Familie, Arbeit, Umwelt, Entwicklung, Wirtschaft etc.) aus den jeweils zuständigen Ministern der Mitgliedstaaten. Durch dieses Organ bestimmen die Regierungen der Mitgliedstaaten die Politik und das Handeln der EU ganz wesentlich mit. Der Rat wirkt bei der Gesetzgebung mit.

708   Grundsätzlich soll im Rat versucht werden, einen Konsensbeschluss (Einstimmigkeit) herzustellen, in der Praxis kommt es aber zumeist zu Abstimmungen mit qualifizierter Mehrheit (Art. 16 III EUV), wobei die Mitgliedstaaten abhängig von ihrer Größe unterschiedlich starkes Stimmgewicht haben. Ab dem 1. November 2014 gilt als qualifizierte Mehrheit eine Mehrheit von mindestens 55 % der Mitglieder des Rates, gebildet aus mindestens 15 Mitgliedern, sofern die von diesen vertretenen Mitgliedstaaten zusammen mindestens 65 % der Bevölkerung der Union ausmachen (Art. 16 IV Uabs. 1 EUV). Für eine Sperrminorität sind mindestens vier Mitglieder des Rates erforderlich (Art. 16 IV Uabs. 2 EUV). Beschließt jedoch der Rat nicht auf Vorschlag der Kommission oder des Hohen Vertreters der Union für Außen- und Sicherheitspolitik, so gilt ab dem 1. November 2014 abweichend von Art. 16 IV EUV und vorbehaltlich der Vorschriften des Protokolls über die Übergangsbestimmungen als qualifizierte Mehrheit eine Mehrheit von 72 % der Mitglieder des Rates, sofern die von diesen vertretenen Mitgliedstaaten zusammen mindestens 65 % der Bevölkerung der Union ausmachen (Art. 238 II AEUV).

3. Kommission

709 Die Kommission (Art. 17 EUV, Art. 244–250 AEUV) ist in erster Linie für die Verwaltungsangelegenheiten der EU zuständig. Sie ist in ihrer *Exekutivfunktion* mit der vollziehenden Gewalt (Regierung und Verwaltung) vergleichbar. Sie bestand anfänglich einschließlich ihres Präsidenten aus je einem Mitglied (Kommissar) pro Mitgliedstaat, also 28 Kommissaren insgesamt. Seit dem 1. November 2014 ist die Zahl der Mitglieder auf zwei Drittel der Mitgliedstaaten gekürzt und ein Rotationssystem eingeführt worden. So sollen die Handlungsfähigkeit und die Entscheidungsprozesse der Kommission beschleunigt werden. Obwohl die Mitglieder selbstredend aus Mitgliedstaaten stammen, ist es nicht ihre Aufgabe, als Vertreter der

Mitgliedstaaten aufzutreten. Vielmehr sollen sie als Mitglieder der Kommission Vertreter und Sprachrohr für die Interessen der EU sein, die oftmals jenen der Mitgliedstaaten entgegenstehen. Die Interessen der Staaten werden dafür vom Rat der Europäischen Union wahrgenommen.

Eine wichtige Bedeutung kommt der Kommission allerdings auch im Bereich der Gesetzgebung zu. Denn nur sie kann in der Regel Gesetzesvorschläge machen und dadurch den Gesetzgebungsprozess für sekundäres Recht in Gang setzen (sog. *Initiativrecht*). 710

Dass die Kommission im Interesse der Union handelt und nicht im Interesse ihrer Mitgliedstaaten, zeigt sich insbesondere in ihren weitreichenden Kontrollmöglichkeiten (*Kontrollfunktion*). Die Kommission wacht darüber, dass die Mitgliedstaaten ihre Verpflichtungen, die sich für sie aus Primär- und Sekundärrecht ergeben, einhalten. Sie kann, falls notwendig, auch zu Sanktionen greifen. Auch überprüft die Kommission, ob die wirtschaftspolitischen Maßnahmen der Mitgliedstaaten mit den Grundsätzen des einheitlichen Binnenmarktes übereinstimmen (z. B. im Bereich des Wettbewerbsrechts). 711

Neben ihrer Kontrollfunktion innerhalb der EU ist die Kommission auch für die *Vertretung* der EU nach außen zuständig (außer in Angelegenheiten der Gemeinsamen Außen- und Sicherheitspolitik) und führt die Beitrittsverhandlungen mit potenziellen neuen Mitgliedstaaten. 712

Um diesen aufwendigen Verwaltungstätigkeiten nachkommen zu können, ist die Kommission in Abteilungen – sog. Generaldirektionen – und Dienststellen gegliedert. Die Generaldirektionen sind nach Politikbereichen geordnet. Die Dienststellen befassen sich mit allgemeinen Verwaltungsangelegenheiten oder haben spezifische Aufgabenbereiche, beispielsweise Betrugsbekämpfung. 713

4. Europäisches Parlament

Das Europäische Parlament (Art. 14 EUV, Art. 223–234 AEUV) besteht aus 750 Abgeordneten zuzüglich des Präsidenten, die alle fünf Jahre direkt von den Bürgern in den Mitgliedstaaten gewählt werden (Art. 14 II EUV). Sie sind die Vertreter der Unionsbürger, womit das Parlament das demokratische Element der EU darstellt. Für die Wahl steht jedem Mitgliedstaat von der Gesamtzahl der Abgeordneten ein bestimmtes Kontingent zu (mindestens 714 sechs, höchstens 96 Abgeordnetensitze). Die Größe der Kontingente orientiert sich an der unterschiedlichen Einwohnerzahl der Mitgliedstaaten, begünstigt aber die kleineren gegenüber den größeren Mitgliedstaaten.

715 In den Anfangsjahren der Europäischen Gemeinschaft war das Parlament praktisch bedeutungslos. Weil aber das europäische Recht und die europäische Politik immer mehr an Bedeutung und Einfluss in den Mitgliedstaaten gewann, wurde zunehmend auch eine bessere demokratische Legitimation des Unionshandelns gefordert. Nach und nach wurden deshalb die Rechte des Parlaments gestärkt, bis es durch den Vertrag von Lissabon 2009 ein fester Bestandteil des Gesetzgebungsprozesses wurde.

716 Das Europäische Parlament ist gleichwohl qualitativ nicht mit einem nationalen Parlament gleichzusetzen. Es hat kein eigenes Gesetzesinitiativrecht und darf auch über die Gesetzgebung nur zusammen mit dem Rat der Europäischen Union entscheiden. Auch erfüllt die Wahl des Europäischen Parlaments nicht die Anforderungen an eine „echte" demokratische Wahl, weil zwar jeder Unionsbürger nur eine Stimme hat ("one man one vote"), aber die Bürger von kleineren Mitgliedstaaten wegen der Abgeordnetenkontingente (s. o.) relativ zu den Bürgern von größeren Mitgliedstaaten mehr Abgeordnete wählen dürfen.

717 Trotzdem spielt das Europäische Parlament inzwischen in der EU eine wichtige Rolle, wie an einigen beispielhaft aufgezählten Aufgaben zu erkennen ist. Es ist nicht nur an der Rechtssetzung der EU beteiligt, sondern muss auch dem Beitritt neuer Mitglieder zustimmen; bei internationalen Abkommen muss es zumindest gehört werden; zusammen mit dem Rat verabschiedet es außerdem den Haushalt der Union.

5. Europäischer Gerichtshof

718 Der Europäische Gerichtshof (Art. 19 EUV, Art. 251–281 AEUV) ist die richterliche Kontrollinstanz der Union zur Wahrung des Rechts bei der Auslegung und Anwendung der Verträge. Er setzt sich aus einem Richter je Mitgliedstaat, also 28 Richtern insgesamt, zusammen, deren Amtszeit sechs Jahre beträgt. Er wird von acht Generalanwälten unterstützt. Der Gerichtshof entscheidet allerdings nur in seltenen Fällen in der vollen Besetzung. Die Satzung des Gerichtshofs bestimmt, dass in den meisten Fällen Kammern in niedrigerer Besetzung zuständig sind. Um den Gerichtshof

überhaupt zu entlasten, wurde 1989 zudem ein *Gericht erster Instanz,* das *Gericht der Europäischen Union,* errichtet. Außerdem sollen zukünftig einige *Fachgerichte* eingesetzt werden; das Fachgericht für den öffentlichen Dienst der EU gibt es bereits.

Der EuGH überprüft die Gültigkeit der durch die Legislative der EU erlassenen sekundären Rechtsakte, die Handlungen der Kommission und die Einhaltung des Unionsrechts durch die Mitgliedstaaten. Außerdem hat der EuGH die Aufgabe, die Unionsnormen für alle Mitgliedstaaten verbindlich auszulegen. Da das Recht der Union von allen nationalen Behörden und Gerichten angewandt werden muss, wird dadurch eine einheitliche Anwendung der Normen in allen Mitgliedstaaten gewährleistet. 719

6. Weitere Organe

Daneben gibt es den *Europäischen Rechnungshof* (Art. 285–287 AEUV) und die *Europäische Zentralbank* (Art. 282–284 AEUV), die für die Geldpolitik in der Währungsunion zuständig ist. 720

Kein eigenständiges Organ der Union ist der *Hohe Vertreter für Außen- und Sicherheitspolitik* (Art. 18 EUV). Er leitet aber die Außen- und Sicherheitspolitik der Union. Dazu führt er zum einen den Vorsitz im Rat „Auswärtige Angelegenheiten" und ist zum anderen einer der Vizepräsidenten der Kommission. Dadurch soll eine Kohärenz des auswärtigen Handelns der Union erreicht werden. 721

Zu den beratenden Einrichtungen der Unionsorgane gehören des Weiteren der *Wirtschafts- und Sozialausschuss* (Art. 301–304 AEUV) sowie der *Regionalausschuss* (Art. 305–307 AEUV). Ferner ist es Aufgabe der *Europäischen Investitionsbank* (Art. 308–309 AEUV), zu einer ausgewogenen und reibungslosen Entwicklung des Binnenmarkts beizutragen. Die Investitionsbank bedient sich dabei des Kapitalmarkts sowie ihrer eigenen Mittel. Sie erleichtert ohne Verfolgung eines Erwerbszwecks durch Gewährung von Darlehen und Bürgschaften die Finanzierung von Vorhaben in allen Wirtschaftszweigen. 722

IV. Rechtsquellen

Im Unionsrecht ist zwischen primärem Unionsrecht und sekundärem Unionsrecht zu unterscheiden. Neue Mitgliedstaaten haben den gesamten 723 gemeinsamen Bestand des Unionsrechts, den sog. *acquis communautaire*, zu übernehmen. Anpassungen bestehenden Unionsrechts im Hinblick auf die Aufnahme neuer Mitgliedstaaten bedürfen einer besonderen Regelung zwischen den Mitgliedstaaten und dem beitretenden Staat.

1. Primärrecht

724 Zum *primären Unionsrecht* zählen die Gründungsverträge, die Grundrechte-Charta, das Gewohnheitsrecht und die allgemeinen Rechtsgrundsätze. Das primäre Unionsrecht bildet die Grundlage des von den Unionsorganen erlassenen sekundären Unionsrechts. Die Unionsverträge richten sich an die Mitgliedstaaten und die Organe der Union. Oft begründen sie aber auch unmittelbar, d. h. ohne weiteren Umsetzungsakt, Rechte und Pflichten für den einzelnen Unionsbürger. Man spricht dann von unmittelbarer Anwendbarkeit des Unionsrechts in den Mitgliedstaaten.

2. Sekundärrecht

a) Allgemein

725 Zum *sekundären Unionsrecht* gehören die von den Organen verabschiedeten abstrakt-generellen und konkret-individuellen verbindlichen Rechtsakte sowie die unverbindlichen Empfehlungen und Stellungnahmen (Art. 288 AEUV). Das sekundäre Unionsrecht richtet sich an die Mitgliedstaaten, entfaltet aber auch teilweise unmittelbare Wirkung oder Anwendbarkeit in den Mitgliedstaaten, also für Bürger und Behörden.

b) Rechtsakte

726 Im sekundären Unionsrecht gibt es zwei Arten von abstrakt-generellen Regelungen:

727 Die EU kann *Verordnungen* erlassen (Art. 288 Uabs. 2 AEUV). Diese gelten unmittelbar in den Mitgliedstaaten, das heißt, dass Verordnungen, sobald sie auf europäischer Ebene in Kraft treten, in den Mitgliedstaaten Teil ihrer Rechtsordnung werden und somit unmittelbar die Unionsbürger und auch die Behörden und Gerichte binden.

728 Ferner kann die EU sog. *Richtlinien* verabschieden (Art. 288 Uabs. 3 AEUV). Sie sind gegenüber den Mitgliedstaaten grundsätzlich nur hinsichtlich der Ziele verbindlich, die in ihnen geregelt sind. Zu ihrer Wirksamkeit

müssen sie erst in nationale Rechtsakte umgesetzt werden. Wie dies geschieht, ist den Mitgliedstaaten selbst überlassen. Diese Rechtsakte binden die Unionsbürger, Behörden und Gerichte also nicht unmittelbar, sondern verpflichten lediglich die Mitgliedstaaten, eine nationale Regelung entsprechenden Inhalts zu schaffen. Die Richtlinie kann aber ausnahmsweise unmittelbar anwendbar werden, wenn sie trotz Fristablaufs nicht innerstaatlich umgesetzt wurde und die Richtlinie von ihrem Inhalt her unbedingt und hinreichend bestimmt ist, um im Einzelfall konkret angewendet zu können.

Neben diesen Rechtssetzungsakten gibt es nach Art. 288 Uabs. 4 AEUV *Beschlüsse* als konkrete Regelungen, die sich entweder an einen oder mehrere bestimmte Adressaten (Mitgliedstaaten, juristische oder natürliche Personen in den Mitgliedstaaten) oder unbestimmt an alle konkret betroffenen Rechtsobjekte innerhalb der Union richten. In jedem Fall gelten sie unmittelbar. 729

Empfehlungen und Stellungnahmen (Art. 288 Uabs. 5 AEUV) haben dagegen keinen rechtsverbindlichen Charakter, aber eine große politische Wirkungskraft. Sie dienen den Mitgliedstaaten als Anleitungen oder Leitlinien ihres politischen Handelns. 730

c) Rechtssetzung

Die sekundären Rechtsakte der Union werden nach einem im Primärrecht vorgeschriebenen Gesetzgebungsverfahren erlassen. Die Rechtssetzung erfolgt abgesehen von einigen Ausnahmen nach dem *ordentlichen Gesetzgebungsverfahren* (Art. 289 I, 294 AEUV) als Standardverfahren. Dieses zeichnet sich dadurch aus, dass es dem Parlament gleiches Mitspracherecht wie dem Rat einräumt. Durch die starke Einbeziehung des Parlaments im Regelverfahren soll die demokratische Legitimation der Rechtsakte gestärkt werden. 731

Nachdem die Kommission einen Initiativvorschlag für den Erlass eines bestimmten Gesetzes vorgebracht hat, gibt das Parlament zu dem Gesetzesentwurf eine Stellungnahme ab. Der Rat berät darüber und, falls nötig, wird anschließend durch wechselseitige Stellungnahmen zwischen Parlament und Rat verhandelt. Bei anhaltenden Meinungsverschiedenheiten wird ein Vermittlungsausschuss einberufen. Das „Gesetz" wird gemeinsam verabschiedet oder nicht erlassen, wenn eine Einigung innerhalb einer Frist nicht gefunden wurde. 732

733　In welchen Fällen das ordentliche Gesetzgebungsverfahren durchgeführt werden muss, bestimmt das Vertragsrecht (der AEUV) jeweils im Zusammenhang mit dem Sachgebiet, das – nach dem Prinzip der begrenzten Einzelermächtigung (s. o. II.2.) – durch die EU geregelt werden kann oder soll. Dementsprechend wird im Vertragsrecht auch immer besonders angeordnet, wenn ausnahmsweise das außerordentliche Gesetzgebungsverfahren durchzuführen ist.

734　Im *außerordentlichen Gesetzgebungsverfahren* (Art. 289 II AEUV) ist entweder nur eine Anhörung des Europäischen Parlaments oder umgekehrt sogar seine Zustimmung für den Erlass eines Rechtsaktes durch den Rat erforderlich.

735　Neben diesen Gesetzgebungsakten gibt es in der EU auch Rechtsakte, die nicht in einem Gesetzgebungsverfahren erlassen werden (vgl. Art. 288 III AEUV). Dabei handelt es sich im Wesentlichen um Rechtsakte, die auf einem Gesetzgebungsakt beruhen und seiner Konkretisierung und Durchführung dienen, wie die *delegierten Rechtsakte* (Art. 290 AEUV) und die *Durchführungsrechtsakte* der Kommission (Art. 291 AEUV).

3. Völkerrechtliche Verträge

736　Die von der Union – in einem eigenständigen (Nicht-Gesetzgebungs-)Verfahren, Art. 218 AEUV – abgeschlossenen völkerrechtlichen Verträge bilden nach ständiger Rechtsprechung des EuGH einen integrierten Bestandteil der Unionsordnung. Dabei haben sie, da sie für die Unionsorgane bindend sind, Vorrang vor dem von den Unionsorganen gesetzten Sekundärrecht. Völkerrechtliche Verträge der Union nehmen also einen Zwischenrang unterhalb des Primärrechts, aber über dem Sekundärrecht ein. In den Außenbeziehungen hingegen genießt der völkerrechtliche Vertrag natürlich Vorrang vor jedem Unionsrecht. Beim Abschluss von Verträgen hat sich die Union aber an die Schranken des primären Unionsrechts zu halten.

4. Vorrang des Unionsrechts

737　Die wichtigste Wirkung des – unmittelbar in den Mitgliedstaaten anwendbaren (s. o. 1., 2.) – Unionsrechts zeigt sich in seinem Verhältnis zum nationalen Recht. Aus dem Sinn und Zweck der Europäischen Union folgt, dass das Recht der Union in allen Mitgliedstaaten gleich gelten muss (sog. *effet utile* der Union). Demnach darf seine Anwendbarkeit nicht davon abhängig sein, ob und inwieweit das jeweils nationale Recht diese Anwendbarkeit zulässt. Daraus folgt:

Wenn ein nationales Gesetz inhaltlich einem Rechtsakt der Union widerspricht, ist nicht das nationale Gesetz, sondern der Unionsrechtsakt anzuwenden. Das nennt man den *Anwendungsvorrang* des (unmittelbar anwendbaren) Unionsrechts. Alle nationalen Behörden und Gerichte müssen also das Unionsrecht vorrangig anwenden, die nationalen Gesetze treten zurück. Das nationale Recht behält aber seine Gültigkeit und bleibt daher anwendbar, wenn im konkreten Fall keine unionsrechtliche Regelung besteht bzw. einschlägig ist. 738

Das unterscheidet den Anwendungsvorrang vom Geltungsvorrang sonstigen höherrangigen Rechts, z. B. im Verhältnis von Verfassungsrecht zu Gesetzesrecht: Verfassungswidrige Gesetze sind nämlich ungültig (nichtig). Hingegen ist hier alles nationale Recht, also Gesetze ebenso wie das nationale Verfassungsrecht, (nur) nicht anwendbar in den Fällen, in denen ein Rechtsakt des Unionsrechts einschlägig und daher dieser anzuwenden ist. Das bedeutet auch: Soweit möglich, ist alles nationale Recht so auszulegen und anzuwenden, dass ein Widerspruch zum Unionsrecht vermieden wird (*unionsrechtskonforme Auslegung*). 739

Nach der Rechtsprechung des Bundesverfassungsgerichts gilt der Vorrang des Unionsrechts allerdings nur bis zu bestimmten letzten *Grenzen*, die vom nationalen (Verfassungs-)Recht des Grundgesetzes gezogen werden und für das Unionsrecht nicht überwindbar sind: (1) Ein Rechtsakt der Union, der selbst unionsrechtswidrig ist, weil für ihn keine Grundlage (Ermächtigung) in den Verträgen gegeben ist, ist in Deutschland nicht anwendbar (ultra vires-Vorbehalt). (2) Ein Rechtsakt der Union, der gegen Grundrechte des Grundgesetzes verstößt, weil der Schutz, den die Grundrechte der Union gewährleisten, keinen im Wesentlichen und generell vergleichbaren Schutz bieten, ist in Deutschland ungültig und daher nicht anwendbar (letzter Grundrechtsvorbehalt). (3) Ein Rechtsakt der Union, der gegen Grundsätze der deutschen Verfassungsordnung verstößt, die zu seiner Identität gehören, ist in Deutschland ungültig und nicht anwendbar (Identitätsvorbehalt, Art. 23 I 3 i. V. m. Art. 79 III GG). Diese Grenzen sind zwar bisher erst sehr selten überschritten worden. Aber in jüngerer Zeit wird mehr und mehr 740 darüber diskutiert, ob diese Grenzen inzwischen beispielsweise auch dort erreicht sind, wo die Europäische Union sehr weitreichende Maßnahmen zur Bekämpfung der europäischen Finanzkrise ergriffen hat.

V. Rechtsschutz

741 Der EuGH hat die Aufgabe, über die Einhaltung des EU-Rechts zu wachen (Art. 19 I 2 EUV). Er kann dabei in verschiedenen Verfahrensarten tätig werden. Die wichtigsten seien hier vorgestellt.

742 Im *Vertragsverletzungsverfahren* (Art. 258–260 AEUV) haben sowohl die Kommission als auch alle Mitgliedstaaten die Möglichkeit, einen Mitgliedstaat vor dem EuGH zu verklagen, wenn sie der Meinung sind, dieser verletze eine Rechtsnorm aus den Verträgen, also das Primärrecht. Wird eine Vertragsverletzung vom Gericht festgestellt, so ist der Mitgliedstaat zur Änderung seines vertragswidrigen Verhaltens gezwungen, ansonsten kann ihm ein Zwangsgeld auferlegt werden (Art. 260 AEUV).

743 Mit der *Nichtigkeitsklage* (Art. 263–264 AEUV) können sich die Mitgliedstaaten, die Organe der Union sowie natürliche und juristische Personen direkt gegen einen sekundären Rechtsakt wenden, wenn dieser ihrer Ansicht nach gegen das Primärrecht verstößt. Natürliche und juristische Personen müssen dazu ein individuelles und unmittelbares Betroffensein durch den angeblich rechtswidrigen Rechtsakt vorweisen können. Unter ähnlichen Voraussetzungen kann auch eine *Untätigkeitsklage* (Art. 265 AEUV) erhoben werden. Gemäß Art. 256 AEUV entscheidet hier in der Regel das EuG in erster Instanz und der EuGH in zweiter Instanz.

744 Für das *Vorabentscheidungsverfahren* (Art. 267 AEUV) ist der EuGH zuständig; eine Zuständigkeit des EuG ist hier bislang (vgl. Art. 256 III Uabs. 1 AEUV) nicht festgelegt. Hierbei legt ein nationales Gericht dem EuGH eine Frage bezüglich der Gültigkeit oder der Auslegung einer bestimmten EU-Norm vor, wenn diese für einen konkreten nationalen Rechtsstreit von entscheidender Bedeutung ist. Auf diese Weise soll der EuGH die Möglichkeit haben, sein Monopol über die Auslegung des Unionsrechts auszuüben, um dadurch eine einheitliche Anwendung der EU-Rechtsnormen in allen Mitgliedstaaten zu gewährleisten. Über die Gültigkeit eines europäischen Rechtsaktes kann ohnehin nur der EuGH entscheiden. Die Entscheidung des Gerichtshofs ist für das nationale Gericht bindend und auch für vergleichbare

zukünftige Rechtsfälle in anderen Mitgliedstaaten wegweisend. Das Vorabentscheidungsverfahren ist die in der Praxis häufigste und auch wichtigste Verfahrensart, weil in diesem Verfahren das Unionsrecht immer wieder neu konkretisiert und dadurch weiterentwickelt und in seiner Wirksamkeit in den Mitgliedstaaten gestärkt wird.

C. Materielles Unionsrecht

I. Werte der Union

Die Werte, auf die sich die Union gründet, sind die Achtung der Menschenwürde, Freiheit, Demokratie, Gleichheit, Rechtsstaatlichkeit und die Wahrung der Menschenrechte einschließlich der Rechte der Personen, die Minderheiten angehören. Diese Werte sind allen Mitgliedstaaten in einer Gesellschaft gemeinsam, die sich durch Pluralismus, Nichtdiskriminierung, Toleranz, Gerechtigkeit, Solidarität und die Gleichheit von Frauen und Männern auszeichnet (Art. 2 EUV). 745

II. Nichtdiskriminierung und Unionsbürgerschaft

Unbeschadet besonderer Bestimmungen der Verträge ist im Anwendungsbereich des Unionsrechts jede *Diskriminierung* (Ungleichbehandlung) von Unionsbürgern in den Mitgliedstaaten aus Gründen der Staatsangehörigkeit verboten (Art. 18 Uabs. 1 AEUV). Auch kann die EU Maßnahmen ergreifen, um Diskriminierungen aus Gründen des Geschlechts, der Rasse, der ethnischen Herkunft, der Religion oder der Weltanschauung, einer Behinderung, des Alters oder der sexuellen Ausrichtung zu bekämpfen (Art. 19 I AEUV). 746

Die EU-Verträge haben zudem die *Unionsbürgerschaft* geschaffen, die an die Staatsangehörigkeit eines Mitgliedstaates anknüpft (Art. 9 S. 2 EUV, Art. 20 I 2 AEUV). Sie ist zwar nicht mit einer Staatsbürgerschaft zu vergleichen, da die Union kein Staat ist und die Unionsbürgerschaft daher keine vergleichbaren Rechte- und Pflichtenbeziehungen zwischen dem Einzelnen und der Europäischen Union schafft. Die Unionsbürgerschaft bedeutet aber ein Bündel von besonderen Rechten in der Union, die jeder Bürger eines Mitgliedstaats aufgrund der Verträge hat (Art. 20 AEUV). 747

748	Art. 21 AEUV gibt dem Unionsbürger ein umfassendes Recht, sich im Hoheitsgebiet der Mitgliedstaaten frei zu bewegen und aufzuhalten. Die Bewegungsfreiheit ist damit von einer wirtschaftlichen Zielbestimmung losgelöst, wie sie z. B. der Inanspruchnahme der Arbeitnehmer- und Niederlassungsfreiheit (Art. 45 ff., 49 ff. AEUV) und der aktiven Dienstleistungsfreiheit (Art. 56 ff. AEUV) zugrunde liegt. Unionsbürger haben des Weiteren gemäß Art. 22 I AEUV das aktive und passive Wahlrecht bei Kommunalwahlen ihrer jeweiligen Aufenthaltsgemeinde. Damit steht den Unionsbürgern auch der Zugang zu politischen Parteien im Hinblick auf Kommunalwahlen offen. Unionsbürger, auch solche, die sich in einem anderen Mitgliedstaat als ihrem Heimatstaat aufhalten, haben zudem das aktive und passive Wahlrecht zum Europäischen Parlament gemäß Art. 22 II AEUV. Schließlich steht den Unionsbürgern im Hoheitsgebiet eines Drittstaates, in dem ihr Heimatstaat nicht vertreten ist, gemäß Art. 23 AEUV die Möglichkeit zu, den diplomatischen und konsularischen Schutz eines jeden Mitgliedstaats unter denselben Bedingungen wie dessen eigene Staatsangehörige in Anspruch zu nehmen. Eine eigene Schutzgewährung durch die Europäische Union besteht hingegen nicht.

III. Grundfreiheiten

1. Ziel

749	Wesentliches Ziel der Union ist es, einen *gemeinsamen Binnenmarkt* zu errichten (Art. 3 III Uabs. 1 EUV). Ein solcher Binnenmarkt ist nach Art. 26 II AEUV ein Raum ohne Binnengrenzen, in dem der freie Verkehr von Waren, Personen, Dienstleistungen und Kapital gewährleistet ist. Die europäischen Verträge garantieren deshalb innerhalb der Union vier Grundfreiheiten, die jeder Mitgliedstaat zu beachten hat. Alle staatlichen Regelungen, die diese Freiheiten beschränken, verletzen grundsätzlich das Unionsrecht. Gegenüber Drittstaaten gelten diese Regelungen aber nicht. Verstößt ein EU-Mitgliedstaat gegen die Grundfreiheiten, kann er von einem anderen Mitgliedstaat oder der Kommission vor dem EuGH im Rahmen eines Vertragsverletzungsverfahrens (Art. 258–260 AEUV) verklagt werden. Der beklagte Staat kann sich dann lediglich auf wenige zulässige Rechtfertigungsgründe berufen.

2. Funktion

a) Grenzüberschreitende Sachverhalte

Alle Grundfreiheiten knüpfen tatbestandlich an grenzüberschreitende Sachverhalte an. Die Vorschriften über die Grundfreiheiten sind also auf Rechtsbeziehungen anwendbar, die einen räumlichen Bezug zum Gebiet der Union aufweisen. Sie gelten daher nicht für interne Maßnahmen eines Mitgliedstaates. 750

b) Diskriminierungs- und Beschränkungsverbote

Die Grundfreiheiten sind vor allem vom Grundsatz der Inländergleichbehandlung bzw. vom Diskriminierungsverbot gekennzeichnet, wobei darunter eine materielle und nicht bloß formelle Gleichbehandlung zu verstehen ist. Unzulässig sind Vorschriften, die bestimmte Dienstleistungen Inländern vorbehalten, sowie Vorschriften, die Ausländer strengeren Regelungen unterwerfen. 751

aa) Offene Diskriminierung

Eine offene Diskriminierung liegt dann vor, wenn bestimmte Rechte in einem Mitgliedstaat den eigenen Staatsangehörigen vorbehalten sind oder bestimmte Regelungen ihn gegenüber EU-Ausländern ausdrücklich besser stellen. Das Merkmal der Staatsangehörigkeit darf also nicht dazu benutzt werden, Angehörige aus anderen Mitgliedstaaten gegenüber eigenen Staatsangehörigen offensichtlich ungleich zu behandeln. 752

bb) Versteckte Diskriminierung

Unter einer versteckten oder verschleierten Diskriminierung versteht man Regelungen, die zwar formal nicht zwischen Inländern und sonstigen Normadressaten unterscheiden, bei denen aber in Anbetracht der sachlichen Umstände zu erwarten ist, dass sie für nicht ortsansässige Angehörige anderer Mitgliedstaaten mit nachteiligen Auswirkungen verbunden sind. 753

Eine Diskriminierung liegt insbesondere bei einer Maßnahme vor, die eine Unterscheidung aufgrund des Kriteriums des Wohnsitzes trifft. Da Gebietsansässige meistens Inländer sind, wirkt sich eine Regelung, die Ortsansässige bevorzugt, hauptsächlich zum Nachteil der Angehörigen anderer Mitgliedstaaten aus. Um eine Maßnahme als diskriminierend qualifizieren 754 zu können, muss sie nicht bewirken, dass alle Inländer begünstigt werden oder dass nur die Staatsangehörigen der anderen Mitgliedstaaten benachteiligt werden.

cc) Beschränkungsverbot

755 Der Europäische Gerichtshof entwickelte die ursprünglich als Diskriminierungsverbote formulierten oder zumindest aufgefassten Grundfreiheiten darüber hinaus zu allgemeinen Beschränkungsverboten weiter. Während das unmittelbar aus dem AEUV abgeleitete Diskriminierungsverbot die Schlechterstellung von Ausländern gegenüber Inländern verbietet, fordert das Beschränkungsverbot, dass auch unterschiedslos auf Inländer und Ausländer anwendbare Vorschriften mit dem Unionsrecht vereinbar sein müssen. Diese Ausweitung erfolgte zunächst für die Warenverkehrsfreiheit und die Dienstleistungsfreiheit, schließlich auch für die Freizügigkeit und die Niederlassungsfreiheit. Der EuGH sah sich zur Ausweitung der bloßen Diskriminierungsverbote zu Beschränkungsverboten veranlasst, als er erkannte, dass auch unterschiedslose, also nicht zwischen Inländern und Ausländern differenzierende Maßnahmen den durch die Grundfreiheiten geschützten freien Waren- und Personenverkehr erheblich erschweren. Der Grundsatz des „effet utile" gebietet daher eine Auslegung der Bestimmungen über bloße Diskriminierungsverbote hinaus.

3. Freier Warenverkehr

756 Die Europäische Union umfasst eine Zollunion (Art. 28 AEUV). Das bedeutet, dass für den Warenverkehr innerhalb der Union keine Ein- und Ausfuhrzölle oder Abgaben gleicher Wirkung erhoben werden dürfen (Art. 30 AEUV). Es gibt aber einen gemeinsamen Zolltarif gegenüber Drittländern. Die Zollsätze des gemeinsamen Zolltarifs ergeben sich aus vertraglichen Bestimmungen, wie sie im GATT oder in anderen Handelsabkommen niedergelegt sind. Privilegierten Handelspartnern räumt die EU dabei aber eine besondere Senkung von Zöllen ein. Dies gilt insbesondere für die sog. AKP-Staaten (Afrika, Karibik, Pazifik) und galt für die durch Europa-Abkommen „assoziierten Staaten" Mittel- und Osteuropas.

757 Neben der Abschaffung der Binnenzölle sind auch nichttarifäre Handelshemmnisse innerhalb der Europäischen Union verboten. Mengenmäßige

Einfuhr- und Ausfuhrbeschränkungen sowie „alle Maßnahmen gleicher Wirkung" sind zwischen den Mitgliedstaaten verboten (Art. 34 und 35 AEUV). Damit sind alle Maßnahmen, mit denen Mitgliedstaaten zum Schutz der heimischen Wirtschaft die Wareneinfuhr und die Warenausfuhr behindern, untersagt.

Unter einer Maßnahme gleicher Wirkung wie eine mengenmäßige Beschränkung ist nach der sog. *Dassonville-Formel* des EuGH jede Handelsregelung der Mitgliedstaaten zu verstehen, die geeignet ist, den Handel innerhalb der Union unmittelbar oder mittelbar, tatsächlich oder potenziell zu behindern. Zu den Maßnahmen gleicher Wirkung zählen nicht nur rechtliche Beschränkungen, sondern auch sonstige staatliche Maßnahmen, die sich als Beschränkung des Handels innerhalb der Union darstellen, wie etwa Werbekampagnen, mit denen der Absatz inländischer Waren gefördert werden soll. Die Dassonville-Formel trifft inländische und ausländische Waren gleichermaßen. Art. 34 AEUV enthält auch die Verpflichtung der Mitgliedstaaten, Behinderungen des grenzüberschreitenden Warenverkehrs durch Private entgegenzutreten. Wegen der Weite der Dassonville-Formel hat der EuGH eine Ausnahme vom Anwendungsbereich des Art. 34 AEUV festgelegt: Bei nichtdiskriminierenden Verkaufsbeschränkungen, die von ihrer Zielsetzung her nicht auf den grenzüberschreitenden Warenverkehr einwirken sollen, besteht eine Bereichsausnahme. Aufgrund dieser sog. *Keck-Formel* hat der EuGH z. B. nationale Ladenschlussregelungen aus dem Anwendungsbereich von Art. 34 AEUV ausgenommen. 758

Jedoch können Ausnahmen vom Verbot von Handelsbeschränkungen im Sinne von Art. 34 AEUV gemäß Art. 36 AEUV gerechtfertigt sein. Daneben hat der EuGH immanente Schranken in der Entscheidung *Cassis de Dijon* entwickelt, um es den Mitgliedstaaten unabhängig von einer besonderen Rechtfertigung nach der Ausnahmevorschrift des Art. 36 AEUV zu ermöglichen, nichtdiskriminierende und zum Schutz unionsrechtlich anerkannter Allgemeinwohlbelange erforderliche Handelsbeschränkungen vorzusehen. Soweit Beschränkungen des Handels innerhalb der Union ausnahmsweise gerechtfertigt sind, gilt aber eine strenge Verhältnismäßigkeitsprüfung. Auch dürfen die Beschränkungen nicht zur willkürlichen Diskriminierung eingesetzt oder zur verschleiernden Handelsbeschränkung missbraucht werden (Art. 36 AEUV). Art. 36 AEUV bietet indessen keine Rechtfertigung für eine Handelsbeschränkung gegenüber einem anderen 759

Mitgliedstaat, wenn der geschützte Belang bereits Gegenstand einer Harmonisierungsregelung des Unionsrechts ist. Hinsichtlich der immanenten Schranken ist problematisch, dass sie sich auf Allgemeinwohlbelange beziehen, die auch eine Rechtfertigung nach Art. 36 AEUV begründen könnten. Im Unterschied zu den in Art. 36 AEUV angesprochenen Rechtfertigungsgründen sind die hiernach möglichen (erforderlichen) Handelsbeschränkungen aber nicht formal diskriminierend. Sie gelten vielmehr unterschiedslos für in- und ausländische Waren. So hat der EuGH die Cassis de Dijon-Formel auf formal unterschiedslose, aber faktisch diskriminierende Maßnahmen erweitert, etwa auf nationale Produktstandards, die auf in- und ausländische Produkte gleichermaßen anwendbar sind, von ausländischen Produzenten aber sehr viel schwieriger als von inländischen zu erfüllen sind.

4. Personenfreizügigkeit

760 Der Begriff Personenfreizügigkeit bedeutet die uneingeschränkte Bewegungsfreiheit eines Unionsbürgers in allen Unionsstaaten. Er umfasst das Recht eines Unionsbürgers, in einem anderen Unionsstaat als dem Heimatland leben und arbeiten zu dürfen. Spezifiziert wird die Personenfreizügigkeit in der Arbeitnehmerfreizügigkeit und der Niederlassungsfreiheit.

a) Arbeitnehmerfreizügigkeit

761 Die Arbeitnehmerfreizügigkeit (Art. 45–48 AEUV) gestattet es jedem Unionsbürger, in einem Unionsland seiner Wahl eine nichtselbstständige Beschäftigung aufzunehmen. Dabei müssen für ihn die gleichen Bedingungen gelten, wie für die Staatsangehörigen seines Wahlstaates. Denn tatsächliche Freizügigkeit ist nur gegeben, wenn es für den EU-Ausländer keine auf der Staatsangehörigkeit beruhende Benachteiligung in Bezug auf den Zugang zur Beschäftigung, die Ausübung der Beschäftigung, die Bezahlung und die sonstigen Arbeitsbedingungen gibt. Eine Ausnahme gilt für die Beschäftigung in der öffentlichen Verwaltung eines Mitgliedstaates, sofern es um die Wahrnehmung hoheitlicher Aufgaben geht (Art. 45 IV AEUV).

762 In diese Gleichstellung darf nur aus Gründen der öffentlichen Sicherheit und Ordnung und der Gesundheit eingegriffen werden (Art. 45 III AEUV).

b) Niederlassungsfreiheit

Die Niederlassungsfreiheit (Art. 49–55 AEUV) betrifft die selbstständige Erwerbstätigkeit. Jeder Unionsbürger ist danach berechtigt, in einem anderen Mitgliedstaat eine selbstständige Erwerbstätigkeit aufzunehmen sowie die Leitung von Unternehmen zu übernehmen. Auch kann er ein Unternehmen gründen oder sich mit einer nach dem Recht eines anderen Mitgliedstaates gegründeten Gesellschaft niederlassen. Beispielsweise darf sich ein Däne mit einer in England gegründeten Private limited company (englische Gesellschaftsform) in Dänemark niederlassen, obwohl das dänische Recht eine solche Gesellschaftsform nicht bzw. nur unter anderen, strengeren Gründungsvoraussetzungen zulässt. 763

Gerechtfertigt werden kann eine beschränkend wirkende Regelung eines Staates hier ebenfalls nur aus Gründen der öffentlichen Sicherheit und Ordnung oder Gesundheit (Art. 52 I AEUV). 764

5. Dienstleistungsfreiheit

Durch die Dienstleistungsfreiheit (Art. 56–62 AEUV) wird auch den europäischen Anbietern gewerblicher, kaufmännischer, handwerklicher und freiberuflicher Tätigkeiten ein freier Zugang zu allen Unionsländern ermöglicht. Im Unterschied zur Niederlassungsfreiheit geht es hierbei nicht um die feste Niederlassung in einem anderen Staat, sondern lediglich um die grenzüberschreitende Erbringung einer bestimmten Dienstleistung gegen Entgelt. 765

Der Tatbestand aktiver Dienstleistungsfreiheit ist gegeben, wenn sich der Dienstleistungs*erbringer* in einen anderen Mitgliedstaat begibt. Passive Dienstleistungsfreiheit liegt vor, wenn sich der Dienstleistungs*empfänger* in einen anderen Mitgliedstaat begibt. Bei der Korrespondenzdienstleistung bleiben sowohl Leistender als auch Empfänger in ihrem Aufenthaltsstaat und lediglich die Dienst*leistung* passiert die Grenze. Die Freiheit des Dienstleistungsverkehrs ist nämlich auch dann tangiert, wenn nur die Dienstleistung die Grenze überschreitet, ohne dass sich eine Person von einem Mitgliedstaat in einen anderen bewegt. Entscheidend ist also allein der Tatbestand der Grenzüberschreitung, da es um die Öffnung der einzelnen nationalen Märkte für Dienstleistungen aus der Union geht. 766

Die Beschränkungen der Niederlassungsfreiheit (insbesondere Art. 52 AEUV) gelten auch für die Dienstleistungsfreiheit (Art. 62 AEUV). 767

6. Kapitalverkehrsfreiheit und Zahlungsverkehrsfreiheit

768 Mit der Kapital- und Zahlungsverkehrsfreiheit (Art. 63–66 AEUV) wird der Transfer von Geldern und Wertpapieren, auch von Sachkapital zu Anlage- und Investitionszwecken zwischen den Unionsstaaten unbeschränkt erlaubt.

769 Zahlung ist dabei die Gegenleistung für Waren oder Dienstleistungen und muss daher schon aus praktischen Gründen ebenfalls frei erbracht werden können (*Zahlungsverkehrsfreiheit*).

770 Der *Kapitalverkehr* ist der reine Finanztransfer, der häufig auch mit Unternehmenszusammenschlüssen (Niederlassungsfreiheit) oder Bankdienstleistungen zusammenhängt. Eine Besonderheit ist hierbei, dass diese Freiheit auch gegenüber Drittstaaten gelten soll (Art. 63 AEUV).

771 Art. 63 AEUV berührt aber nicht das Recht der Mitgliedstaaten, die einschlägigen Vorschriften ihres Steuerrechts anzuwenden, die Steuerpflichtigen mit unterschiedlichem Wohnort oder Kapitalanlageort unterschiedlich zu behandeln, und die unerlässlichen Maßnahmen zu treffen, um Zuwiderhandlungen gegen innerstaatliche Rechts- und Verwaltungsvorschriften, insbesondere auf dem Gebiet des Steuerrechts und der Aufsicht über Finanzinstitute, zu verhindern, sowie Meldeverfahren für den Kapitalverkehr zwecks administrativer oder statistischer Information vorzusehen oder Maßnahmen zu ergreifen, die aus Gründen der öffentlichen Ordnung oder Sicherheit gerechtfertigt sind (Art. 65 I AEUV). Die genannten Maßnahmen und Verfahren dürfen aber weder ein Mittel zur willkürlichen Diskriminierung noch eine verschleierte Beschränkung des freien Kapital- und Zahlungsverkehrs im Sinne des Art. 63 AEUV darstellen.

772 Tatsächliche Beschränkungen der Kapitalverkehrsfreiheit sind nur noch gegenüber Drittstaaten und in folgenden Fällen zulässig: Erstens können gegen Kapitalbewegungen, die das Funktionieren der Wirtschafts- und Währungsunion schwerwiegend stören, zeitlich begrenzte Schutzmaßnahmen erlassen werden (Art. 66 AEUV). Zweitens kann im Rahmen von Wirtschaftssanktionen zur Terrorismusbekämpfung der freie Kapitalverkehr ausgesetzt werden (Art. 75 AEUV).

7. Weitere Rechtfertigungsgründe für Einschränkungen

773 Nach der Rechtsprechung des EuGH müssen nationale Maßnahmen, die die Ausübung der durch den Vertrag garantierten grundlegenden Freiheiten

beschränken, immer und unabdingbar zwei Voraussetzungen erfüllen: Sie müssen in *nichtdiskriminierender Weise angewendet* werden und sie müssen aus *zwingenden Gründen des Allgemeininteresses* gerechtfertigt sein.

Die beiden Voraussetzungen beschränken also die zulässige Beschränkbarkeit der Grundfreiheiten (Schrankenschranken). Hier kommen grundsätzlich Unionsgrundrechte und Primärrechtsbestimmungen, sekundäres Unionsrecht und vor allem der Verhältnismäßigkeitsgrundsatz in Betracht. Die staatliche Regelung muss danach geeignet sein, die Verwirklichung des mit der Regelung verfolgten Ziels auch tatsächlich zu gewährleisten und darf nicht über das zur Erreichung des Allgemeininteresses Erforderliche hinausgehen. Schließlich muss die Mittel-Zweck-Relation gewahrt werden. 774

IV. Rechtsangleichung

Ermächtigungsnormen zur Rechtsangleichung finden sich in den Art. 114 ff. AEUV. So ermächtigt Art. 115 AEUV zum Erlass von Richtlinien für die Angleichung derjenigen Rechts- und Verwaltungsvorschriften der Mitgliedstaaten, die sich unmittelbar auf die Errichtung oder das Funktionieren des Binnenmarktes auswirken. Die Rechtsangleichung kann sich dabei mit der Festlegung unionsrechtlicher Mindeststandards begnügen, aber auch bis zur völligen Vereinheitlichung eines Rechtsgebietes reichen. Sie ermächtigt aber nicht zur Beseitigung aller Unterschiede zwischen den nationalen Rechtsordnungen unter abstrakter Berufung auf Gefährdungen der Grundfreiheiten. 775

Zu den wichtigsten Rechtsgebieten, auf denen die Europäische Union eine Rechtsangleichung vollzogen hat, gehören beispielsweise das Gesellschaftsrecht, das Arbeitsrecht, das Bank- und Börsenrecht, das Telekommunikationswesen sowie der gewerbliche Rechtsschutz und das öffentliche Auftragswesen. 776

Hält es ein Mitgliedstaat nach dem Erlass einer Harmonisierungsmaßnahme für erforderlich, einzelstaatliche Bestimmungen beizubehalten, die durch wichtige Erfordernisse im Sinne des Artikels 36 AEUV oder in Bezug auf den Schutz der Arbeitsumwelt oder den Umweltschutz gerechtfertigt sind, so hat er diese Bestimmungen sowie die Gründe für ihre Beibehaltung der Kommission mitzuteilen (Art. 114 IV AEUV). Die Kommission muss dann innerhalb von sechs Monaten nach den Mitteilungen die betreffenden einzelstaatlichen Bestimmungen billigen oder ablehnen. Sie muss prüfen, ob die 777 einzelstaatlichen Bestimmungen ein Mittel zur willkürlichen Diskriminierung und eine verschleierte Beschränkung des Handels zwischen den Mitgliedstaaten darstellen und ob sie das Funktionieren des Binnenmarkts behindern.

V. Grundrechte

778 Die Rechtsordnung der Europäischen Union kennt eigene Grundrechtsgewährleistungen. Diese finden sich in der Europäischen Grundrechte-Charta. Die Charta und die Verträge sind rechtlich gleichrangig.

779 Die Unionsgrundrechte verpflichten die Union und ihre Organe nicht nur als objektives Recht. Sondern alle Einwohner der Europäischen Union können die Unionsgrundrechte als subjektive Abwehrrechte gegen Maßnahmen von Organen der Europäischen Union geltend machen. Außerdem gelten die Unionsgrundrechte auch gegenüber nationalen Maßnahmen der Mitgliedstaaten, wenn und soweit sie dabei Unionsrecht umsetzen oder sonst zu beachten haben.

780 Die Union soll zudem gemäß Art. 6 II EUV der Europäischen Konvention zum Schutz der Menschenrechte und Grundfreiheiten (EMRK) beitreten. Aber auch ungeachtet dessen gelten die Grundrechte, wie sie in der EMRK gewährleistet sind und wie sie sich aus den gemeinsamen Verfassungsüberlieferungen der Mitgliedstaaten ergeben, als allgemeine Grundsätze Teil des Unionsrechts (Art. 6 III EUV).

VI. Politiken

781 Auf einige weitere Politiken und Kompetenzen der EU wird im Folgenden exemplarisch eingegangen.

1. Landwirtschaft

782 Der Binnenmarkt umfasst auch die Landwirtschaft (Art. 38–44 AEUV), die Fischerei und den Handel mit landwirtschaftlichen Erzeugnissen. Landwirtschaftliche Erzeugnisse sind Erzeugnisse des Bodens, der Viehwirtschaft und der Fischerei, also die Urproduktion, sowie die mit dieser in unmittelbarem Zusammenhang stehenden Erzeugnisse der ersten Verarbeitungsstufe (Art. 38 I Uabs. 2 AEUV). Die EU-Agrarpolitik hilft beispielsweise den Landwirten bei der Erzeugung genügender Mengen an Lebensmitteln für Europa. Sie dient der Erhaltung der Qualität von Lebensmitteln und schützt die

Bauern vor zu großen Preisschwankungen. Zudem sichert sie Arbeitsplätze in der Lebensmittelindustrie und setzt sich für Umweltschutz und Tierschutz ein. Prinzipiell gelten auch die Grundfreiheiten für den Agrarmarkt.
Für die meisten landwirtschaftlichen Erzeugnisse bestehen aber sog. *Marktordnungen*. Die Gemeinsamen Marktordnungen weisen im Gegensatz zum marktwirtschaftlichen Ansatz der EU einen planwirtschaftlichen Charakter auf. Preissysteme für Marktordnungen streben eine Angleichung des Preisniveaus innerhalb der Union und eine Einkommenssicherung für Landwirte an. Der Richtpreis ist der Preis, der als Ziel für die Vermarktung eines Produkts auf der Großhandelsstufe angestrebt wird. Zum Referenzpreis (auch Garantiepreis, früher: Interventionspreis) kaufen Interventionsstellen, die von den Mitgliedstaaten eingerichtet werden, die landwirtschaftlichen Erzeugnisse auf, wenn der Richtpreis auf dem Markt nicht erzielt werden kann. In der Regel besteht eine Aufkaufpflicht. Um ein Mindestmaß an freier Preisbildung auf dem Markt zu gewährleisten, muss der Referenzpreis unter dem Richtpreis liegen. 783

2. Wettbewerbsordnung

a) Allgemein

Die Schaffung eines Systems, das den Wettbewerb innerhalb des Binnenmarkts vor Verfälschungen schützt, zielt vor allem gegen Absprachen und Verhaltensweisen privater Unternehmen. Gemäß Art. 106 I AEUV sind aber auch öffentliche Unternehmen und Unternehmen, denen die Mitgliedstaaten besondere oder ausschließliche Rechte gewähren, der Wettbewerbsordnung des AEUV unterworfen. 784

b) Kartell- und Missbrauchsverbot

aa) Kartellverbot

Das Verbot wettbewerbsbeschränkender Verhaltensweisen des Art. 101 AEUV verbietet alle Vereinbarungen zwischen Unternehmen, Beschlüsse von Unternehmensvereinigungen und aufeinander abgestimmte Verhaltensweisen, welche den Handel zwischen Mitgliedstaaten zu beeinträchtigen geeignet sind und eine Verhinderung, Einschränkung oder Verfälschung des Wettbewerbs innerhalb des Binnenmarktes bezwecken oder bewirken. Die Vorschrift des Art. 101 AEUV gilt unmittelbar nur für das Verhalten von 785

Unternehmen, nicht aber für hoheitliche Maßnahmen der Mitgliedstaaten. Dabei ist gleiches Verhalten von Wettbewerbern in der Regel ein Indiz für ein abgestimmtes Verhalten. Das Kartellverbot des Art. 101 AEUV erfasst aber nur Verhaltensformen, die eine spürbare Beeinträchtigung des zwischenstaatlichen Handels herbeiführen. Verboten sind nicht nur horizontale Wettbewerbsbeschränkungen von auf dem gleichen Markt konkurrierenden Unternehmen, sondern auch vertikale Beschränkungen im Rahmen von Vertragsbeziehungen zwischen Partnern, die auf unterschiedlichen Wirtschaftsstufen tätig sind und deshalb nicht untereinander im Wettbewerb stehen, wie z.B. wettbewerbsbeschränkende Absprachen zwischen Herstellern und Zulieferern. Wettbewerbshindernde Absprachen, die unter das Verbot des Art. 101 I AEUV fallen, sind gemäß Art. 101 II AEUV nichtig.

786   Nach Art. 101 III AEUV kann die Kommission einzelne Vereinbarungen oder Gruppen von Vereinbarungen zwischen Unternehmen, Beschlüsse von Unternehmensvereinigungen sowie von aufeinander abgestimmten Verhaltensweisen vom Kartellverbot durch eine Freistellung ausnehmen, wenn die freigestellten Maßnahmen zur Verbesserung der Warenerzeugung oder Warenverteilung oder aber zur Förderung des technischen oder wirtschaftlichen Fortschritts beitragen. Zu unterscheiden sind förmliche Einzelfreistellungen für konkrete Absprachen und Gruppenfreistellungen, die als Verordnung der Kommission aufgrund einer Ermächtigung des Rates erlassen werden.

bb) Missbrauchsverbot

787   Art. 102 AEUV enthält weiter ein Missbrauchsverbot bei marktbeherrschender Stellung. Er verbietet die missbräuchliche Ausnutzung einer beherrschenden Stellung auf dem Binnenmarkt oder auf einem wesentlichen Teil desselben durch ein oder mehrere Unternehmen, soweit die missbräuchliche Ausnutzung dazu führen kann, den Handel zwischen Mitgliedstaaten zu beeinträchtigen. Kriterien für eine marktbeherrschende Stellung auf dem entsprechenden Markt sind die Struktur des Unternehmens einschließlich des Zuliefersystems, die Marktanteile und die Bedingungen für den Marktzutritt.

cc) Fusionskontrolle

788   Der Fusionskontrolle kommt als weiteres wichtiges Instrument neben dem Kartell- und Missbrauchsverbot die Aufgabe zu, den wirksamen Wettbewerb und die Wettbewerbsfreiheit im europäischen Markt aufrechtzuerhalten. Das

EU-Kartellrecht regelt Fusionen von Unternehmen allerdings im Sekundärrecht. Im Gegensatz zu dem im europäischen Primärrecht verankerten Kartell- und Missbrauchsverbot sind die Bestimmungen über die Fusionskontrolle in der Verordnung Nr. 139/2004 normiert. Bei der Fusionskontrolle handelt es sich um eine präventive Kontrolle, da hier eine Schädigung des Wettbewerbs noch nicht eingetreten ist, sondern verhindert werden soll. Dagegen erfasst ein Marktmachtmissbrauch nach Art. 102 AEUV ein Verhalten, das bereits zu einer Schwächung des Wettbewerbs geführt hat.

dd) Staatliche Beihilfen

Der Art. 107 I AEUV enthält ein grundsätzliches Verbot wettbewerbsverfälschender Beihilfen. Darunter versteht man freiwillig erbrachte staatliche Leistungen, welche ein Unternehmen ohne adäquate Gegenleistung begünstigen und damit den Wettbewerb im Binnenmarkt verzerren. Gemäß Art. 107 II, III AEUV ist die Gewährung staatlicher Beihilfen nur unter bestimmten Voraussetzungen möglich, wenn diese dem Allgemeininteresse dienen. Art. 108 AEUV regelt dazu die Überwachung solcher staatlicher Beihilfen. Danach ist ein Anzeigeverfahren gemäß Art. 108 II Uabs. 3 AEUV durchzuführen, das die nationalen Behörden vor der Gewährung von Beihilfen zur Durchführung eines Vorprüfungsverfahrens vor der Kommission verpflichtet (Notifizierung). 789

3. Handelspolitik

Die gemeinsame Handelspolitik der EU wird nach einheitlichen Grundsätzen gestaltet; dies gilt insbesondere etwa für die Änderung von Zollsätzen gegenüber Drittstaaten, für den Abschluss von internationalen Zoll- und Handelsabkommen (wie insbesondere im Rahmen der WTO), die den Handel mit Waren und Dienstleistungen betreffen, und für die Handelsaspekte des geistigen Eigentums, die ausländischen Direktinvestitionen, die Vereinheitlichung der Liberalisierungsmaßnahmen, die Ausfuhrpolitik sowie die handelspolitischen Schutzmaßnahmen (Art. 207 I 1 AEUV). 790

4. Umweltpolitik

Nach Art. 191 I AEUV dient die Umweltpolitik der Union der Erhaltung und dem Schutz der Umwelt sowie einer Verbesserung ihrer Qualität, dem Schutz der menschlichen Gesundheit, der umsichtigen und rationellen 791

Verwendung natürlicher Ressourcen und schließlich der Förderung von Maßnahmen auf internationaler Ebene zur Bewältigung regionaler oder globaler Umweltprobleme. Dabei hat sich die Umweltpolitik der Union gemäß Art. 191 II Uabs. 1 S. 1 AEUV an einem hohen Schutzniveau zu orientieren.

792   Nach Art. 191 II Uabs. 1 S. 2 AEUV liegen der Umweltpolitik der Union drei Leitprinzipien zu Grunde, nämlich das Vorsorge- und Vorbeugungsprinzip, das Ursprungsprinzip und das Verursacherprinzip. Das *Vorsorge-* und *Vorbeugungsprinzip* dient der Verhinderung von Umweltbeeinträchtigungen durch die Minimierung von Risiken und langfristige Ressourcensicherung. Das *Ursprungsprinzip* hat die vorrangige Bekämpfung von Umweltbeeinträchtigungen an ihrer Quelle zum Ziel. Das *Verursacherprinzip* nimmt den jeweiligen Verursacher für die Beseitigung oder Linderung von Umweltbeeinträchtigungen in Anspruch und lässt ihn für die Umweltschäden haften. Ermächtigungsgrundlage für Maßnahmen, die dem Umweltschutz dienen, ist Art. 192 AEUV.

793   Die Regelungen des AEUV verzichten auf die Formulierung eines eigenständigen europäischen Umweltrechts. Vielmehr werden im Wege der Sekundärrechtsetzung gewisse Standards aufgestellt, an die sich die Mitgliedstaaten anzunähern haben. Gemäß der *Querschnittsklausel* des Art. 11 AEUV müssen diese Erfordernisse des Umweltschutzes bei der Festlegung und Durchführung der Unionspolitiken und Unionsmaßnahmen insbesondere zur Förderung einer nachhaltigen Entwicklung einbezogen werden. Damit strahlen also die Prinzipien des Umweltrechts auf andere unionsrechtliche Politikbereiche aus.

D. Raum der Freiheit, der Sicherheit und des Rechts

I. Allgemein

794   Die Union bildet einen Raum der Freiheit, der Sicherheit und des Rechts, in dem die Grundrechte und die verschiedenen Rechtsordnungen und -traditionen der Mitgliedstaaten geachtet werden (Art. 67 I AEUV).

II. Grenzkontrollen und Asyl

795   Die Union stellt sicher, dass Personen an den Binnengrenzen nicht kontrolliert werden (Art. 77 Ia AEUV; sog. Schengen-Raum, s.u. F.), und entwickelt eine

gemeinsame Politik in den Bereichen Asyl (Art. 78 AEUV), Einwanderung (Art. 79 AEUV) und Kontrollen an den EU-Außengrenzen. Diese Politik gründet sich auf die Solidarität der Mitgliedstaaten (Art. 80 AEUV) und hat gegenüber Drittstaatsangehörigen angemessen zu sein (Art. 67 II AEUV). Staatenlose werden den Drittstaatsangehörigen gleichgestellt (Art. 67 II 2 AEUV).

Die gemeinsame Politik im Bereich Asyl, subsidiärer Schutz und vorüber- 796 gehender Schutz soll sicherstellen, dass jedem Drittstaatsangehörigen, der internationalen Schutz benötigt, ein angemessener Status angeboten und die Einhaltung des Grundsatzes der Nicht-Zurückweisung beachtet wird. Diese Politik muss mit dem Genfer Abkommen vom 28. Juli 1951 und dem Protokoll vom 31. Januar 1967 über die Rechtsstellung der Flüchtlinge sowie den anderen einschlägigen Verträgen im Einklang stehen (Art. 78 I AEUV).

III. Justizielle und polizeiliche Zusammenarbeit

Die Union entwickelt zudem eine justizielle Zusammenarbeit in Zivilsachen 797 mit grenzüberschreitendem Bezug, die auf dem Grundsatz der gegenseitigen Anerkennung gerichtlicher und außergerichtlicher Entscheidungen beruht (Art. 81 I 1 AEUV). Die justizielle Zusammenarbeit in Strafsachen beruht auf dem Grundsatz der gegenseitigen Anerkennung gerichtlicher Urteile und Entscheidungen und umfasst die Angleichung der Rechtsvorschriften der Mitgliedstaaten in bestimmten Bereichen (Art. 82 I Uabs. 1 AEUV). Durch Richtlinien können Mindestvorschriften zur Festlegung von Straftaten und Strafen in Bereichen besonders schwerer Kriminalität festgelegt werden, die eine grenzüberschreitende Dimension haben (Art. 83 I Uabs. 1 AEUV).

Die Union entwickelt ferner eine polizeiliche Zusammenarbeit zwi- 798 schen allen zuständigen Behörden der Mitgliedstaaten, einschließlich der Polizei, des Zolls und anderer auf die Verhütung oder die Aufdeckung von Straftaten sowie entsprechende Ermittlungen spezialisierter Strafverfolgungsbehörden (Art. 87 I AEUV). So hat Europol den Auftrag, die Tätigkeit der Polizeibehörden und der anderen Strafverfolgungsbehörden der Mitgliedstaaten bei der Verhütung und Bekämpfung der zwei oder mehr Mitgliedstaaten betreffenden schweren Kriminalität, des Terrorismus und der Kriminalitätsformen zu unterstützen und zu verstärken (Art. 88 I AEUV).

E. Auswärtiges Handeln

I. Allgemein

799 Die Union lässt sich bei ihrem politischen Handeln auf internationaler Ebene von den Grundsätzen leiten, die für ihre eigene Entstehung, Entwicklung und Erweiterung maßgebend waren und denen sie auch weltweit zu stärkerer Geltung verhelfen will: Demokratie, Rechtsstaatlichkeit, die universelle Gültigkeit und Unteilbarkeit der Menschenrechte und Grundfreiheiten, die Achtung der Menschenwürde, der Grundsatz der Gleichheit und der Grundsatz der Solidarität sowie die Achtung der Grundsätze der Charta der Vereinten Nationen und des Völkerrechts (Art. 21 EUV).

800 Insbesondere setzt sich die Union im Rahmen der Vereinten Nationen für multilaterale Lösungen bei gemeinsamen Problemen ein (Art 21 I Uabs. 2 S. 2 EUV).

II. Gemeinsame Außen- und Sicherheitspolitik

801 Die Zuständigkeit der Union in der Gemeinsamen Außen- und Sicherheitspolitik erstreckt sich auf alle Bereiche der Außenpolitik sowie auf sämtliche Fragen im Zusammenhang mit der Sicherheit der Europäischen Union, einschließlich der schrittweisen Festlegung einer gemeinsamen Verteidigungspolitik, die zu einer gemeinsamen Verteidigung führen kann (Art. 24 I Uabs. 1 EUV).

802 Für die Gemeinsame Außen- und Sicherheitspolitik gelten besondere Bestimmungen und Verfahren. Der Erlass von Gesetzgebungsakten ist ausgeschlossen. Die Gemeinsame Außen- und Sicherheitspolitik wird vom Hohen Vertreter der Union für Außen- und Sicherheitspolitik und von den Mitgliedstaaten gemäß den Verträgen durchgeführt (Art. 24 I Uabs. 2 EUV).

803 Die Union verfolgt ihre Gemeinsame Außen- und Sicherheitspolitik, indem sie die allgemeinen Leitlinien bestimmt und Beschlüsse (Art. 31 AEUV) erlässt zur Festlegung der von der Union durchzuführenden Aktionen, der von der Union einzunehmenden Standpunkte (Art. 29 EUV) und der Einzelheiten der Durchführung dieser Beschlüsse (Art. 25 EUV).

III. Gemeinsame Sicherheits- und Verteidigungspolitik

Die Gemeinsame Sicherheits- und Verteidigungspolitik ist integraler Bestandteil der Gemeinsamen Außen- und Sicherheitspolitik (Art. 42 I 1 EUV). Sie sichert der Union eine auf zivile und militärische Mittel gestützte Operationsfähigkeit. Auf diese kann die Union bei Missionen außerhalb der Union zur Friedenssicherung, Konfliktverhütung und Stärkung der internationalen Sicherheit in Übereinstimmung mit den Grundsätzen der Charta der Vereinten Nationen zurückgreifen. Sie erfüllt diese Aufgaben mit Hilfe der Fähigkeiten, die von den Mitgliedstaaten bereitgestellt werden (Art. 42 I 2–4 EUV).

804

Die Gemeinsame Sicherheits- und Verteidigungspolitik umfasst auch die schrittweise Festlegung einer gemeinsamen Verteidigungspolitik der Union (Art. 42 II Uabs. 1 S. 1 EUV).

805

F. Wegfall der Personenkontrollen

Im *Schengener Übereinkommen* vom 14. Juni 1985 vereinbarten zunächst fünf europäische Staaten, auf Kontrollen des Personenverkehrs an ihren gemeinsamen Grenzen zu verzichten. Zur praktischen Umsetzung der politischen Vereinbarungen wurde am 19. Juni 1990 ebenfalls in Schengen das Übereinkommen zur Durchführung des Übereinkommens von Schengen vom 14. Juni 1985 oder „Schengen II" unterzeichnet. Mit dem EU-Vertrag von Amsterdam 1997 ist dann der so genannte „Schengen-Besitzstand" in das Recht der Europäischen Union überführt worden. Heute gelten die Schengen-Regeln für alle Mitgliedstaaten mit Ausnahme von Großbritannien und Irland.

806

Innerhalb des Schengen-Gebietes fallen die Personenkontrollen – bis auf Stichproben hinter den Landesgrenzen – vollständig weg. An den Außengrenzen der EU werden dafür Personen aus Drittstaaten eingehend kontrolliert. Dazu wurden ein elektronischer Fahndungsverbund geschaffen und einheitliche Einreisevoraussetzungen für Drittausländer festgelegt. An der Schengen-Außengrenze muss die Einreise untersagt werden, wenn kein Schengen-Visum vorhanden ist oder sonst ein illegaler Einreiseversuch vorliegt oder eine Gefahr für die öffentliche Sicherheit eines Schengen-Staates besteht. An den Flughäfen gibt es getrennte Abfertigungen für Flüge aus den Schengen-Mitgliedstaaten und aus Drittstaaten. Hat ein Mitgliedstaat

807

dem Drittstaatsangehörigen ein so genanntes Schengen-Visum erteilt, besteht Reisefreiheit für einen Kurzaufenthalt in allen Schengen-Staaten. Auch die Inhaber eines Aufenthaltstitels für einen Schengen-Staat genießen Reisefreiheit in den anderen Mitgliedstaaten. Die vier EFTA-Mitgliedstaaten Schweiz, Liechtenstein, Norwegen und Island gehören dabei auch zum Schengen-Gebiet, aber nicht zur Europäischen Union.

Literaturhinweise

Adolphsen, Jens: Zivilprozessrecht, 4. Auflage, Baden-Baden 2014.

Arndt, Hans-Wolfgang/Fischer, Kristian/Fetzer, Thomas: Europarecht, 11. Auflage, Heidelberg, München, Landsberg, Frechen, Hamburg 2015.

Beulke, Werner: Strafprozessrecht, 12. Auflage, Heidelberg, München, Landsberg, Frechen, Hamburg 2012.

Brenner, Michael: Öffentliches Baurecht, 4. Auflage, Heidelberg, München, Landsberg, Frechen, Hamburg 2014.

Brox, Hans/Walker, Wolf-Dietrich: Allgemeiner Teil des BGB, 39. Auflage, München 2015.

Brox, Hans/Walker, Wolf-Dietrich: Allgemeines Schuldrecht, 39. Auflage, München 2015.

Brox, Hans/Walker, Wolf-Dietrich: Besonderes Schuldrecht, 39. Auflage, München 2015.

Degenhart, Christoph: Staatsrecht I. Staatsorganisationsrecht. Mit Bezügen zum Europarecht, 30. Auflage, Heidelberg, München, Landsberg, Frechen, Hamburg 2014.

Detterbeck, Steffen: Allgemeines Verwaltungsrecht mit Verwaltungsprozessrecht, 14. Auflage, München 2016.

Detterbeck, Steffen: Öffentliches Recht. Ein Basislehrbuch zum Staatsrecht, Verwaltungsrecht und Europarecht mit Übungsfällen, 10. Auflage, München 2015.

Epping, Volker: Grundrechte, 5. Auflage, Berlin, Heidelberg 2012.

Gramm Christoph/Pieper, Stefan Ulrich: Grundgesetz: Bürgerkommentar, 3. Auflage, Baden-Baden 2015.

Gröpl Christoph: Staatsrecht I. Staatsgrundlagen, Staatsorganisation mit Einführung in das juristische Lernen, 7. Auflage, München 2015.

Haase, Richard/Keller, Rolf: Grundlagen und Grundformen des Rechts. Eine Einführung, 11. Auflage, Stuttgart 2003.

Herdegen, Matthias: Europarecht, 17. Auflage, München 2015.

Hillgruber, Christian/Goos, Christoph: Verfassungsprozessrecht, 3. Auflage, Heidelberg, München, Landsberg, Frechen, Hamburg 2011.

Hobe, Stephan: Europarecht, 8. Auflage, München 2014.

Hoffmann-Holland, Klaus: Strafrecht. Allgemeiner Teil, 2. Auflage, Frankfurt am Main 2011.

Jäger, Christian: Examens-Repetitorium. Strafrecht Allgemeiner Teil, 7. Auflage, Heidelberg, München, Landsberg, Frechen, Hamburg 2015.

Jäger, Christian: Examens-Repetitorium. Strafrecht Besonderer Teil, 6. Auflage, Heidelberg, München, Landsberg, Frechen, Hamburg 2015.

Kindler, Peter: Grundkurs Handels- und Gesellschaftsrecht, 7. Auflage, München 2014.

Leipold, Dieter: Erbrecht, 20. Auflage, Tübingen 2014.

Lorenz, Stephan/Medicus, Dieter: Schuldrecht. Allgemeiner Teil, 20. Auflage, München 2012.

Meier, Bernd-Dieter: Strafrechtliche Sanktionen, 4. Auflage, Berlin, Heidelberg 2015.

Model, Otto/Creifels, Carl (Begr.): Staatsbürger-Taschenbuch, 33. Auflage, München 2012.

Pieroth, Bodo/Schlink, Bernhard/Kniesel, Michael: Polizei- und Ordnungsrecht, 8. Auflage, München 2014.

Reichold, Hermann: Arbeitsrecht, 4. Auflage, München 2012.

Roth, Günther/Weller, Mark-Philippe: Handels- und Gesellschaftsrecht, 8. Auflage, München 2013.

Schwab, Dieter: Familienrecht, 22. Auflage, München 2014.

Wertenbruch, Johannes: BGB. Allgemeiner Teil, 3. Auflage, München 2014.

Wessels, Johannes/Beulke, Werner/Satzger, Helmut: Strafrecht. Allgemeiner Teil. Die Straftat und ihr Aufbau, 44. Auflage, Heidelberg, München, Landsberg, Frechen, Hamburg 2014.

Wolf, Manfred/Wellenhofer, Marina: Sachenrecht, 29. Auflage, München 2014.

*

Herausgeber:
Gilbert H. Gornig, Professor Dr. iur. Dr. h. c. mult., lehrt Öffentliches Recht, Völker- und Europarecht an der Philipps-Universität Marburg.

Hans-Detlef Horn, Professor Dr. iur., lehrt Öffentliches Recht mit den Schwerpunkten Staats- und Verfassungsrecht, Verwaltungsrecht und Europarecht an der Philipps-Universität Marburg.

Bearbeiter:
Carolin Gornig, Ref. iur., hat von 2009 bis 2013 an der Justus-Liebig-Universität Gießen Rechtswissenschaften studiert und im Herbst 2013 beim Justizprüfungsamt des Landes Hessen die Erste Juristische Prüfung abgelegt. Zur Zeit promoviert sie an der Friedrich-Alexander-Universität Erlangen-Nürnberg.

Constanze Horn, LL.M., Ref. iur., hat von 2009 bis 2014 an der Albert-Ludwigs-Universität Freiburg Rechtswissenschaften studiert und im Sommer 2014 beim Justizprüfungsamt des Landes Baden-Württemberg die Erste Juristische Prüfung abgelegt. Danach studierte sie für ein Jahr an der University of Bristol (Großbritannien) und hat dort den juristischen Mastergrad LL.M. erworben. Seit 2016 absolviert sie beim Oberlandesgericht Frankfurt am Main den Juristischen Vorbereitungsdienst zum Zweiten Juristischen Staatsexamen.

www.ingramcontent.com/pod-product-compliance
Lightning Source LLC
LaVergne TN
LVHW010317070526
838199LV00065B/5592